KB069593

# 호모
# 렐리기오수스

**인간의 자리**

임경수 저

# HOMO RELIGIOSUS
## THE PLACE FOR HUMAN BEINGS

# 서문

'호모 렐리기오수스'는 시카고 대학교의 종교학자였던 미르체아 엘리아데(Mircea Eliade)가 처음 사용한 용어로서 '종교적인 인간'이라는 뜻입니다. 흥미로운 것은 이 '호모 렐리기오수스'라는 용어를 에릭슨(E. Erikson)이나 칼 융(C. Jung)과 같은 심리학자들이 인간의 성숙성을 설명할 때 사용하였다는 점입니다. 에릭슨은 인생 발달에서 중년기에 이르렀을 때, 긍정적인 정체성을 가진 중년을 바로 호모 렐리기오수스와 같은 맥락에서 설명을 합니다. 이 용어는 인간과 종교는 마치 부모와 자녀의 관계와 같이 떼려야 뗄 수 없는 운명이고, 평생 안고 살아가야 하는 관계임을 보여 줍니다. 부모를 부정하고서는 나를 생각할 수 없고, 나를 부정하고서는 부모를 생각할 수 없는 것과 같이 종교와 인간은 운명이며 얽혀 있는 구조입니다. 그래서 이 책에서는 심리학적 관점에서 종교적 인간이라는 것이 무엇인가를 살펴보고자 합니다.

인간은 출생하는 순간 살아가야 하는 과정의 운명을 가지지만, 동시에 다른 관점에서 보면 살아가는 것은 죽어 가는 과정이기도 합니다. 그래서 삶과 죽음은 꽈배기처럼 복합적으로 엉켜 있으며 인간 삶의 중심에 있습니다. 이러한 깨달음을 통해 존재(being)가 비존재(non-being)가 되고, 살아가면서 성취와 자기실현을 통해 획득한 것이 대단하게도 생각되지만, 한편으로는 바람을 잡으려는 것과 같이 아무것도 아니라는 생각을 하게 됩니다.

인간은 이 가혹한 모순을 극복하기 위해서 합리적으로 혹은 비합리적으로 이 모호성을 이겨 내기 위해 노력을 하고, 의식적으로 혹은 무의식적으로 삶과 죽음의 양가성 속에서 종교 또는 종교성에 대해 조금씩은 생각하며 살아가고 있습니다.

이 책에서는 이러한 한계점을 수없이 가지고 있는 인간의 심리를 통해서 종교에 대하여 생각해 보려 합니다. 초자율성의 시대에 잊혀 가는 종교성이 인간 심리 어느 구석에 남아 있을까 하는 관점으로 바라보고자 하였습니다. 동시에 규정화된 종교에 대하여 싫증을 느끼는 현대인의 인간 심리와 생활 속에 남아 있는 종교성을 보고자 하였습니다.

이 책의 내용은 그간 필자가 관심을 가지고 집필한 책과 논문의 내용들을 기초로 부분적으로 사용했고, 또는 재해석하여 종교적 인간상을 보려고 하였습니다. 서론인 I ~ II장에서는 현대인과 사회가 가진 구조에서 보는 종교의 모순과 진정성에 대한 이야기를 하였습니다. III장에서는 프로이트(S. Freud)가 말하는 인간의 쾌락주의 성향이 종교에 미친 긍정적 측면과 부정적 측면을 생각해 보았습니다. IV장에서는 종교를 심리학적 관점에서 보는 칼 융의 개성화 과정이 어떻게 종교성과 연관되어 있을까에 대한 것을 살펴봄으로써, 심리학과의 더 깊은 대화를 통해 종교에 대한 이해가 필요하다는 것을 알아보았습니다. V장에서는 종교학자 엘리아데의 '성'(Holy)에 대한 개념과 인간정신에 대한 것을, VI장에서는 심리학자 에릭슨이 말하는 '관대성'(Generativity)이 어떻게 인간의 종교성과 연관되어 있는지에 대해 고민해 보았으며, 관대성과 유교의 군자 개념에 대한 인간 이해와 종교성을 살펴보았습니다. 마지막으로, VII장에서는 살아 있는 모든 것을 신학의 주제로 보고 연구한 문화신학자 틸리히(P. Tillich)가 말하는 새로운 존재가 된다는 것이 종교적으로 어떠한 의미가 있는지를 살펴보았습니다.

물론 여기에서 언급된 학자들의 개념은 필자의 관점에서 재해석을 하여 내놓은 생각들입니다. 종교가 불필요해지고, 심지어 비종교인이 종교를 염려해야 하는 시대에 인간, 문화 그리고 종교를 함께 생각하는 시간이 되었으면 좋겠습니다. 출판을 위해 힘써 주신 학지사 김진환 사장님과 편집부에 감사를 드립니다.

2020년 1월

영암관 연구실에서

저자 임경수

# 차례

# Ⅰ. 인간, 종교에게 묻고
# 심리학이 답하다

# Ⅰ. 인간, 종교에게 묻고 심리학이 답하다

이 책은 인간의 근원적 문제인 삶과 죽음을 종교와 심리학을 통해 보려는 책이다. 종교와 심리학의 관계성에서만 인간이 가진 본질적인 문제를 보려는 것이기에 여기에는 어떠한 한계성이 있음을 안다. 그래서 이러한 제한성을 가지고 독자 여러분이 이 책을 읽어 나갔으면 좋겠다. 그리고 다양한 종교인이 있지만 그것을 신앙하는 주체가 인간이라는 관점에서 보면, 인간이 가진 심리적 욕구, 현상 그리고 그것이 종교에 투사된 결과들은 비슷하리라 생각한다.

호모 사피엔스가 인류의 결정적인 인간으로 남게 된 중요한 이유 중의 하나는 인간이 현실성만이 아니라, 이것을 뛰어넘어 있는 그 어떤 초월성에 대한 관심을 가졌기 때문이다. 이 초월적 영역에 대한 관심을 가진 것은 여러 가지 이유가 있겠지만 가장 큰 것은 근원적으로 가지는 인간의 삶과 죽음의 고리이다. 태어난 것 자체는 살아가는 것, 즉 성장한다는 가능성을 가지고 있지만, 이러한 성장과 동시에 늙어 간다는 것 그리고 죽음의 끝을 향해 움직인다는 것을 의미하기 때문에, 삶과 죽음에 대한 문제로 인간은 그 어떤 초월성의 세계를 그릴 수밖에 없는 운명을 지닌 것 같다.

1992년 10월 28일은 한국 기독교에 있어서 매우 비참한 수치스러운 날이다. 이날의 기록을 보려면 '휴거' 또는 '예수재림운동' '다미선교회'라는 주제어로 포털 사이트에 입력하면 그 실화 동영상을 볼 수 있다. 대다수의 국민에게는 이 사건이 충격적인 사건이었기에 결과적으로, 기독교에 대한 매우 부정적인 시각을 가지는 계기가 되었다. 이들 집단은 1992년 10월 28일 자정에 이러한 일들이 발생할 것이라는 믿음을 가졌으며 전국에 많은 사람이 이 운동에 참여하였다. 그리고 당시 저녁 9시 뉴스에서는 10여 분 동안 이러한 운동에 참여하는 단체들을 생방송으로 중계하였다.

참여하는 사람들 중의 대다수는 자신들의 재산을 다 처분하고, 직장도 사직하고, 가족과 함께 참석하거나 홀로 참여하는 사람들도 있었다. 이들은 자신들이 믿고 있는 일이 발생하리라는 믿음을 굳건하게 가지고 예배와 이 운동에 참여를 하였다. 자정 전에 모이기 시작한 사람들은 대부분 하얀색 계통의 옷을 입었고, 연신 찬송과 기도를 광적으로 하였다. 물론 밖에서는 가족들이 자정이 지나면 지쳐서 나올 참석자들을 맞이하기 위해서 기다리고 있었다.

당시 이 사건은 뉴스만이 아니라 특집 프로그램으로도 많이 다루어졌는데, 여기에 참석하는 대상자들을 인터뷰한 내용을 보면 이들은 자신들이 환상이나 특별한 종교적 경험을 했다는 말을 진심으로 하는 것 같았다. 확신에 찬 말, 종교적 경험 속에서 나타날 수 있는 얼굴 표정 등이 인상적이었다.

이 사건은 우리나라만이 아니라 해외 교민이 많이 거주하는 미국에서도 발생했다. 당시 필자는 시카고에 거주하고 있었는데, 한 교회는 10월 28일 당일 모든 신도에게 하얀 옷을 착용하고 나올 것을 주문했고, 신도들이 하늘로 올라가는 광경을 촬영하기 위해서 벽 곳곳에 비디오 카메라를 설치하였다. 이러한 재림 운동을 시카고 일간지인 『시카고 트리뷴(Chicago Tribune)』에서 특집으로 다루기도 했다. 우리나라나 미국에서 이 운동에 참여한 사람들 중 일부는 자정이 넘어서 시간이 경과하자 자신들의 믿는 것에 대하여 회의를 가졌고, 다른 일부는 예정된 시간이 지연되었지만 언젠가는 이러한 일이 다시 발생할 것이라는 생각을 가지고 흩어지기도 했으며, 이 일을 다시 기대하는 사람들도 있었다.

이러한 광신적이고 획일적 종교운동에는 인간의 심리적 상태와 민감하게 연관되어 있다. 성장과정에서 심리적으로 건강한 사람들이야 삶에 대한 과한 집착이나 죽음에 대한 패배의식으로 많은 심리적 요동을 치지 않겠지만, 삶의 문제를 직면하지 않고 회피하는 구조에 익숙한 이들은 대부분 신경불안증에 시달리게 되거나 정신적 장애를 가지게 된다(Peck, 1993). 즉, 신경증적 불안이 과한 종교적 운동으로 몰입하게 할 가능성이 있다는 것이다.

종교사회심리학자 버거(Peter Berger)에 따르면, 고대 왕족이나 국가는 자신들의 정체성을 확고히 하기 위해서 늘 신성한 대상(the sacred)인 신으로부터 국가의 통치를 위임받았다는 합리성을 가지기 위해서 노력을 해 왔다. 시간이 지나면서 자신들과 신을 동격화하는 작업을 했다. 한편에서는 집단적인 고대국가에서 성스러운 대상과의 관계성에서 긍정적으로 자신들의 정체성을 가지려는 노력을 기울였다. 그러나 이러한 정체성 규명을 위한 작업은 집단이나 개인이 종교의 절대적 필요성을 절감하여 하는 경우도 있지만, 역사를 통해서 배운 교훈은 종교와 전혀 무관하게 집단과 개인의 이기적 욕심에서 발생하는 일일 수도 있다는 점이다. 권력을 쥔 개인이나 강대국이 자신들이 하는 모든 것을 신성한 신의 세계와 연결시켜 합리화를 시키는 경우에는 문제가 되는 것이다.

성스러운 종교에 대하여 심리학적 관점에서 분석을 한다는 것이 종교인으로서 부담스러운 일일 수 있지만, 앞서 실례를 든 것과 같이 인간이 살아가는 사회에서는 종교의 이름으로 헤아릴 수 없는 많은 부정적 사건이 발생한다. 종교는 사람을 살리는 것이 가장 큰 목적이 되어야 하지만, 종교로 인해 피폐해지거나 사람이 죽는 경우도 많이 있다. 전 세계 전쟁의 90%가 종교로 인해 발생하는 것도 종교가 휴머니즘에 기초하기보다는 특별한 개인과 집단의 힘을 유지하기 위한 이념의 수단으로 전락하기 때문이다. 이처럼 잘못된 종교와 신앙은 개인, 사회와 지구촌을 병들게 한다.

문화신학자 틸리히(Paul Tillich)에 따르면, 사람이 신성한 대상의 주체가 되면 그때부터 종교에는 마성(the demonic power)이 발생한다고 말한다. 즉, 형식으로는 신성에 대한 경배와 존경을 말할 수 있지만 인간이 성스러움의 주체가 된다면 그때부터는 그 종교를 통해서 비참한 일들이 발생하게 된다.

이러한 관점에서 보면, 종교적인 신앙과 경험은 개인이 가지는 주관적인 것이기 때문에 그 주관성이 가지는 오류가 있을 수 있다는 관점을 가지는 것이 좋다. 물론 신앙을 가지는 주체는 자신들이 열정적인 신앙 안에 있을 때는 신앙하는 것에 대한 절대적 경험에 몰입할 수 있기 때문에 객관적인 시각을 거부할 수도 있을 것이다. 그러나 종교는 주관적이기에 객관적인 관점에서 보완되는 것이 좋을 것이다.

이것에 대한 좋은 예로 중세기 신학을 집대성한 아퀴나스(Thomas Aquinas, 1224~1274)의 이야기가 필요할 것 같다. 그는 신학에 대한 모든 분야를 정리한 책인『신학대전』을 집필하여 현재까지의 신학에 상당한 영향을 주고 있는 인물이다. 그는 십자군 전쟁이 발발한 11~13세기(1096~1270년) 동안 흘러 들어온 이슬람 문명을 접한 후 이슬람 문명 중에 기독교 문명보다 앞선 것이 있다는 점에 대해서 놀라워했다. 한마디로 이교도 문명이 어떻게 기독교 문명보다 앞설 수 있는가에 대한 질문이었다.

우리가 아는 바와 같이, 이슬람 문명은 아리스토텔레스의 철학을 받아들여 이성과 합리가 강한 문명을 가졌고 기독교는 플라톤의 철학이 바탕이 된 형이상학적 문명이며, 십자군 전쟁이 발발하기 전까지는 이슬람 문명이 기독교보다 앞선 것들이 많았다. 예를 들어, 현재의 영어 단어에도 이슬람 문명이 영향을 많이 준 요소들이 있다. 중세기 과학의 꽃이라고 보는 연금술은 Alchemy, 알파벳은 Alphabet, 수학은 Algebra, 알코올은 Alchohol 등의 용어가 있는데, 이 용어들의 앞에 있는 Al은 이슬람의 알라(Alla)의 앞 글자에서 따온 용어들이다. 그만큼 이슬람 문명의 어떤 부분은 기독교보다 앞서 있어 영향을 미쳤다는 점을 알 수 있다.

아퀴나스는 이러한 고민 속에 있다가 결국 '특별은총'과 '일반은총'이라는 교리를 생각했다. 특별은총이란 기독교 안에서 예수를 통한 하나님과의 관계 속에 있는 사람들만 가지는 신의 선물이고, 일반은총은 종교에 관계없이 이 세상의 모든 사람들이 누리는 일반적인 은총이라는 점이다.

아퀴나스의 이 경험은 자신이 신앙에 주관성 및 특별성을 부여하여 객관적인 평가를 하지 않으려는 위험으로부터 벗어날 수 있었던 기회였다. 그는 종교의 체험이 분명히 있고 그 체험의 순수성만을 가지게 되면 종교는 인간에게 유익한 것은 틀림없지만, 종교를 신앙하는 주체는 인간이고 그 인간이 가지는 여러 가지 환경과 심리적 상황이 있기 때문에 여기에 대해서는 객관적인 평가가 이루어지는 것이 오히려 종교에 대한 진정성을 구해 내는 방법이라고 생각한다.

그러나 중세에 기독교에 비해 앞서가던 이슬람 문명이 오늘날 대부분의 국가에서 비민주적이거나 독재자의 국가가 되어 전쟁의 깊은 시름과 경제적 곤란에 처해 있고, 여성의 인권이 아직까지 민주주의 국가의 수준에 머무르지 못한 이유를 대부분의 학자들은 이들 나라가 계몽주의 기간을 거치지 않았기 때문으로 본다.

문예부흥운동(Renaissance)과 계몽주의에는 차이가 있다. 즉, 문예부흥운동이 적어도 인간이 신과의 관계성을 가지고 있는 상태에서의 인간 자율성의 운동이라면, 계몽주의는 신과의 관계 없이 인간 자율성에 기초하여 진정한 자율성을 가지려는 운동이다. 이러한 계몽주의는 부조리하고 불합리한 정치적·종교적 조직에 대하여 대항한 인간 자율성의 운동이다. 결국 오늘날 대부분의 이슬람 국가들은 이러한 과정을 거치지 않았기 때문에 중세기에 앞섰던 문명이 오히려 지금은 여러 면에서 퇴보되어 있다고 본다. 이 교훈은 현대를 살아가는 종교이 생각해야 할 부분이다.

종교 외에 일반적인 사건을 한 예로 들어 보자. 십여 년 전에 우리나라에서 줄기세포 논문 조작 사건이 발생해서 국제적으로 문제된 적이 있었다. 그런데 이때 이 논문 조작이 줄기세포에 대한 적대세력이 음해하는 것이라는 소문을 내며 줄기세포 연구를 옹호한 사람들이 있었다. 그들 중에는 줄기세포 연구의 진척을 통해서 자신이나 가족의 질병 치료에 대한 희망을 가지고 있는 사람들이 있었다. 결국 이들이 줄기세포 연구를 신뢰한 것은 연구의 성과에 대한 진실 여부가 중요한 것이 아니라, 자신들의 병에 대한 치료의 희망을 포기할 수 없었기 때문이다. 다시 말해, 자신들이 믿고 따르고, 그것에 모든 것을 헌신했던 이유 때문에 줄기세포가 조작된 것임이 자명하게 드러났음에도 불구하고 그것을 수용하지 못하는 것이다.

인간이 어떤 것을 추구하고 강조하는 것은 잘못하면 그것이 진실이기 때문이 아니라, 내가 그동안 애지중지했던 것을 상실할 것이라는 강한 불안의 작동과 연관이 된다. 그리고 이렇게 강조하는 것이 '진실'이라고 말한다. 이러한 논리는 인간의 관계성 안에서, 종교와 정치를 포함한 모든 영역에서 움직이고 있다. 그래서 인간은 자신이 가지고 있는 불안의 해결점을 찾으려 노력하고, 그것을 찾았다는 확신을 가지게 되면 자기 확신 속에서 모든 것을 합리화한다. 한마디로 인간은 때때로 매우 자기중심적 동물이라는 것이다.

이런 논리는 코페르니쿠스의 지동설에 대한 입장에서도 볼 수 있다. 당시 천동설을 정설로 믿는 사회와 지배층의 의식에는 지구와 그 위에 창조를 받은 인간이 모든 피조세계에서 가장 탁월한 존재라는 생각이 있었다. 그렇기 때문에 다른 피조물은 창조의 정점에 있는 인간에게 종속되어야 하고, 인간은 다른 피조물을 정복할 수 있다는 신앙의 논리를 가지고 있었다. 그러나 이들이 믿는 것이 사실인지 거짓인지는 모른다. 다만, 인간은 그렇게 믿고 싶은 논리를 지니고 살아가는 세계관을 가진 것이다.

지구 중심으로 모든 것이 움직인다는 것은, 인간이 모든 피조세계에서 가장 탁월한 존재라는 생각과 같다. 그러나 과학적으로 지구가 움직이는 것임을 증명했음에도 당시 사회나 지배층이 수용하지 못한 것은 인간은 자신들이 맹신해 온 모든 창조물 위에 가장 탁월한 존재라는 것과 위배되기 때문이다. 그리고 지동설을 수용했을 때 당시 신앙 의식에 상당한 부정적인 영향을 줄 것이라는 위기감에서 수용할 수 없었을 것이다. 인간은 자칫하면 익숙한 것을 객관적으로 볼 수 없어서, 익숙한 것이 진리라고 여긴다. 그러나 이것은 그동안 그러한 관행과 습관에 익숙하게 있었을 뿐이지 진실은 아니다. 다만 인간 모두는 익숙한 것이 진실이라고 지금도 강조하고 있을 뿐이다.

인간이 무엇을 위해 태어났고, 왜 살아가야 하는지에 대한 궁금증은 인간의 범주를 뛰어넘은 초월적 세계와 연결되고, 이 초월적 세계와 인간들이 매우 견고한 관계를 형성하고 있다는 논리를 가짐으로써 살아가는 이유가 된다. 그리고 이러한 논리가 신앙과 규율로 규범화되면 이 범주로부터 객관적 시각을 가지기는 상당히 어렵게 된다. 설혹 객관적 시각을 가지게 되면 그들은 변방으로 추방되거나 멸절되기도 했다. 왜냐하면 힘을 가지고 있는 자들이 규범의 절대화를 만들었기 때문에 자신들이 만든 규범을 흔드는 자들을 배신자로 여기기 때문이다. 이러한 현상들은 종교계만이 아니라, 인간이 활동하는 모든 분야에서 발생했고, 지금도 일어나고 있다.

인간은 이기적이고 자기중심적 본능을 가지고 있는 동물이다. 그래서 성숙한 경험을 통해 자신을 개방하고 새로운 세계를 통한 도전을 받지 않는 이상 연속적으로 자기중심의 생각에서 벗어나기 어렵다. 지동설과 천동설과 같은 논쟁은 중세기만의 논쟁이 아니다. 지금도 이와 유사한 형태의 일들이 현대인에게 발생하고 있다. 객관적으로 보면 자신이 추구하는 종교가 잘못된 것임이 자명함에도 불구하고 자신이 가진 가치관과 종교를 객관적으로 보려고 하지 않는다. 이유를 엄밀하게 말해 자신의 시간과 에너지를 투자한 것으로부터 배반당하고 싶지 않기 때문이다. 흔들리지 않고 자기보존과 보호의 망을 치는 것이다. 그러나 기존 가치가 흔들리지 않고 새로운 것이 어떻게 창출이 될 수 있을까? 흔들리지 않고 피는 꽃이 없듯이 인간의 발전은 늘 이러한 과정을 밟았다.

인생과 자연이라는 것도 마찬가지 원리이다. 가을이라는 계절은 인간에게 여러 가지로 좋은 계절이다. 학생들이 간혹 가을과 같은 날씨만 계속되면 좋겠다는 말을 한다. 그러나 가을과 같은 청명한 계절이 계속되기 위해서는 여름 더위의 혹독함과 비바람이 동반된 계절이 선행이 되어야 한다. 더구나 가을이 좋은 것은 이 계절은 황금빛과 단풍의 잎새들이 다채로운 색상을 지닌 점도 있지만, 동시에 계절의 마감이라는 쓸쓸함이 암묵적으로 깔려 있기 때문이다. 그래서 이 양자를 볼 수 있다면 지혜로운 삶이 될 수 있을 것이다.

필자의 경험을 한번 이야기해 보자. 필자는 작년 가을에 시력이 좋아지지 않아 안경을 하나 구입하게 되었다. 시대의 변화에 따르는 스타일의 안경을 추천해 주어서 둥그스런 안경을 맞추게 되었다. 그런데 집에 돌아와서는 이 안경이 너무 낯설어 안경을 자연스럽게 착용할 수가 없었다. 이유는 지금까지 두꺼운 뿔테 안경을 착용한 적이 없었고, 금속 테로 된 둥근 모양을 수십 년 동안 써 왔기 때문이다. 수십 년간 금속 테를 착용했던 내가 뿔테 안경을 수용할 수 없었던 것은 내가 늘 익숙하게 착용했던 안경 때문이다. 주변의 사람들이나 안경사가 잘 어울린다고 이야기를 해 주었지만 정작 나는 불편해서 안경점을 몇 차례 방문했었다. 결국 교체하지는 못하고, 주변 사람들의 권유대로 이 안경을 착용하고는 있지만 아직도 조금은 어색하다. 필자는 이 경험을 통해서 안경 하나를 다른 모양으로 교체하는 데에도 이렇게 시간이 걸린다면, 사람이 가진 가치관과 사상을 바꾸는 데는 얼마나 많을 세월이 필요할까 하는 생각을 해 본다. 결국 바른 종교와 그 종교에서의 영적 체험은 있지만, 우리가 인간인 이상, 인간 개인이 가진 상황, 불안 그리고 이기성 등의 종합체가 종교를 자기 개인적 관점에서 해석하고 사유화하려는 몸부림은 여전히 우리 주위에 있다. 우리는 이런 것들을 좀 더 객관화함으로써 종교가 더 종교가 되는 길을 찾아야만 한다.

집단사회에서 종교의 역할이 집단구조 형태에서 발생되었지만, 계몽주의와 종교개혁 시대를 거쳐 산업혁명이 발생하면서 인류는 점차로 신분의 변화, 집단에서 개인의 가치가 중요한 시대로 변하여 왔다. 집단사회와 신분사회에서는 개인의 자기실현 가치는 크게 중요하지 않았고, 사회가 모든 것을 결정해 주어서 그런 운명 속에서 살아가는 것이 큰 문제가 되지 않았다. 그러나 점차 개인이 중요시되면서 개인이 모든 문제를 해결해 나가야 하는 개인능력 중심의 사회로 변화하고 있다. 자기희생의 시대에서 변화하여 자기실현의 시대가 온 것이다.

일인당 국민소득(GDP)이 기본적인 의식주를 해결하는 시점인 1만 달러 정도가 넘기 시작하면서 사람들은 심리와 상담에 대해 서서히 관심을 가지게 되었다. 우리나라는 3만 달러 정도의 GDP를 가지고 있는 사회이고 보면 소득이 많아진 것으로 인해, 기본적인 의식주의 문제를 해결했다. 그러나 생존이 급급한 사회에서 개인이 모든 문제를 스스로 해결해야 하는 구조가 되었기 때문에, 이 복잡하고 경쟁적인 사회에서 심리적 안정을 상실하는 시대가 되었고, 그것으로 인해 개인 문제나 대인관계 문제 등에서 심리 상태가 문제화되는 사회로 변모하고 있다.

개인적으로 심리적인 문제를 가진 이들 중에는 종교를 가진 사람도 있을 것이고, 이 문제들을 종교적 신앙관에서 스스로 심리적으로 풀어 보려는 사람들도 있을 것이다. 대부분의 종교가 가부장적이고 집단화가 활성화된 시기에 집단의 정체성 과정에서 형성된 것이라면, 심리학은 집단화에서 개인화가 본격적으로 시작되면서 발생한 학문이다. 어쩌면 이 두 가지는 시대적 배경과 시간을 달리할 뿐이지 모두 인간에 대한 고민을 하는 공통적인 부분이 있다고 본다. 그래서 신앙하는 종교 속에는 자연스럽게 종교와 심리학이라는 것이 어떻게 조화를 이루어 기여를 해야 할 것인가를 생각해야 하며, 심리학이 중요한 기여를 하는 시대에서 심리학적 관점이 오랫동안 해석되지 않거나 간과된 종교의 진정성을 회복하는 데 새로운 기여를 할 수 있을 것이라는 기대도 하게 된다.

고대로부터 출발해서 현대에 이르는 과정에서 고등 종교로 남아 있는 종교에 대하여 객관적으로 평가한다는 점은 어떤 면에서는 신성한 종교 영역을 침해한다는 생각을 할 수도 있다. 그리고 종교체험이라는 영역은 주관적인 영역인데 이 주관적인 영역을 학문적인 심리학적 관점에서 평가하는 것이 옳은 것인가에 대한 의문도 나올 수 있다. 그러나 우리는 이성과 동시에 감성의 영역을 가지는 것이 가장 바람직한 인간관계가 된다는 사실을 알고 그렇게 균형을 가지려고 하는 것과 같이 종교의 영역이 주관적인 영역임은 틀림없지만 이 영역이 객관적 관점에서 평가를 받아 종교 현상이나 체험이 좀 더 인간이 살아가는 세계와 상관성을 가지도록 하는 것이 필요하다고 본다.

주관적인 영역들은 필요하다. 그러나 그것만을 강조한다면 그 현상은 열정이라는 특성은 가질 수 있지만 자칫 흑백논리라는 이분법적 특성을 가질 수 있다. 그래서 나와 같은 생각을 하거나 나의 의견에 동조해 주는 사람은 우군이라고 생각하는 반면, 나를 반대하는 사람은 적군이라 생각하는 구조에 갇히게 된다.

종교생활에는 열정이라는 것이 필요하지만, 열정이 종교를 가지는 데 있어 최고의 목표는 아니다. 그리고 이 열정이 나의 편에 서는 사람은 바른 종교를 가지고 있다는 생각을 하도록 만든다면 그 사람이 가지는 종교는 더 이상 종교가 아니라 하나의 이념이 되고 만다. 참된 종교는 나와 가치관이 다르더라도 사람을 살리기 위해 대화를 하는 반면, 나쁜 종교는 나와 가치관이나 종교관이 다르다는 이유만으로 상대에게 피해를 미칠 수 있다.

대상관계심리학자 위니컷(Donald Winnicott)에 따르면, 유아가 성장하는 과정에서 부모로부터 좋은 돌봄 제공을 지속적으로 받게 되면 어느 순간에는 유아가 자신의 요구에 의해 부모가 움직인다는 '전능성의 환상'(hallucination of omnipotence)에 빠지는 단계가 온다. 부모가 지극정성으로 자신을 돌보고 있다는 사실을 망각하고, 자신이 부모를 움직인다는 착각에 빠지는 것이다.

어린 시절에 부모의 우호적 돌봄으로 세상이 나를 중심으로 움직이거나, 내가 부탁하면 모든 것을 부모가 해 준다는 믿음을 가지는 것은 성장 과정에서 반드시 필요한 과정이다. 그러나 이 단계는 이곳에 머무는 단계가 아니라 징검다리의 단계이다. 만약 여기에 머무르게 되면 자기가 모든 것의 중심이라고 생각한다. 이러한 착각을 가지고 있다가 부모가 자신의 욕구대로 움직이지 않게 될 때 이분법적 사고를 가지게 되는데, 자신의 요구대로 따라 주는 부모는 진정한 부모이고, 자신의 요구대로 움직이지 않는 부모는 거짓부모라는 생각을 하는 것이다. 이렇게 부모에 대하여 이분법적인 생각을 가지게 되면 유아의 정신적인 성장은 멈추게 된다. 즉, 자신의 요구대로 움직이는 부모는 진정한 부모이고, 움직이지 않는 부모는 나쁜 부모라는 것을 인식하는 순간부터 이분법적 사고가 진행이 되어 성숙한 생각을 가지기 어렵다.

위니컷은 부모에 대하여 자신의 욕구 관점에서 참된 부모와 거짓 부모를 구별하는 이분법적 사고를 가지고 있는 한, 유아의 정신적인 성장은 정지된다고 보았다. 위니컷의 이러한 관찰이 종교와 심리학에 주는 의미는 자신의 주관적인 관점만을 가지고 생각하는 것은 많은 오류 및 정신적 성숙에 방해가 될 수 있다는 것을 말해 주고 있다.

사람은 어린 시절 부모와 사회의 도움으로 자신의 정체성을 성장시켜 나가는 과정을 가진다. 그리고 부모의 가치관에 의존하는 시기를 지나 자신이 독자적으로 성장하는 시기가 필요하다. 종교 속에서 가지는 신앙도 같은 논리라고 생각한다. 자신이 몸담고 있는 종교에 대한 주관성은 반드시 있어야 하지만, 그 주관성이 동시에 객관적인지도 반드시 점검해 봐야 한다. 즉, 신앙 대상은 온전한 신이지만, 신앙을 하는 주체는 환경에 의해 영향을 받고 성장했고, 미래에도 영향을 받고 살아갈 수밖에 없는 인간이기 때문이다. 중요한 점은 '신앙의 대상이 되는 신이 잘못되었다.'라는 것이 아니라, 삶과 죽음이라는 불안하고 가변적인 미래와 현실에 대한 좌절을 껴안고 살아가는 인간이 가진 편협성과 국지성이 인간심리와 종교에 문제가 된다는 것이다.

이러한 문제는 영화 〈밀양〉을 통해 잘 묘사되고 있다. 남편을 잃고 한적한 시골 마을로 외아들과 함께 이주한 주인공 '신애'는 남편의 상실, 낯선 도시, 성장하는 아들 사이에서 살아가다가, 자신에게 보험금이 있다는 사실을 안 아들이 다니는 학원의 원장으로부터 아들이 유괴당하고 살해당하는 끔찍한 사건을 겪는다. 그녀가 실의에 빠져 삶을 방황할 때 주변 사람의 도움으로 자신의 불안을 달래 줄 안식처인 기독교에 입문하게 된다. 남편과 아들의 죽음은 신애를 삶의 좌절 속에 갇히게 하였지만 종교에 입문함으로써 이 모든 문제들을 하나둘씩 극복하는 것 같았다. 그러던 어느 날 기독교의 '용서' 문제에 부딪히게 되어, 자신의 아들의 살해범을 만나기 위해 교도소를 방문하게 되고, 자신이 배운 '용서'를 하겠다는 말을 하는 찰나에 그 살인자도 교도소에서 신앙을 접했고 자신의 모든 죄를 용서받았고 그렇기 때문에 평화로운 모습으로 초연하게 교도소 생활을 대처하고 있다는 말을 듣는다.

신애는 살인범이 자신의 죄를 용서받았다는 것에 대해 이해할 수 없었다. 그녀는 피해자인 당사자가 용서를 하지 않았는데 도대체 누가 저 살인범을 용서했단 말인가를 읊조리며 절규한다. 고인이 된 소설가 이청준의 『벌레 이야기』를 영화화한 것이기에 극화된 점이 충분히 있다. 그러나 이 영화는 신앙하고 있는 사람들이 신앙을 각각 자신의 입장에서 해석하는 오류 속에 살아가고 있고, 이것으로 인해 우리가 참된 종교와 신앙으로부터 벗어나 비합리적 신념 속에 점점 이기적으로 살아가고 있는 모습을 보여 준 영화라고 생각한다. 이 영화의 고발은 인간 실존의 문제인 죽음, 슬픔과 고된 삶의 문제를 단순하게 신앙적 이상주의를 표방하여 '용서'를 받았다는 근거 없는 신앙에 대한 고발이다. 이것은 신앙을 하는 개인이나 집단이 자기 이기주의 속에서 자기 자신을 위해 만든 이상주의를 가지고 자기 합리화를 위한 신앙을 하는 것을 지적한 것이다. 결국 인간 실존의 모호성을 보지 못하는 종교는 한갓 이상주의 형식에 불과한 것이다.

우리가 살아가는 세상에서 종교는 좋은 역할을 담당하고 있기도 하지만, 영화 〈밀양〉에서 나타난 것과 같이, 불안이나 이기성으로 인해 종교를 사유화하여 자신의 부속물로 여기며 살아가는 모습들을 우리 주변에 흔치 않게 볼 수 있다.

인류의 의식 발전은 '혼돈'(chaos) - '규범'(norms) - '생명/조화'(cosmos)의 시기로 구분된다. 인간 개인이나 인류의 초기는 자아의식이 없는 '혼돈' 상태에 있었다. 그러나 가족과 사회의 구조를 통한 교육과 경험을 통해 '규범'을 가진다. 그리고 이 규범을 가진 이후 최고의 목표는 '생명과 조화'를 가지는 것이다. 갓 태어나서 부모의 도움을 받을 수밖에 없는 유아는 정신적으로나 외부적으로 아무것도 가진 것 없이 세상에 태어난다. 그래서 부모가 제공하는 유무형의 돌봄의 질에 따라서 서서히 자신의 규범과 규칙의 세계를 형성해 나간다. 그러나 이 규범과 규칙이 최종적인 목표라고 생각하면 그것은 오산이다. 규범과 규칙은 혼돈 상태에 있는 사람보다는 훨씬 좋은 결과이지만, 규범과 규칙에 굳어 있으면 사람이나 종교는 이념주의에 빠지게 되고, 종교를 가장한 이념주의는 종교인만이 아니라 종교를 선망하는 사람들을 숱한 실망에 빠지게 한다. 연약한 시기나 혼돈의 과정을 이겨 내면 인간과 종교에는 나름대로 '규범'이라는 것을 제정하게 된다. 그러나 이 규범의 최종적인 목적은 사람에게 유익을 미치고 생명의 가치를 높이는 단계로 성장해야 한다. 그러지 않고 규범에 머무르게 되면 이 규범은 절대적 군주가 되어 종교라는 이름으로 인간에게 해악을 당연히 미치게 된다.

영화 〈밀양〉에서 신애의 충격과 자신의 죄를 용서받았다는 살인 범의 고백은 자신들의 규범과 규칙에 빠져 생명과 조화를 보지 못하는 인간의 종교 남용을 고발하는 것이다. 인간은 종교의 그릇된 신념을 가지고 개인과 집단의 행위와 존재에 대한 합리성으로 위장하는 것이다. 결국 인간은 끊임없이 종교를 자신의 안위와 합리성을 위해 이용할 수도 있다. 종교와 심리학은 이러한 오류 속에 있는 문제들을 객관적으로 볼 수 있도록 사람을 도움으로써 인간이 불안이나 욕심에 의해 본질이 채색되지 않도록 도와주어야 한다.

# Ⅱ. 인간의 모호성과 종교

# Ⅱ. 인간의 모호성과 종교

종교는 인간이 살아가는 데 발생할 수밖에 없는 요소라고 생각한다. 인간이 죽음, 불안, 미래를 알 수 없는 한계적인 상황을 가지고 살아가는 이상, 인간은 이 제한성 속에서 자신의 운명과 삶에 대한 질문을 할 수밖에 없는 순간들을 가지며 종교를 통해서 이를 해결하고 싶은 욕구를 가지고 있기 때문이다.

어쩌면 숙명처럼 생의 어느 순간에 접할 수 있는 종교, 그리고 그것을 통하여 인간의 근원과 의미성을 파악하려는 사람들의 궁금증은 나이가 조금씩 들어가면서 인간이 던질 수 있는 질문들이다. 왜냐하면 한계성을 가지고 있는 인간이 살아가는 것과 죽어 가는 것에 대한 이 모든 것을 포함하는 원대한 내러티브(이야기)가 있지 않으면 인간은 절망과 자기 파괴가 될 수 있기 때문이다(Emmons, 2003, p. 5). 그러나 오늘날에는 이러한 종교의 역할에 대하여 의심을 가지는 이들이 많이 있다.

종교가 현시대에 있어서 일부이지만 역기능적인 요소들을 보이는 이유는 무엇인가라는 생각을 해 보면, 아마 권위와 힘을 상징하는 타율성의 시대에 종교가 형성되었고 여기서는 복종과 헌신을 최고의 가치로 여긴 산물의 부작용이라 생각한다. 과거 종교적인 정신적 자산들이 현대까지 물려 주는 상황에서 21세기를 살아가는 현대인은 자율성이라는 자기실현에 관심이 더 많고, 이들에게는 헌신과 복종보다는 합리성과 개인에 관심이 많은 것이 마찰을 발생시키는 중요한 요인이라고 생각한다.

요즘 거의 모든 영상매체들은 현대인에게 탈 권위에 대한 것과 자기계발에 대한 관심을 보여 준다. 권위적 사회에 머물러 한 가지 변하지 않는 어떤 것에 몰두하기보다는 다양성을 경험하고 그것에 도전해 보길 원하고 있다. 그 다양성 속에서 공통점을 발견하고 싶을 것이다. 예를들어, 기성세대는 생존과 주거지에 대한 문제를 가지고 있었기 때문에 집을 마련하는 것과 억척스럽게 생존을 위해 일하는 것이 미덕으로 여겨진 세상에 살았다. 그러나 오늘날의 시점에서는 환경의 어려움과 더불어 고정된 시각에 대한 의문을 던진다. 주거에 구속되어 자유함을 잃어 버리기 싫은 것이다. 자신에게 주어진 짧은 인생을 이렇게 고정된 생각과 생활로 사는 것은 가치성이 없다고 생각하기 때문이다. 그래서 젊은이들은 어느 하나에 고정되어 살아가기보다는 다양성을 경험하고 싶어 한다.

현대의 사람들은 싼값에 질 좋은 옷을 구입할 수 있고, 값비싼 옷을 구입하기보다는 저렴하고 입을 만한 옷을 여러 벌 구입해서 착용하기도 한다. 음식이라는 것은 더 이상 생존만을 위한 것이 아니라, 거기에는 낭만과 멋과 즐거움이 스며들어 있어야 한다. 조금 더 나아가, 음식은 예술의 일환이기도 하다. 자신 안에 움직이는 감정의 세계를 표현할 수 있는 음악을 일상에 가지는 것은 기본이 되었고, 거의 모든 방송사는 현대 음악만이 아니고, 고전 음악과 더불어 그 음악을 현대적으로 재해석한 노래들에 열광한다. 과거에는 우리나라에서만 즐기던 음식과 노래를 이제는 해외로 가져가 현지에서 음식을 소개하고 외국인이 한국 음식에 매료되며, 한국어 노래를 외국 젊은 세대들이 즐기고 있는 시대가 되었다. 과거에는 인간 모두가 주목받는 스타가 되고 싶어 하는 본능은 연예계라는 특정 장르를 통해서만 되었지만, 이제는 그 잠재적 욕구가 개인의 유튜버를 통해서 실현이 된다.

과거에는 평생 한 번이나 나갈 수 있을까 했던 해외여행이 이제는 거의 일상이 되어 버렸다. 그리고 이러한 해외 여행의 경험을 통해서 다양한 민족이 가지는 종교와 문화에 대한 새로운 사실들을 접하는 것이 보편화되어 가고 있다. 그리고 앞으로 이러한 추세는 더 많이 우리 사회에 편만하게 될 것으로 예상된다. 이러한 시대와 문화 속에 종교는 현대인에게 어떤 의미인가 그리고 어떤 관계성을 가지고 살아가야 하는가는 모든 종교인에게 주어진 숙제와 같은 질문이라고 생각한다.

이것보다 더 심각한 도전은 현대 과학의 진보가 미치는 영향이다. 마치 지동설이 당시 천동설을 신뢰하던 이들에게 충격을 던지고 이것에 대해 부정하고 싶었던 시대처럼, 그리고 신의 형상을 닮은 인간에 대해서 무의식적 본능에 의해 움직이는 인간을 정의한 프로이트의 인간 정의를 부정하고 싶었던 시대처럼 과학의 발달에 따른 문명의 발전은 기존 신념체계에 대한 도전이 될 수밖에 없을 것이다. 지동설은 지구에만 국한되는 것이 아니라, 인간은 더 넓은 세계에 대한 거시적 이해를 촉진하였고, 인간의 무의식적 본능에 대한 설명은 인간의 미시적 세계에 대한 관심을 불러일으켰다.

과학 문명의 발달은 지속적으로 거시적 세계를 확장시킬 것이다. 예를 들어, 최근의 과학계는 7억 광년 떨어진 곳에서 태양계를 통째로 흡수할 수 있는, 태양 질량의 400억 배가 되는 극대 질량의 블랙홀(ultra massive black hole)을 발견하였다. 이처럼 우리 시대와 이전 시대의 이해를 넘는 거시적 발견은 인간이 존재하는 한 지속될 것이다. 프로이트의 무의식에 대한 발견이 인간 심리에 대한 미시적 세계에 대한 출발이었다면, 이것은 오늘날 진화와 유전공학 및 생명공학 분야에서 새롭게 발견된 사실을 가지고 인간에 대한 이해에 도전장을 내밀 것이다. 이러한 발견들은 기존 정신적 질서와 종교에 대한 도전을 할 것이고, 한편에서는 이러한 사실들을 부정하고 옛 것에 대한 수호만을 고집하는 부류가 있을 것이며, 다른 한편으로는 새로운 사실을 어떻게 수용할 것인가에 대한 고민을 하는 부류도 있을 것이다. 이러한 관점에서 중요한 사실은 진리를 확정된 것으로 믿으려는 것보다는, 과거의 사실들과 새로이 발견된 사실들을 가지고 진리를 찾아가는 과정이 현시대와 문화에 적합할 것이라는 점이다.

문화신학자인 틸리히(P. Tillich)는 "문화의 내용은 종교이고, 종교의 형식은 문화이다."라는 말을 함으로써 종교와 문화 간의 불가피성을 말하고 있다. 그에게 있어 종교의 본질은 궁극적 관심(ultimate concern)이다. 그리고 이 궁극적 관심은 무한자에 대한 열정

(a passion for the infinite)을 의미한다(Tillich, 1957, p. 8). 종교는 궁극적 관심에 의해 사로잡히는 상태이며, 이 궁극적 관심에 사로잡히게 되면 모든 다른 관심은 부수적인 것이 되는데, 이유는 이 궁극적 관심이 인생의 의미에 대한 답을 제공하기 때문이다(Tillich, 1963, p. 4). 결국 인간 대부분은 부, 명성 그리고 성공을 위해 살아가는데, 어떤 의미에서 이것은 보이는 것에 대한 자기만족이 강한 성향을 가지고 있지만, 인생의 긴 안목에서 진정한 의미를 제공할 수는 없는 것이다(Emmons, 2003, p. 4). 이러한 관점에서 인간이 추구해야 할 궁극적 관심에는 어떤 것이 있을까에 대한 관계성을 심리학과 종교적 관점에서 찾아야 할 것이다.

21세기에 우리는 예전보다도 많은 다양한 문화와 기술문명을 접하고 있다. 과학기술의 발달로 생활의 편리함이 따르지만, 현대인에게 잊혀가는 종교성에 대한 작업을 그 어떤 누구가 하는 것은 인간으로서 걸어야 하는 이 피하지 못할 운명에 단비와 같은 역할을 하지 않을까 생각해 본다.


## 1. 타율성과 인간

종교는 타율성의 시대에 형성된 문화이다. 현대인이 이해하기 매우 어려운 고대시대의 사회문화적 환경에서 가장 핵심적인 것은 '성스러움'이었다. 종교학자 엘리아데(Eliade)에 따르면, 고대인이 삶을 살아가는 가장 큰 이유는 성스러움과의 일치였다. 성서에 기록된 야곱(Jacob)이라는 인물이 형제 간의 불화로 인해 외삼촌 집으로 피신하는 과정에서 신비한 신의 세계를 경험하고 꿈을 깬 후 그 자리에 돌덩어리를 쌓아 예배를 드리는 장면이 있다. 고대인은 장소를 지구의 축(Axis Mundi) 또는 지구의 중심이라고 여겼다. 즉, 어느 특별한 장소에는 신이 있을 것이고, 그 신을 경험한 곳은 모든 살아가는 것의 중심이 된다는 의미이다.

오늘날 고대인이 가지는 그런 성스러움을 가지고 살아가는 현대인은 거의 없을 것이다. 이러한 신비함은 현대화될수록 인간의 문화에서 잊혀간다. 예를 들어 보자. 현대의 항구 도시는 화려하고 낭만이 있는 곳이다. 그러나 이 항구 도시를 방문하는 관광객이 이 도시의 유래를 생각하면서, 이 도시는 불과 수백 년 전에 초라한 등대가 있었는데 이것이 난파선이나 표류하는 배와 인명을 구하는 데서 출발했다는 생각을 하는 사람은 많이 없을 것이다.

항구 도시의 등대는 이렇게 출발을 했다. 인명을 구조하고 난파선을 구하기 위해 마을 사람들이 협업하는 공동체 정신의 중심이었던 것이다. 그러나 시간이 지나면서 경제적인 여유로움이 생기자 마을 사람들은 자신들이 직접 이 일에 종사하기보다는 이일을 대신할 사람을 고용하기 시작하였고, 자신들이 모이는 그곳은 서서히 선술집이나 사람들이 모여 친교를 나누는 곳으로 변모하기 시작했다. 그리고 현대에 이르러서 항구 도시는 낭만과 풍경이 있는 곳으로 남아있다. 그러나 항구 도시는 방문할 때마다 이 역사의 변천을 이해하는 사람은 많지 않다.

인간 개인이나 집단의 정체성을 자신이 속한 집단이나 힘이 있는 사람들을 통해서 자신이 정의되는 시대가 있었는데 이것을 타율성

시대라고 한다. 이 시대에 성스러움의 극치는 왕족 사회에서 볼 수 있다. 문명이 왕성하게 발달되기 이전에 인류는 자신들의 정체성에 대한 것을 신의 세계와 연관시켰는데, 특히 왕족은 자신들이 가진 왕족의 권위를 신의 세계와 연관시켜서 그 권위에 대한 합리성을 스스로 가지기도 하고, 백성을 그것에 순응하게 하였다. 그래서 모든 국가의 기원과 관련된 신화를 보면 반드시 왕과 신비한 신의 세계와의 연관성을 말하는 영역들이 있기 마련이다. 이것은 자신들의 정체성을 견고하게 하려는 인간이 가진 의도성도 다분히 있으며, 또한 그 당시의 사회가 오늘날의 세계와는 다르게 신의 세계와 밀접하게 연관시켜 살아가려는 경향이 많이 있다는 것을 보여 주는 것이기도 하다.

왕족의 근원을 신의 세계와 연관시키려는 것은 일종의 신탁의 개념이었지만, 시간이 지나면서 왕족 자체가 신권을 가지고 있다는 형태로 변모하게 된다. 기독교적 관점에서는 왕이 왕권과 제사장의 권한을 동시에 가지는 형태로 변경된다는 것이다. 문화의 혜택을 조금씩 더 누리던 인간사회는 인간 자신을 신에게 종속된 것으로 보는 것이 아니라, 자기 자신이 바로 신의 영역과 통하는 사람이라는 것으로 여기게 되는 것이다.

타율성 시대의 덕목은 헌신과 희생이다. 즉, 자기 개인을 위한 것이 아니라, 나보다는 집단과 신에 대한 헌신과 희생이 덕목으로 되어 있는 시대이다. 그래서 이 시대는 한 사람의 성공 여부를 집단에 대한 충성도, 즉 헌신과 희생으로 본다. 그리고 누가 뭐라고 해도 이 타율성 시대의 핵심은 힘을 가지고 있는 사람들, 보편적으로 이야기하면 남성이 중심이 된 사회에서 만들어진 법칙이 많다는 것이다.

앞서 언급했듯이, 타율성 시대에는 권위자에 대한 헌신과 희생이 덕목이 되다 보니, 이러한 사회 체계는 자녀에게는 부모에 대한 복종의 미덕이, 신하에게는 상명하복의 미덕이, 여성에게는 남성에 대한 순종의 미덕이 오랜 세월 동안 사회적 덕목으로 있었기에 이러한 영향에서 벗어날 수 있는 사람은 거의 없을 것이다. 동시에 이 시대에 특히 신을 믿는 종교에서의 가장 큰 덕목 역시 복종과 헌신, 희생이었다. 그리고 이러한 사회적 환경 속에서 살아가는 사람은 그 요구사항이 정당하며, 또 그 정당한 요구에 맞춰 살아가는 것이 가장 정상적인 사람이라고 여기고 살았을 것이다.

사람은 주어진 환경(가정과 사회)에 의해서 영향을 받을 수밖에 없다. 인간은 만물의 영장이라고 하지만, 효과성 관점에서 동물과 비교했을 때 인간은 환경에 적응하는 데 너무나 많은 시간을 필요로 하기에 매우 비효율적이다. 그래서 태어났을 때 유약한 인간에게 있어서 절대적으로 필요한 구조는 부모의 구조와 그 부모가 어떠한 사회구조에서 영향을 받았는지이며, 이는 성장하는 자녀의 가치관을 형성하는 데 가장 중요한 역할을 한다.

영화 〈국제시장〉을 보면 타율성 시대에 살아온 '덕수'라는 주인공이 어떠한 인생을 살았는지를 알 수 있다. 아버지를 북한에 두고 남한으로 피난 온 주인공 덕수는 평생 아버지의 부탁인 '가족을 잘 돌보라.'는 말을 실천하기 위해 죽을 힘을 다해 일을 한다. 매 순간 아버지의 유언 같은 부탁을 되새기고 산다. 이렇게 산 희생의 세월 속에서 덕수는 아버지의 유언대로 살았다는 안도감을 가진다. 자기실현이라는 가치를 평생 자기가 없이 부친의 부탁인 타율이라는 상황에 의해 만들어진 희생으로 살았고, 그러한 희생에 대해 스스로 만족감을 가지는 것이다. 그러나 이러한 희생 또는 가부장적 생활은 자녀들과의 소통 불화의 간격을 남겨 놓았다.

타율성의 주체가 되는 사회의 구조나 부모는 이미 인간 출생 이전에 마련되어 있는 매우 강한 성(城)과 같은 것이고, 초기 유약한 인간은 이 구조의 틀에서 움직이면서 생존할 수밖에 없는 구조에 놓이게 된다. 사회학에서는 이러한 과정을 '외재화'(externalization)—'객관화'(objectivation)—'내재화'(internalization)의 과정으로 본다 (Berger, 1990, p. 4).

먼저, 외재화란 인간 내부에 있는 정신적이고 신체적인 어떤 것을 외부에 쏟아붓는 것을 의미한다. 이러한 관점에서 보면 인류 초기의 발달에 형성되는 신의 세계와 연결시키려는 인간의 욕구 또한 인간의 근원을 탐색해 보려는 욕구로 보아도 될 것이다. 즉, 인간 외에 어떤 초월적인 존재가 있을 것이라는 신념의 투사이다.

인간의 내부에서 쏟아부은 것들이 이미 사회화 되어 있고, 이 사회화 속에 조직되어 가치와 목표를 인간이 가지고 살아가는데, 이때 사회는 '현실'(reality)이 되어 버린다. 즉, 이 사회적 현실을 인간의 가치와 목표로 설정하고 이것을 달성하려는 경주를 시작한다. 이것이 객관화의 과정이다. 다음의 과정으로 내재화란 인간 개인에게 들어온 사회적 현실에 대하여 주관적으로 재평가하는 것을 말한다.

중요한 것은 타율성으로, 이미 있는 것들을 목표로 하고, 그것을 현실로 여기고 살아가는 대부분의 사람들에게는 밖에 있는 거대한 가치들이 정형화된 그 어떤 것으로서 불변의 것이며, 때로는 절대적인 어떤 것으로 여긴다는 점이다. 이것은 어떤 가치나 목표라는 것으로 생각하지 않고, 이미 주어진 어떤 것, 선천적으로 결정되어 버린 진리로 여겨 버린다는 점이다. 다시 말하면, 인간은 자신이 약할 때 외적인 강력한 어떤 힘에 의해 규정된 것들로 인해 이 타율성의 기간에는 모든 것을 결정주의적으로 생각한다는 점이다. 그래서 우리 시대의 종교에는 타율성의 시대에 고착되어 버린 것들이 분명하게 존재하고 있고, 동시에 인간이 유약한 시기에 타율적 힘을 의지하고 빌릴 수밖에 없는 구조에서 형성된 '자기'라는 것이 있어 이것이 종교와의 관계성을 맺고 있다는 사실을 인지할 필요가 있다.

타율성의 환경과 시대라는 것은 막을 내리고 있지만 이것의 잔재가 자율성을 추구하는 시대에 혼재하고 있을 경우, 사람은 어떠한 관점에서 종교와 사회적 현상을 바라보아야 할까? 필자는 이것을 빈티지와 타율성의 비유로 설명하고 싶다. 오래된 타율성이 빈티지 시대의 것이라면, 오늘날의 빈티지를 즐길 수 있는 사람은 자율성을 가진 사람일 것이다. 만일 오래된 것을 고루하게 여기거나, 혹은 옛 것에만 집착한다면 오래된 것을 즐길 수 없는 것이다. 오래된 타율성을 즐길 수 있는 것이 개인과 집단이 자율성을 가질 때만이다. 왜냐하면 자율성이 타율성을 파괴하는 것이 아니라, 타율성이 있을 수밖에 없었던 내외적 구조에 대한 이해를 할 때 인간은 타율성에 집착하지 않고, 동시에 자율성에 빠지지 않을 수 있다. 그때 비로소 인간은 타율성과 자율성을 즐길 수 있는 것이다.

## 2. 규범과 인간

종교에 있어 규범(norms)은 매우 중요한 역할을 한다. 규범/규칙은 개인과 집단에 있어서 질서와 정체성을 유지하는 데 매우 필요한 역할을 한다. 그러나 규범이 있는 가장 중요한 목적은 자연과 외부 환경에 매우 유약한 인간이 이러한 규범과 규칙을 가지고 있지 않으면 생존하기 어렵기 때문이다. 동물과 인간의 차이를 살펴보면, 자연에 적응하는 측면에서 동물이 자연에 적응하는 힘이 월등하게 강하다. 그러나 인간은 거의 모든 동물 중에 자연에 적응하는 데 가장 미약하다. 그래서 인간은 이 위협적인 자연과 외부 환경에 대해서 생존할 수 있는 힘과 그 힘의 효율성을 위해서 규범/규칙을 제정해야 하는 운명을 가지고 있다. 효과적으로 대처하기 위해서이다. 인간이 종교나 정치 등을 통해서 규범/법에 대한 관심을 가지는 여러 이유 중에 하나는 규범을 만들어서 통제하고 질서를 가지는 것이 외적 환경에 대하여 단합과 초인적인 결과를 보이기 때문이다.

국가의 법, 단체의 규율, 심지어 종교의 교리 등은 절대적이 아니다. 국가의 법은 치안의 효율성을 위해서 만든 것이지 절대적인 것은 아니다. 종교에서 말하는 교리(dogma)의 원 뜻은 '생각하다'라는 의미를 포함하고 있다. 우리가 오늘날 생각하는 것처럼 법과 사람 위에 잘못하면 군림하는 그런 제왕적인 법이 아니다. 이러한 면에서 이스라엘 사람들은 선조에게 물려받은 율법에 대하여 맹목적으로 그것을 받아들이지 않고, 그 내용이 현대에 어떻게 잘 적용될 수 있을지에 대한 질문과 답을 찾는 종교 교육의 방침을 가지고 있다.

그래서 이들에게는 '왜?'라는 질문과 '어떻게 풀 것인가?'라는 방법론에 대한 토론이 치열하다. 이러한 과정을 통해서 자신들이 가지고 있는 규율 또는 교리에 대한 합리적인 고민과 현대에 어떻게 적용할 것인가에 대한 답의 근사치를 구하려는 과정을 가진다.

정치나 종교에 대하여 국민이 환멸을 느낄 때가 있다. 그러한 때는 정치가 법을 자신이 유리한 방향으로 해석해서 집행을 할 때이고, 종교가 신과 그 교리를 이야기하지만 다분히 인간 개인과 집단의 이기성에 의한 것이라고 여겨질 때이다. 정치나 종교가 국민으로부터 외면당할 때 공통적으로 범하는 실수는 '국민과 신'을 위한다는 이야기를 하는 것인데, 그 속에는 개인과 집단의 동물적 본능의 이기성이 '국민과 신'을 이용하기에 정작 국민은 진실함을 느끼지 못하기 때문이다.

이러한 모순점을 극복하기 위해 기독교 신학자들은 신앙 같은 것에 대한 몇 가지 주의를 제안하기도 했다. 이 책의 후반에서 다루겠지만, 문화신학자 폴 틸리히는 자신의 저서를 통해 '수직적 차원'(vertical dimension)이라는 용어를 사용하였는데, 이것은 모든 인간이 만든 국가나 집단의 이념 위에 수직적 차원이 있어서 조명되어야 한다는 것이다. 즉, 국가나 집단 혹은 개인이 가진 이념이라는 일종의 규범을 절대화하지 말고, 수직적 차원인 하나님의 신앙 하에서 재조명되어 비판과 수정으로 새롭게 거듭나야 한다는 의미이다. 그러면서 틸리히는 수직적 차원에서 국가 이념을 재조명해 보려는 노력을 하지 않고, 그 규범과 규칙을 절대화하려는 개인과 단체는 소멸할 수밖에 없다는 논리를 폈다.

틸리히와 비슷한 시기에 활동을 했던 신정통주의 신학자 에밀 브루너(Emil Brunner)는 "인간의 지식 속에 신의 세계를 집어넣으려는 무모함을 범하지 말라."라는 말을 남겼다. 그가 지적한 이 내용은 모든 인간이 범하기 쉬운 오류이다. 이 말은 두 가지 의미가 있다. 첫째는 신의 세계를 인간의 지식 안에 가져온다는 것은 매우 적극적이고 열성적인 신앙을 가질 수 있다. 이것은 마치 신의 정확 무오한 섭리와 법칙이 인간 집단이나 개인의 신앙으로써 검증될 수 있다는 확신을 가지는 열정이 있다.

신의 세계를 인간의 지식 안에 넣을 수 있을까에 대한 질문이다. 넣을 수 있다고 생각하면, 예를 들어 모든 성경에 대한 내용을 인간의 과학적 지식이 증명할 수 있다고 생각하면 그것은 열정적인 신앙으로 보일 수 있지만, 다른 한편에서는 신의 세계를 인간 안에 가둬버리는 실수를 하는 것이다. 인간의 이성과 과학으로 헤아릴 수 없는 영역은 신의 신비의 영역으로 남겨 두는 것이 오히려 신을 신되게 하고 인간을 인간되게 하는 지혜이다.

신의 세계를 인간의 지식 안에 넣으려는 시도와 결과는 엄청난 열정과 단합을 가져올 수 있다. 왜냐하면 이것은 또 하나의 '규범'을 만들어 인간을 결집시키기 때문이다. 그리고 여기에 사람들이 현혹될 수 있다. 이유는 인간이 그리는 자기의 세계와 신의 세계를 동등하게 보려는 시도로 인해 매우 열정의 도가니가 형성되기 때문이다. 규율이 없는 것보다 있는 것이 힘을 발휘한다. 그러나 이러한 시도 역시 자신의 세계를 신의 세계와 동등하게 보려는 자기중심적 사고나 망상에서 발생할 수 있다.

인간은 다른 피조물과 비교에서 여러 가지 우등한 것이 많이 있지만, 그렇다고 하나님의 세계를 인간의 지식이나 경험 안에 가둔다는 것은 하나님의 세계를 인간이 조작하는 것이 되고 만다.

1919년 제1차 세계대전이 끝난 후 독일 사회와 기독교 간의 갈등이 표출되었다. 당시 독일 사회에는 각 대학에서 신학과를 폐지하려는 움직임이 있었다. 당시 독일 신학계나 신앙의 문제는 마치 신학과 기독교신앙이 모든 학문들보다 월등히 우세한 왕의 학문이라는 인식이 당시 독일 사회가 공감을 할 수 없었다는 점이다. 그리고 각 교파에서 교육되는 신학교육은 그 교파의 시중이나 드는 학문이었기에, 각 교파신학이 가진 눈먼신학을 비판할 수 없었다는 점이다. 이것은 타율성의 사회구조에서 신학과 신앙을 최고의 가치로 두고 있던 독일 기독교가 새로운 시대에 새로운 대중이 자율적 구조에 살아가고 있다는 사회문화적 변화를 간과하고 있었다는 의미이다.

필자는 간혹 서울역 앞을 지나다가 역사 앞에 다양한 종교인들이 나와서 각자 자신들이 믿거나 신뢰하고 있는 종교에 대해서 확성기를 통해서 외치고 있는 장면을 본다. 다양한 종교의 종교인들이 동시다발로 자신들의 신념을 노래하고 외치고 있는 것이다. 필자는 새로운 시대에 새로운 청중과 새로운 관련성을 맺어야 한다는 사실을 망각하고 있는 장면이라고 생각한다. 한마디로 대한민국 내에서 종교가 가지고 있는 불협화음을 보이고 있는 것이 아닌가 하는 생각을 한다. 이 공공장소에서 정말로 기독교를 비롯한 각계의 종교인들이 자신들의 종교가 가진 중요한 내용들을 여행객이나 행인과 공유하고 싶다면, 거기에 나온 종교인들이 순번을 정해서 차례대로 자신들의 교리를 전한다면 서울역을 지나는 사람들에게 조금은 합리적으로 들리지 않을까 생각한다. 그러나 동시다발적으로 각자 자기가 따르는 종교에 대해서 마이크에 대고 크게 주장하고 있기 때문에 오히려 역기능의 불협화음을 조장하고, 오히려 대중은 종교에 대한 관심이 멀어지고 각기 자기 규범과 규례에 몰입하는 종교로만 여길 뿐이다. 일종에 종교 간의 우위성을 나타내기 위한 싸움으로 비칠 것이다. 종교의 이런 모습들이 현대인들이 걱정하는 현상이 아닐지 생각해 본다.

규범 또는 교리는 종교를 비롯하여 각 기관과 사회 그리고 국가의 존립을 위해서 필요한 것이다. 우리는 교통법규를 정해서 지키고 있다. 교통법규의 가장 중요한 목적은 차량의 원만한 주행과 보행자의 안전을 지키는 것이다. 즉, 최고의 목표인 차량의 원활한 교통과 보행자의 생명을 안전하게 하기 위해서 우리는 이 법규를 지키는 것이다. 그러나 법을 지키는 최고의 목표를 안전과 생명에 두지 않고 교통법규만을 집행하는 경우도 있을 수 있다. 이럴 때에 사람들이 식상해하는 것이다. 즉, 법규와 사람의 생명에 대한 양가적 관점을 가지고 있어야 법규는 사람을 옭아매지 못하고, 사람은 법을 위반하지 않는 것이다. 그래서 이 두 구조는 불가분의 요소들이다.

형식(forms)을 가지지 않는 인간은 존립하지 못한다. 그러나 형식의 가장 큰 목적은 내용(contents)을 담기 위함이다. 그래서 형식과 내용은 항상 같은 길을 동행하게 되는데 어느 것 하나가 없으면 다른 하나가 존립하기 힘들다. 이것이 바로 인간이 가진 딜레마이다. 그래서 인간은 이러한 딜레마가 주는 불안으로부터 도피하길 원한다. 원래 자기중심적 자아에서 시작한 인간은 불안이라는 큰 주제를 가지고 이 세상을 살아간다. 그리고 이 불안으로부터 자신을 보호해야 하는 숙명적인 도전을 받게 된다. 불안을 극복하든지, 불안을 망각해 버리든지, 혹은 합리화하여 잠재워야 하는 것이다.

이 불안을 극복할 수 있는 한 가지 선택 중의 하나는 인간이 가진 딜레마라는 양쪽을 보는 것이 아니라, 한쪽을 없애 버리고 다른 한쪽만을 선택해 버리는 것이다. 그래서 인간은 불확실성을 회피해 버린다. 진리를 찾고 있다는 가정보다는 진실을 찾았다는 말에 인간은 더 환호성을 보낸다. 이것은 우리가 양쪽을 다 볼 수 있는 심리적인 여유 없이 살아가고 있다는 것을 의미한다.

진리를 아직도 찾고 있다는 밋밋한 답은 불안이 심한 사람에게는 답이 될 수도 없고, 매력적이지도 않다. 행복이 보이는 것, 만질 수 있는 것에만 있다고 생각하는 사람은 부와 성공 그리고 명성이라는 것이 확실한 인생의 답이라 여기고 이것에 목 매달아 살다가 정말로 목 매이게 된다. 그리고 이렇게 사는 것은 우리가 너무 불안하기 때문이다.

인간은 불안할수록 불확실성을 배제하고 확고한 답을 얻으려는 경향을 가지고 있다. 심리학자 프로이트의 해석을 확대하면 이것은 인간이 기본적으로 가지고 있는 쾌락원칙(pleasure principle)이다. 자신의 생존을 위해서 가장 이익이 될 만한 것을 추구하는 경향을 의미한다. Ⅲ장에서 프로이트가 말하는 인간의 본능에 대해 자세히 살펴보겠지만, 그는 인간은 쾌락원칙을 보완하기 위한 원칙을 가지는데 이것을 '현실원칙'(reality principle)이라고 했다. 즉, 인간은 자기중심적 성향을 다분히 가지고 본능적으로 활동을 하지만, 이 원칙이 타자에게 도덕적·윤리적으로 혐오되지 않기 위해서 나름대로 현실을 따라서 자신이 살아가려고 한다. 그러나 이 현실원칙조차도 자신을 불안으로부터 보호하기 위한 쾌락원칙에 종속된 것이다.

인간이 자신만이 가진 규범/규례를 넘어 타자가 가진 것을 존중하는 데 주저하는 이유는 무엇일까? 그리고 왜 각각의 다름을 수용하기보다는 틀림을 지적하며 대적하려는 이유는 무엇일까? 이러한 맥락에서, 종교는 인생과 사람의 궁금증을 위해 존재하지만, 종교로 인한 전쟁이라는 모순은 무엇인가? 개신교의 종주국이며 철학, 신학 그리고 예술 분야에서 전 세계에 막대한 영향을 미치는 독일이 인류역사상 가장 비참하고 많은 사람이 살해된 두 차례의 세계대전을 일으킨 나라였다는 모순은 무엇으로 설명할 수 있을까? 그래서 프로이트는 이러한 기독교가 가진 비인간적인 사건 때문에 기독교를 '환영'(illusion)이라고 했을까?

프로이트가 종교를 이렇게 지적한 근거로는 그동안 기독교가 저지른 범죄인 십자군 전쟁과 노예제도 등이 있다. 그는 자신의 생각에 기독교가 사랑의 종교가 아니기 때문에 이러한 일을 자행한 것이고, 개인과 국가가 불안하고 앞날을 알 수 없는 불안으로 인해 살 수 없기 때문에 인간에게 편리한 수단으로서의 신을 만들어 놓음으로써 인간이 활동하는 데 편리성을 제공한다는 의미에서 환영이라는 표현을 썼다. 물론 개인적으로 프로이트가 정의하는 환영이라는 말에는 동의하지 않지만, 우리 사회에서 발생하는 종교의 문제들을 살펴보면 그가 정의한 환영에 대해서도 어느 정도 일리가 있다고 본다. 즉, 종교에서의 문제는 신의 문제가 아니라 인간이 가진 불안과 개인이나 집단이 신의 자리를 대신하려는 욕망과, 그리고 그 밖의 문제가 얽혀 있기 때문이다.

지동설 주장으로 인해 기독교의 세계관과 신앙관이 도전을 받았을 때 당시 신부들이 집단으로 자결을 한 기록이 있다. 이유는 기존 기독교의 규범/법에 도저히 수용할 수 없다는 항의성이었다. 당시에는 혹 이것을 기독교를 위한 대단한 신앙의 표현으로 생각하고, 지동설을 악마의 유혹으로 생각했을 수도 있다. 그러나 수 세기가 흘러 이러한 표현방식이 얼마나 무모한 일이며, 도대체 누구를 위한, 무엇을 위한 죽음이었을까라는 생각도 하게 된다. 결국 이 모든 것은 인간이 가진 무지에서 발생된 것이다. 교리에 맞지 않는다고 생각했던 지동설은 이제는 누구나 의심 없이 믿는 진리가 되었고, 그당시 지동설을 주장해 파면되었던 이들은 모두 공식적으로 복권되었다. 이러한 일이 수 세기 전에 일어났다는 생각을 하면 그나마 당시 사회가 개방적인 사회가 아니었기에 약간의 이해가 될 수 있는 부분이 있기도 하다. 그러나 오늘날 우리가 사는 사회에서도 과학과 문명의 발전으로 인해 우리가 가진 가치체계와 종교에 대한 규범에 대해서 항사적으로 도전을 받고 있다.

인간은 대다수가 자신의 입장에서 생각하는 쾌락주의를 추구하고 있으며, 이 쾌락주의를 위해 종교를 이용할 가능성이 있다. 이렇게 되면 그때 종교는 '환영'이라는 말을 듣게 된다. 물론 유발 하라리(Yuval Harari)의 지적처럼, 인류의 역사에서 인간이 종교를 가지게 된 큰 이유는 기근, 전쟁 그리고 질병이었고, 이것으로 인해 생존과 목숨의 위협을 받는 인간은 신을 찾고 자신들을 위험으로부터 구해주기를 기원할 수밖에 없었을 것이다. 자신의 불안과 약함에 대해 절대자를 의지함으로써 이러한 요인들을 극복하고자 하는 것은 인간의 본능이기에 이것을 비난할 수는 없다. 그리고 이러한 과정에서 인간은 종교적 규범과 율례를 형성해 나가고 이것을 지킴으로써 절대자와 교류한다는 믿음을 가지고 있다. 그러나 이러한 주장은 종교에 대해 절반만을 수용하는 것이고, 반은 틀린 것이라고 생각한다. 왜냐하면 의식주 및 생명 보존에 대한 불안은 인간에게 종교성이라는 것을 가져다주었지만, 이러한 과정에서 형성된 종교는 신과는 연관이 없는 인간의 욕망이 신에게 어느 정도 투사되었기 때문이다. 그것은 아마 불안으로부터 안전을 구하는 인간의 욕망이고, 최종적으로는 죽음이라는 것으로부터 자신들을 보호하고 싶은 불멸성과 영생에 대한 욕망일 것이다.

종교적 규례나 국가 법의 최종적인 목적은 인간 생명의 존엄성을 지키는 것이다. 이러한 면에서 심리학자 에릭슨(Erik Erikson)은 사람은 환영받으면서 세상에 태어나야 하고, 세상을 떠날 때 환대 속에서 떠남으로써 인간의 존엄성을 지킬 수 있다고 보았다. 모든 법은 그 규례를 지킴으로써 인간 생명의 존귀성을 보존해 주는 것이다. 그러나 잘못하면 종교 대다수의 실수는 불안 가운데서 온 사람들을 종교적 규례와 법에 종속되게 만들고, 이 법들을 지킴으로써 종교성을 가진다는 착각 속에 살게 한다는 점이다.

이러한 논쟁은 기독교 신약성서에 예수와 율법사들의 논쟁의 대부분을 차지한다. 당시 율법사들은 안식일에 일하는 것을 금하는 율법을 중하게 생각했기에, 안식일에 병자를 치유하는 예수를 율법을 어기는 범법자로 낙인을 찍었다. 그러나 예수는 안식일에 가축이 웅덩이에 빠졌을 때 모든 주인이 그 가축을 구해 주는 것처럼, 그보다 더 귀한 사람의 목숨을 치료해 주는 것은 당연하다고 생각했다. 예수는 율법을 넘어 사람의 생명을 보았다. 그래서 그는 율법을 없애려 온 것이 아니라 율법을 완성시키기 위해서 왔다고 했다. 즉, 율법은 사람의 생명을 구하고 존귀성을 가지게 하는 것이 최종 목표이다. 이것을 한마디로 은혜라고 한다.

규범을 가진 개인이나 단체의 최종의 목표는 생명과 조화에 대한 관심과 실천이다. 종교를 비롯한 모든 국가의 최종적인 목표도 각 개인에게 생명에 대한 존엄성과 가치를 더해 주는 것이다. 그러나 대다수의 종교와 국가의 법이 규범에서 머무르고, 규범을 최종적으로 생각하기에 여기에 따른 국가 간의 전쟁, 개인 간의 분쟁, 종교 간의 악순환적인 분쟁이 계속되고 있다. 규범이 생명을 지향하지 않으면 개인이나 집단이 가진 규범에 대한 절대화 작업을 할 수 있고, 이 절대화 작업에서 심지어 종교인이라 할지라도 이 규범에서 다음 단계로 가지 못하면 종교는 그들에게 더 이상 종교가 아니라 '이념'(ideology)이 되어 버린다. 종교와 이념의 공통점은 각각 규범과 규칙을 가지고 있다는 것이지만, 이념이 다르다는 것으로 인해 이념의 이름으로 상대를 비하하거나 심지어 살해까지 할 수 있다. 그러나 진정한 종교는 다르다는 것을 넘어설 수 있는데 왜냐하면 규범을 가지는 종교의 최종적인 목적은 인간애이기 때문이다.

종교와 국가의 법이 이념화되어 버리면, 신의 이름으로 개인의 자율성을 조정하는 데 합리적 근거를 가질 것이고, 국가는 민주라는 이름으로 독재가 가능하고, 이를테면 애국이라는 이름으로 국민을 우민화시킬 수 있다. 결국 이러한 시도를 하는 모든 개인과 집단의 배후에 나의 것만 정확하다는 무식과 동물적 이기주의가 있으며 그 심리적 배후에 가장 공포스러운 불안이 지배하고 있기 때문이다. 우리가 경계해 할 종교는 이념을 신앙으로 위장한 종교다. 이렇게 되면 신의 이름으로 자신과 다른 것에 폭력성을 가하는 것에 대해 합법성이나 위로를 받기 때문에 그 방법과 내용은 매우 잔혹하고, 그 피해를 입은 사람들과는 더 많은 간격의 괴리를 가지게 된다. 이 정도까지 이르면 이들에게는 종교라는 이름은 있고, 이들이 절대자의 이름은 외치지만, 그 이웃은 종교성을 느끼지 못하는 불행을 맞이하게 된다. 즉, 형식은 있지만 그 내용의 상실로 인해 불균형 속에 살아가게 되는 것이다.

규범이 생명을 바라보기 위해선 그 규범에 대한 회의(doubt)가 필요하다. 달리 표현하면, 그 규범을 수직적 차원에서 바라보는 비평들이 필요하다. 왜냐하면 대부분의 종교에서 절대자를 말하고는 있지만, 규범을 만든 것은 모두 인간이기 때문이다. 그리고 개인이든 집단이든 그것들이 가진 자기중심적인 편협성은 반드시 있는 것이고, 또 그러한 규범은 시대가 지나면서 다른 문화 속에 성장하는 새로운 청중과 새로운 관련성을 맺어야 하는 과제가 있기 때문이다.

## 3. 종교적 규범과 인간

사람은 자신의 필요성에 의해서 외부의 것들을 받아들이기 시작한다. 자신이 가진 궁핍에서 오는 필요성, 또는 열렬히 어떤 것을 필요로 하는 간절함을 가지고 있어서 그것과 관계된 것을 가지게 된다. 그러나 인간이 성숙하지 않으면 주변에 아무리 좋은 요소와 조건들이 있어도 그것이 보물인지 모른다. 성서에 진주를 돼지에게 주지 말라고 한 비유가 바로 이 말이다. 진주의 가치를 돼지는 모른다. 돼지는 모든 것을 먹고 소화해 버리는 것에 모든 에너지를 쏟고, 진주를 알아볼 수 있는 힘은 없는 것이다.

필자는 오래전에 중고 스피커를 구입한 적이 있다. 나이가 조금씩 들어가면서 사람들은 자신의 시간들이 과거로 휩싸여 흘러가는 느낌과 더불어 과거에 대한 회귀성을 가지고 싶어서인지 과거 물품에 애착하는 경향이 있다. 그러나 그때 필자는 그 빈티지 스피커가 가진 가치를 모르고 있을 때였기에 시간이 지난 이후 별 필요가 없어서 그 스피커를 다시 판매 하였다. 그리고 몇 년이 지난 후에 그 스피커가 귀한 것이라는 것을 알았다. 유형의 것이든 무형의 것이든 이것이 얼마나 가치 있는가를 내 자신이 알아볼 수 있는 지식과 안목이 없다면 모든 것은 돼지 앞에 놓인 진주가 되고 만다.

자신의 가족 구성원과 함께 함에도 불구하고 우리가 이러한 조건에 대한 감사와 수용할 힘이 없으면 그 가치는 없어지는 것이다. 이 세상의 여러 가지를 보고 경험할 수 있지만 어떤 사람은 숨쉬는 것과 볼 수 있다는 것만으로도 환희를 느끼게 되지만, 아무리 좋은 조건을 가지고 있어도 불평과 집착으로 보내는 사람들도 있다. 결국 문제는 인간 모두가 우리의 내면과 외부 세계를 바르게 인식하고 수용할 수 있는 힘이 있어야 균형을 유지하는 것이다.

'헌신'과 '희생'이라는 덕목이 특별히 가부장적 사회구조에서는 가장 고귀한 가치일 수밖에 없는 것은 한 개인의 가치와 이상은 그 개인을 둘러싸고 있는 사회구조적 환경에서 벗어나기 어렵기 때문이다. 사회구조가 헌신과 희생을 덕목으로 하면, 그 사회에 속해 있는 종교의 성향도 이 헌신과 희생의 덕목을 벗어나기는 쉽지 않다. 왜냐하면 큰 범주의 사회가 사회구조 속의 소속기관들에게 유형·무형의 영향을 미치기 때문이다. 그리고 이러한 구조에 대해서 반론의 소리를 내는 것도 쉽지 않다. 이미 굳어진 생각에 익숙해져 있기 때문이다. 여기서 중요한 점은 인간은 진실이라는 어떤 것을 규정을 할 때 그것에 익숙하기 때문에 그것을 진실이라고 생각하기 쉽기 때문에, 정말 진실이라는 것과는 거리가 많이 있을 수 있다.

최근 필자는 어떤 행사에 참여를 하였는데, 그때 '국기에 대한 맹세'를 낭독하는 것을 들었는데 마음이 산란했다. "자유롭고 정의로운 대한민국의 무궁한 영광을 위하여 충성을 다할 것을 굳게 다짐합니다."라는 대목에서는 더욱 그랬던 것 같다. 물론 필자가 국가를 사랑하지 않는다는 것은 아니다. 그런데 예전에 느낄 수 없었던 미묘한 감정 동요가 조금은 불편했다. 세월이 많이 흘러서일까, 내가 가진 관점이 많이 변해서일까하는 생각을 하게 되었다. 아마 오늘날의 시대가 강요에 대해 부담스러워하고, 오히려 자율성에 기초해서 사람들이 움직이는 것을 선호하는 문화적 분위기도 일조하는 것

같았다. 이제 우리는 국가나 단체에 대한 개인의 희생과 헌신에서 멀어져서 개인의 정체성과 자기실현의 개성화(individuation)에 대한 관심으로 가는 문화의 조류에 놓여 있기 때문이기도 할 것이다.

같은 맥락에서 참다운 종교를 갖는다는 것, 그리고 바른 신앙을 가지기 위해서는 어느 한쪽으로 치우친 사회나 개인의 결정에 대해서 다른 시각이 필요하다. 예를 들면, 기독교인이 믿음의 조상으로 생각하는 아브라함은 인간이 하나님에 대한 사상이 뿌리내린 시조가 되기에 중요한 사람임에 틀림없다. 그래서 아브라함의 중요한 사건을 통해서 성서는 기독교인에게 믿음이라는 것이 어떤 것인가를 중요하게 보여 주고 있다. 아브라함에 대한 이야기를 할 때 주로 떠올리는 사건은 늦은 나이에 얻은 자녀 이삭을 하나님의 명령에 따라 자녀를 제물로 드리는 사건이다. 물론 이렇게까지 하나님의 명령에 헌신하지만 제물로 드린다는 결정을 하기까지 한 인간으로서 겪어야 하는 심리적 고난은 매우 심했으리라 생각한다. 그러나 아브라함의 심경과 같은 세부적인 상황에 대해서 성경은 묘사하고 있지 않다. 방대한 내용에 대해 사건 중심적으로 기술되었기 때문일 것이다.

아브라함이 이삭을 드리는 내용은 구약성경 창세기 22장에 나온다. 그리고 이것을 기초로 해서 아브라함이 보인 헌신에 대한 설교와 이야기를 많이 들었고, 신앙생활에 중요한 덕목으로 생각을 했다. 그러나 아브라함에 대한 중대한 사건 하나를 또 끄집어 내면 아마 창세기 18장에 나오는 '소돔과 고모라'에 대한 하나님의 심판 내용일 것이다. 보통 창세기 18장에 대한 설교는 대부분 '불로 심판된 도시들' '소금 기둥이 된 롯의 아내' '성적으로 문제 있는 도시' 등에 관한 내용들이었을 것이다. 그러나 '소돔과 고모라'의 사건에는 앞서 언급한 내용들보다 더 중요한 것, 그동안 우리가 보지 않으려는 내용들이 있다는 사실을 발견하게 된다. 그 내용은 아브라함이 하나님과 성(城)의 소멸에 대한 변론이다.

표준 새번역 성서로 기록된 아브라함이 하나님과 변론하는 내용(창세기 18장 23-28절)을 보면 우리가 교육받아 온 신앙교육과는 다른 영역들이 보인다.

"주님께서 의인을 기어이 악인과 함께 쓸어 버리시렵니까?"(23절) "이 성 안에 의인이 쉰 명이 있으면 어떻게 하시겠습니까? 그래도 주님께서는 그 성을 기어이 쓸어 버리시렵니까?(24절) "그처럼 의인을 악인과 함께 죽게 하시는 것은, 주님께서 하실 일이 아닙니다. …… 세상을 심판하시는 분께서는 공정하게 판단하셔야 하지 않겠습니까?"(25절) 티끌이나 재밖에 안 되는 주제에, 제가 주님께 감히 아룁니다. 의인이 쉰 명에서 다섯이 모자란다고 하면, 어떻게 하시겠습니까? 다섯이 모자란다고, 성 전체를 다 멸하시겠습니까?"(창세기 18장 27-28절).

필자가 이 성서 내용에서 중요하게 생각되지만 그동안 잘 접해보지 못한 것은 아브라함이 하나님에게 던지는 질문들이다. 물론 질문의 내용들은 아브라함이 인간으로서 하나님의 계획이나 생각에 대해 알 수 없으니까 던지는 질문들이다. 그러나 우리가 더 중요하게 생각해야 하는 것은 대략 4천 년 전의 인물로 생각하는 아브라함의 시대, 어쩌면 족장 중심적이고 가부장적 중심인 그 사회에서 족장보다 더 근원적 위치에 있는 하나님에게 아브라함 스스로도 인정하는 티끌이나 재밖에 되지 않는 존재가 절대지존의 하나님에게 과감한 질문을 던지는 내용들이다.

절대자와 티끌이나 재밖에 되지 않는 인간이 가지는 흉금없는 솔직한 대화 내용, 미래를 알지 못하고 절대자의 의중을 알지 못하는 인간이 허물없이 물어볼 수 있는 것은 종교적 규범을 어기는 것이 아니라, 종교적 규범을 더 바르게 바라볼 수 있게 하는 것이다. 이러한 과정을 통해서 아브라함은 존경받는 신앙의 위인이 된 것이다.

의문 나는 내용에 대해 물어보지 않고 따르는 신앙이 좋은 믿음일까? 예를 들어, 우리는 공산국가에서 그들의 통치자에게 충성과 복종을 하고, 모든 칭송을 독재자에게 돌리는 국가의 국민을 당연히 이상하게 생각한다. 물론 강력한 독재의 법이 국민의 입을 열지 못하도록 하기 때문이기도 하다. 그렇기 때문에 종교적 규범이나 국가의 법에 대해서 함구하고 따르라는 규범과 명령은 종교적 규범과 국가의 법을 절대화시켜 혹 사람들을 움직이게 하고 통제하는 데 중요한 수단으로 쓰일 수는 있지만, 사람들을 감동시켜 생명의 움직임을 만들지는 못한다.

이스라엘의 민족 운동가이며 사상가였던 마틴 부버(Martin Buber)는 하나님의 인간 창조 목적이 '대화'라고 하였다. 대화라는 것은 일방적으로 말하는 것을 의미하지 않는다. 일방적인 대화가 있는데 그것은 독재자가 하는 일종의 독백(monologue)과 같은 것이다. 하나님은 인간을 그의 창조의 파트너이자 협력자로 생각하여 창조했다고 보고 있다. 강력한 독재자 아래서 대화는 없다. 아브라함이 4천 년 전에 이렇게 하나님에게 직설을 할 수 있었던 것은 하나님이 독재를 하지 않았기 때문이다. 아마 이 정도의 대화를 가정에서 부모와 자녀가 할 수 있다면, 그 가정은 매우 좋은 정서를 가진 가정이며, 부모와 자녀가 좋은 관계성을 가지고 있는 가족일 것이다.

인간이 가진 합리적 의심, 곧 아브라함이 하나님에게 던진 이 합리적 의심은 나쁜 믿음이 아니다. 오히려 이 합리적 의심을 던지지 않았다면 그것은 어쩌면 독재국가에서 독재자에 대한 충성, 혹은 잘못된 믿음과 잘못된 관계에서 온 일그러진 믿음이라고 할 수 있지 않을까? 성경은 우리가 아브라함이 가진 합리적 의심이 재와 티끌 같은 인간이기에 절대자 앞에 물어볼 수밖에 없는 인간의 한계성에서 오는 것을 하나님은 수용하고 있다고 말해 주고 있다. 만일 이러한 아브라함의 질문에 대해서 하나님이 수용하지 않는 독재자였다면 이런 기록이 없거나, 이런 질문을 한 아브라함은 믿음의 조상이라는 족보에서 종적을 감췄을 것이다.

만일 창세기 18장의 변론에 대한 내용이 성서에 없고, 아브라함이 이삭을 번제로 드리는 22장의 내용만 있었다면, 아브라함은 신앙의 편협한 광신도였다고 결론을 내렸을 것이다. 그러나 18장과 22장의 내용이 모두 있음으로써 성서는 인간이 합리적 신앙과 의심에 대한 내용을 하나님이 충분히 수용하고 있다는 사실을 알려 주었고, 합리적인 것을 초월한 영역에 있는 헌신에 대한 내용을 우리에게 보여 주고 있다. 그래서 이 두 가지 요소들의 균형이 필요함을 말해 준다.

합리적 의심이나 신뢰가 필요한 것은 심리학에서도 심리적으로

건강한 사람이 어떤 사람인가에 대한 애착이론(attachment theory)
에 잘 나타나 있다. 애착이란 한 인간이 살아가기 위해 가족 및 환경
에 적응하는 과정을 말한다. 그래서 이 애착에서 가장 중요한 것은
개인이 향유할 수 있는 '시간'과 '공간'이다. 한 인간이 심리적·신체
적으로 건강함을 유지하고 발달시키기 위해서는 개인이 가지는 환
경에서 자기 자신만의 고유한 시간과 공간을 가져야 하는 시간들이
필요하고, 이 개인적인 시간과 공간을 부모를 비롯한 타자도 침입을
해서는 안 된다는 점이다. 즉, 자기가 가지는 시간과 공간에서 희로
애락의 자율성을 가지는 것이 한 인간을 정신적으로 건강하게 한다
는 점이다.

이 이론에서 들어난 심리적으로 가장 건강한 아동이나 부모는 안
정애착(secure attachment)을 가진 사람들이다. 그러나 주의해야 할
것은 아동이나 성인이 안정애착을 가지고 있는 사람이라고 해서 이
들이 어떤 환경에도 변하지 않는 완전한 심리 상태에서 항상성을 가
지고 있는 사람이 아니라는 점이다. 안정애착을 가진 아이도 불안
정한 상황이 오면 심리적으로 위축된다는 점이다. 그러나 이 심리
적 위축은 오래가지 않고 점차 회복된다.

이들은 성장과정에서 자신의 부모와의 과거 생활을 회상할 때면
과거에 분명히 자신에게 상처가 되었던 세월이 있었다는 것을 인정
을 하고, 부모와 함께 했던 좋은 기억들을 가지고 있다. 그러나 자신
의 부모가 자신에게 잘못한 사실, 또는 자신이 부모에게 잘못한 사
실에 대해서 인정함으로써 객관적으로 보는 힘이 있다. 그러나 자
신이 현재를 살아가기 때문에 과거의 사실에 대해 얽매이지 않는다

는 점이다. 과거를 돌이켜 보면서 자신이 겪은 억울함이나 상처를 준 사람을 기억하지만, 과거보다는 현재에 머무르며, 동시에 이러한 상처를 준 사람을 이해하고 용서하려고 한다는 현재 진행형의 시제를 가지고 있다는 점이다.

안정애착을 가진 사람들의 공통점은 '자연스럽다'는 것이다. 대화를 하더라도 한곳에 몰입되지 않고 다양한 주제에 따라 대화를 전환할 수 있으며, 자신의 의견만이 아니라 타인의 의견에 대해서도 수용을 한다는 점이다. 문제가 있는 애착유형을 '불안정애착'(회피, 저항, 혼돈)으로 본다. 물론 실험대상에서 안정애착은 66%였고, 나머지는 불안정애착에 놓여 있었는데, 이들이 가진 공통적인 특징은 부모와의 관계가 매우 무서운 대상(폭력자와 학대자 등)과의 만남이거나, 회피해야 할 대상으로서 관계를 맺고 있다는 점이다. 이러한 문제 발생의 주된 원인은 보호를 제공하는 부모나 주된 돌봄자의 문제이다.

애착이론의 핵심 학자인 존 볼비(John Bowlby)는 문제가 있는 부모들의 공통적인 문제는 부모가 자신들이 가진 심리적인 문제가 너무 많아서 아동이 부모의 도움을 요구를 할 때 그것에 대하여 집중을 하지 못하고, 자신의 문제 때문에 아동의 요구를 못 보거나 간과한다는 점이다. 그리고 오히려 자신이 가진 문제를 아동에게 투사함으로써 부지불식간에 아동이 부모 자신의 요구에 대해 반응하거나 움직이도록 한다는 점이다. 이런 아동은 부모가 자신의 시야에서 잠시 사라져도 개의치 않고 자신들의 놀이에 집중하고 있다. 이러한 아동이 환경에 잘 적응하여 놀이를 하는 것 같지만, 실은 부모가 아동의 요구에 대해 그동안 무시했기 때문에 아동은 부모가 나갈 때 무심하게 놀이를 하는 것으로 위장한다는 점이다.

상담자로서 신앙을 가진 내담자들을 보면 대다수가 이러한 회피 애착의 유형을 가지고 있음을 발견하게 된다. 주로 자신의 과거에 대해 미화하거나 마치 아무 문제가 없는 것처럼 상담을 시작하는 경우가 태반이다. 우리가 애착이론을 통해서 건강한 신앙이론에 대한 상관성을 가지고 적용해야 하는 경우는 마치 희로애락의 마음을 억제하거나 절제하고 있는 것이 마치 신앙의 미덕이나 완전성을 가지고 있는 것으로 비칠 수 있는 것에 대한 염려이다.

종교적 규범을 이야기하다가 심리이론을 말한 이유는 정서적으로 건강한 사람은 규범에만 머무르지 않는다는 점을 말하기 위해서이다. 이러한 심리정서적 건강함을 유지하는 형태는 종교에 있는 규범에도 적절하게 적용될 필요가 있다. 즉, 건강한 종교생활을 한다는 것은 한쪽 방향으로 무조건 치우친 것이 아니라, 자신이 신뢰하는 종교의 긍정과 부정을 볼 수 있다는 것이다.

신앙은 생활이고, 모든 것에서 신의 섭리를 볼 수 있는 것이 되어야 한다. 가정과 사회 그리고 생물체와 자연을 통해서 말할 수 있고 교제할 수 있는 영역들이 있어야 한다. 그러나 잘못된 종교는 규범에 너무 얽매여 있다. 절제와 희생과 복종이 미덕으로 여겨지고 있고, 이에 더하여 교리적 규범이 폭이 좁은 신앙인의 외골수적인 기질을 더 가지게 한다. 인간은 규범 없이 살수 없고, 형식 없이 살 수 없는 한계가 분명히 있다. 그러나 이 규범과 형식이 신앙의 모든 것을 대변한다는 착각으로부터는 해방되어야 한다. 모든 규범의 최종적인 목표는 생명의 가치를 더하여 살리는 것이어야 한다.

규범에 얽매이는 것은 생명의 단계로 가지 못하는 개인의 한계성이 있기 때문이다. 규범이나 법이 중요한 것은 사실이지만, 오히려 사람을 살리고 질서를 부여하자는 본 뜻을 되새기지 않으면 오히려 이로 인해 사람을 억울하게 하거나 가치없게 하는 도구가 되어 버린다. 그리고 이러한 공포로 인해 힘없는 사람은 두려움 가운데 복종할 수밖에 없다. 필자는 이러한 성장과정에서 자신들의 부모와 나누는 자연스러운 대화와 신앙생활을 하면서 나올 수밖에 없는 자연스러운 질문과 답, 때로는 답을 할 수 없는 곤란한 내용을 포함해서 이러한 내용들이 가정과 신앙생활에서 이뤄져야 한다고 생각한다. 그리고 종교적인 물음에 대하여 우리가 답할 수 없는 것들이 분명히 있음을 고백해야 한다. 그래야 좀 더 건강한 신앙인이 될 수 있다.

규범과 법칙이 사람들을 이롭게 해야 한다는 취지를 이해하지 못하면 이는 사람을 구속시키고 강제성을 집행하는 방법과 수단의 도구로 전락하게 된다. 그리고 어떤 사람들은 이 규범과 규칙을 타인을 지배하거나 다스리는 무기로 여기게 된다. 또한 이 규범과 법칙을 확대하기 위해서 이것이 가진 당위성을 만들기 위해 이념과 사상을 통해서 합리화시킨다. 그러나 이 이념과 사상에 대한 전적인 신뢰는 그것이 옳아서 하는 것이 아니라 개인이나 집단이 가진 자신들에 대한 집착과 과신에서 발생하는 자기중심성에서 시작하는 것이다(Erikson, 1977, p. 110). 이것은 나와 다른 것에 대해서 틀린 것이라 규정하는 흑백논리를 가지고 있다. 그리고 이 흑백논리는 자신에 대한 과다한 결핍에서 발생하는 자신과 집단에 대한 우상숭배

(idolism)로 퇴행하는 것이다(Capps, p. 90).

## 4. 자기실현과 종교

인간이 살아가면서 느끼는 가치의 대부분은 당시 사회구조와 가족으로부터 영향을 많이 받는다. 자기헌신이라는 덕목은 타율성이 강한 가부장적 세계에서 형성된 가치관이다. 그러나 오늘날 자기헌신의 가치관만을 가지고 개인의 삶을 희생하라는 논리는 시대적으로 허용되지 않는다.

헌신이 중요함에도 불구하고 헌신은 자기실현이라는 과제와의 균형성을 유지해야 할 필요가 있다. 필자가 사람들을 만나서 이야기를 해 보면 각 개인이 가지는 자기실현이라는 과제가 개인을 얼마나 건강하게 만들 수 있는지에 대해 경험하곤 한다. 자그마한 것이라도 자기실현을 경험한 사람은 가정생활과 사회의 관계 속에서 더 많은 만족감을 가지고 살아간다. 심지어 심리적 문제가 있던 사람이 취직이나 그 밖의 자신만의 목표를 실현한 후에 심리적으로 건강한 모습을 찾는 경우를 많이 목격한다. 여기서 우리가 생각해야 할 것은 자기실현은 신앙의 덕목과 대치되지 않는다는 점이다. 자기실현이라고 하면 흔히 신앙적 관점에서 이기주의라고 생각을 하는데, 이것은 이기주의가 아니라 신이 각 개인에게 부여한 고유한 영역을 잘 발견하고 그것의 효율성을 가지고 살아가는 과정을 의미한다. 이러한 관점에서 분석심리학자 칼 융(Carl Jung)은 인간이 살아가는 가장 큰 목적을 '개성화'(individuation)라고 보았고, 개성화의 최종 결과를 '이타성'과 '공동체에 대한 관심'으로 보았다. 그는 개성화의 과정에 들어갈 수 있는 사람은 자기실현을 경험한 사람이 좀 더 개성화의 과정에 자신을 참여시킬 수 있다고 본다. 왜냐하면 자기실현의 경험을 하지 못한 사람은 여전히 자기실현에 대한 집착이 남아 있기 때문에 다른 과정으로 넘어갈 수 없다.

자기헌신에 바른 태도가 없다면, 앞서 예로 든 아브라함의 소돔과 고모라에서 변론과 번제 사건을 본 것과 같이, 양쪽의 균형을 가지지 않고 자기헌신을 하고 있다면 그것이 바른 헌신인지에 대해 의문을 제기해 보아야 한다. 헌신이란 매우 고귀하고 초월적 영역의 한 부분이기도 하지만, 인간이 가진 심리적 불균형 때문에 이러한 것에 집착을 보일 수가 있다. 예를 들어, 오늘날 남녀의 애정관계에서 많이 발생하는 사건들 중에서도 이런 것을 볼 수 있다. 사랑하는 남녀가 사귀다가 한쪽이 결별을 선언하면 간혹 불행한 일들이 발생하기도 한다. 결별을 선언한 여성의 집으로 가서 신체적 폭행을 하고 복수를 하는 경우가 있다. 물론 결별 선언으로 인해 쌍방은 마음 속에 상처를 입는다. 그러나 그렇게 좋아했던 사람에게 가학적으로 신체적 가해나 복수를 행하는 이유는 무엇일까? 그것은 사랑이 자기의 정서적 결핍을 채우기 위한 수단으로서 심리적으로 작용되었기 때문이다. 그래서 사랑에 대한 결별을 자기가 추구하는 것을 방해하거나 배반자라고 생각하기에 복수를 하는 것이다. 결국 자기필요성과 결핍을 채우기 위해 사랑이 피어올랐기 때문에 이러한 문제가 발생하는 것이다.

사람은 자신이 목적한 것을 비밀스럽게 숨길 수 있는 능력이 있다. 사랑이라는 과제는 특별히 청년기에 들어서면서 본격적인 관심사가 된다. 그래서 일, 사랑 그리고 우정은 청년기부터 성인기를 살아가는 사람들에게 중요한 인생의 과제이다. 이 세 가지가 결실을 맺기 위해서는 이 항목들에 대한 '헌신'이라는 것이 중요하다. 헌신 없이 일, 사랑, 우정은 성립되기 어렵다. 직장에서 개인적인 시간이 필요하지만 동시에 직원으로서 직장의 일에 대한 헌신이 있어야 한다. 사랑도 자기 관심에만 머무르고 상대에 대해 시간, 정성 그리고 물질을 통한 헌신이 없으면 상대방을 진심으로 사랑하는 것이 아니며, 또한 상대의 마음을 얻기 힘들다. 동료 관계에서 우정도 마찬가지이다. 그런데 만일 사람이 이 헌신의 단계에 다다르지 못하였을 때는 어떻게 될까? 인간은 사랑이라는 가장 근본적인 것을 추구하기 위해서 사랑에 대한 위장을 하게 되는데 이것을 '거짓된 친밀감'(pseudo-intimacy)이라고 한다.

이것은 자신이 타인에게 진정으로 헌신하는 것이 결핍된 사람이 사랑이라는 목적을 추구하기 위해서는 자신의 마음을 은닉해 버리고 마치 진정으로 사랑하는 것처럼 시간, 정성 그리고 물질을 상대에게 바치는 것이다. 거짓된 친밀감의 최대 목표는 상대를 나의 것으로 만들려고 하는 과도하게 결핍된 사랑에서 비롯된다. 결국 집착이 사랑을 위장한 것이다.

상대를 나의 소유로 하려는 욕구를 가지고 행했던 모든 것이 상대방의 이별의 선언으로 끝이 나면, 슬픔에 놓여 있기보다는 자기의 의도를 방해하고 끝내 버린 상대에 대한 분노로 가득 차 복수를 하는 것이다. 문제는 거짓된 친밀감을 가진 사람과 진정으로 자신을 헌신하면서 사랑을 키워 나가는 사람의 차이점을 짧은 시간 내에 파악하기는 쉽지 않다는 점이다. 흔히 남녀가 사랑 고백을 하면서 '너 없으면 죽을 것 같다.'는 식의 표현을 너무 자주한다면, 그것을 열정적인 고백으로 볼 것이 아니라 자신의 결핍된 것을 채우려는 과잉된 결핍 표현으로 보는 것이 맞을 것이다.

자신을 잃어버리고 사랑에 빠지는 것은 매우 위험한 사랑이 될 것이다. 이것은 맹목적인 사랑이 될 수도 있고, 끝이 허망한 사랑이 될 수도 있다. 그리고 이런 사랑을 경험하고 나면 사람과 사랑에 대한 강한 거부감을 가질 수도 있다. 그래서 사랑을 하되 자신을 잃어버리지 않고 사랑을 하는 것이 필요하다. 나와 상대방의 사랑과 헌신에 대하여 합리적 의심을 해 보면서 어느 정도의 결과를 찾아가는 노력이 필요하다. 무분별한 헌신으로 인해 사랑의 격랑 속으로 자신을 던지지 말라는 것이다. 이러한 맥락에서 자기헌신이라는 것을 생각해 보면, 자기헌신은 자기실현의 결핍에서 발생할 확률도 있는 것이다. 마치 사랑도 개인의 결핍 구조로 인해 상대에게 사랑을 표현하지만 그 내면에는 거짓된 친밀감이 있듯이 말이다.

신앙은 오랫동안 자기실현이라는 과제를 이기성이라는 맥락으로 보았기 때문에 자기실현에 대한 덕목을 상실하고 자기헌신이라는 것에 집중했다. 인간에게 초월성의 경험, 영적인 세계 그리고 인간이 영적인 존재라는 것은 부인하지 않는다. 그러나 인간은 몸을 가진 존재이고, 인간의 문화가 그 문화 속에 소속된 개인에게 어떤 역할을 하면서 살아가도록 하는 구조를 형성하고, 인간 개인이 이 문화 속에서 자기가 맡은 역할에 적합하게 살아가야 하는 운명을 가진 존재이다. 이러한 점에서 인간에게 이 세상을 살아가는 생의 주기에서 자기실현이라 것은 종교의 영역에서 재해석되어야 할 덕목이다. 왜냐하면 자기실현이 없는 자기헌신이 있을 수 있지만, 자기실현이라는 균형을 가지지 않는 자기헌신은 집착이 낳은 결과일 수도 있기 때문이다. 나라는 것이 없이 사랑에 빠지는 구조와 같다는 것이다. 그리고 자기헌신이 인간의 초월성을 가진 영역이라면, 자기실현은 인간 내재성을 가진 영역이기에 이 양자에 대한 균형으로 종교에 임하는 것이 적합하다.

자기실현은 자율성이 만발한 이 시대에 우리에게 주어진 중요한 과제이며, 신앙 면에서도 마찬가지이다. 이제는 타인이 설정해 놓은 타율성의 굴레에서 나의 실현을 경험하는것이 아니라, 내 안에 잠재되어 있는, 신으로부터 부여받고 환경적 요인으로부터 내가 가장 잘할 수 있고 좋아할 수 있는 것이 무엇인지에 대한 진지한 삶과 신앙의 고민을 하여야 한다. 내가 가진 것이 없는데 남에게 무엇을 줄 수 있겠는가? 내 잔이 비어 있는데 타인의 잔에 물을 담아 줄 수 있겠는가? 내가 나 자신을 사랑하지 않는데 남을 사랑할 수 있겠는가? 이러한 질문들이 자기실현에 대한 중요성의 질문을 우리에게 던진다.

그래서 예수는 우리에게 내 이웃을 내 몸과 같이 사랑하라는 말씀을 하였다. 이 말은 심리적인 내용이 담겨 있는데, 사람은 자신을 사랑하지 않고는 자신의 이웃을 사랑하지 못한다. 더 엄격히 말하면, 사람은 내가 나 자신을 사랑하는 만큼만 가족과 이웃을 사랑한다는 말이 맞다. 자신에 대한 진정한 가치성을 가지는 사람, 그리고 그것을 경험한 사람만이 이웃에 대한 진실한 사랑을 할 수 있다. 엄격하게 말해, 우리는 자기 자신을 진정하게 사랑하는 만큼 가족을 비롯한 타인에게도 그 만큼만의 사랑만 할 수 있을 뿐이다.

자기헌신과 자기실현은 인간이 가진 운명의 굴레이다. 어느 하나도 버릴 수 없는 현대인이 반드시 생각하면서 살아야 할 중요한 과제다. 자기실현이 매우 중요한 시대에 와 있지만 사람은 또 자기실현만으로도 살아가기는 힘들다. 인간은 자기가 만든 성(城)에서 혼자만 살 수 없는 존재이다. 도덕적·종교적으로 매우 훌륭한 경지에 있는 사람이라도 자기 혼자만의 성에 갇혀 살 수 없는 존재이기에 그는 다시 자신이 속한 공동체에 돌아가야 하는 운명을 가지고 있는 것처럼, 자기헌신과 자기실현은 인간의 몸과 정신에 순환적 구조를 가지는 것이 필요하다.

자기헌신과 자기실현을 '이타성과 이기성'으로 비유한다면 어떨까 생각해 본다. 이타적인 인간이 바람직하다고 생각하지만, 무조건 이타적일 수만은 없을 것이다. 이 영역은 자신을 희생하는 초월적 영역이다. 우리의 행동과 사고를 보면, 이타적인 행위를 한 후에는 자신을 위해 조금이라도 무엇을 해야 하는 구조가 있다. 이러한 구조는 인간이 가진 운명의 굴레라는 점이다. 그래서 우리가 이 양가적 구도에서 갈등과 번민을 하는 것은 마치 그리스 신들이 인간이 가진 죽음과 삶의 불안에서 오는 그 어떤 것을 부러워하는 것과 같은 맥락이다.

인간은 자신의 이타성과 이기성 간의 갈등과 불안에서 자신의 구조를 보면서 인생을 살아간다. 이것은, 후기 프로이트 학파가 말하듯이, '상징적 자기'(symbolic self)와 '동물적 자기'(animal self)를 가지고 살아가는 인간의 운명과도 같은 것이다. 또는 인간은 천사도 될 수도 없고, 동물도 될 수 없다는 진퇴양난을 말한 것과 같다. 신의 형상을 가진 인간으로서 상징성을 가지고 상징적 자기로 살아가는 것은 필요하지만, 그렇다고 동물적 자기가 가진 땅의 존재라는 것도 인간의 한 부분이다.

필자가 사람들과의 경험에서 느낀 것이 있는데, 자기실현 없이 헌신으로 이어진 것에 대한 공허함, 그리고 자기실현의 몰입에 대한 부정적 결과이다. 결국, 인간이 살아가면서 이 땅을 떠날 때까지 가족과 사회를 통해 인정을 받고 자기실현을 통해서 자신을 나타내 보이고자 하는 것은 한 인간으로서 살아가면서 내가 있다는 것을, 자신이라는 사람이 이 땅에 태어났고 어떻게 살아가야 하는지, 자신의 운명에 대한 실존적인 몸부림이다. 그래서 자기실현은 인생의 본질적인 요소이고, 모든 인생 문제에 기초가 된다(Adler, 1979, pp. 85-86). 그래서 이제는 종교의 영역에서 자기실현이 어떻게 중요한지를 다루어야 할 것이고, 자기실현은 좀 더 초월적 영역에서 자기헌신이라는 것과 어떻게 마주칠 수 있을지에 대한 두 가지 영역의 고민이 필요하다.

# Ⅲ. 쾌락주의와 환영(幻影)

# Ⅲ. 쾌락주의와 환영(幻影)

심리학자 오토 랭크(Otto Rank)는 인간이 출생부터 가지는 문제는 '불안'이라고 했다. 모태에서 공생하고 싶은 유아의 본능적 욕구, 안전하고 안락한 곳을 떠나기 싫어하는 인간의 본능은 모태에서 10개월의 시간이 지나면 세상에 출생해야 하는 운명을 가지고 태어난다. 모태의 안락과 알 수 없는 곳으로 떠나야 하는 미지 세계에 대한 두려움, 그리고 출생의 과정에서 겪어야 하는 고통이 인간 최초의 불안의 이유이다. 뿐만 아니라 태어난 이후에 생소한 환경에 대한 두려움, 어둠의 세계에서 빛의 세계, 명료한 음의 세계, 폐로 호흡해야 하는 환경, 기온의 차이 등이 자신이 살았던 익숙한 환경에서 낯선 환경으로의 변화와 차이에서 불안을 느낀다. 그래서 대부분의 유아는 태어나면서 불안에 대한 비명으로 울음을 터뜨린다.

태어나는 과정에서 가지는 불안은 마치 안정된 장소를 버리고 운명적으로 다른 곳으로 옮겨 가야 하는 과정과도 같다. 인간 생명의 시작은 개인의 시간(time)과 장소(places)에 대한 최소한의 확보에서 시작된다. 이것 없이 인간 생명은 존재하고 존속할 수 없다. 개인의 시간과 장소를 가져야 하는 것이 인간에게는 운명이다. 이 굴레에 예속되는 것 없이는 존재 자체가 성립되지 않기 때문이다. 그래서 형식의 틀이라는 시간과 공간을 가지지 않는 인간은 존재하기 어려운 것이 인간의 운명이다.

필자가 공부를 마치고 귀국해야 하는 상황이 되었다. 이민 보따리와 같은 짐을 차량에 다 싣고 지인들과 함께 공항으로 향하려는데 아들이 보이지 않았다. 조금 여유롭게 공항에 도착하려면 어서 출발해야 하는데 아들이 돌아오지 않아 출발할 수 없었다. 이 골목 저 골목을 헤매며 찾아 보았지만 허사였다. 십여 분이 지난 후에 골목의 한 집에서 나타나는 아들을 보았다. 다급하게 어디 갔다가 오느냐고 물어보았더니, 친구들에게 마지막 작별인사를 하였다고 했다. 그 말을 듣는 순간 나는 아무 말도 할 수 없었다. 자기가 정들었던 마을과 장소, 친구들을 떠난다는 것은 인간이 태어나면서 겪어야 할 슬픔이다. 더구나 심적으로 약한 경우에는 그 떠남으로 인한 불안이 더 클 수밖에 없다.

결국 인간은 자신이 가진 불안을 달래고 존재하기 위해 개인의 시간과 공간을 확보하고 살아가고 있지만, 언젠가는 자신이 살기 위해 가졌던 이러한 형식의 틀을 가질 수 없다는 불안을 예감하고 있다. 이러한 점에서 살던 곳을 떠나 다른 곳으로 이주를 한다는 것은 인간의 운명을 말해 주는 것이다.

인간은 태어나는 것에 대한 불안만이 아니라, 살아가면서 어떤 것을 해야 하는 불안, 즉 살아가야 하는 불안과 최후에는 죽어야만 하는 불안을 가지고 있다. 태어나는 불안과 죽어야 하는 불안이 새끼줄과 같이 꼬여 있다. 그래서 인간 개인의 터전이나 존재 자체의 불안을 극복하기 위해서 인간은 안전한 자리를 구한다. 사람들이 대도시를 선호하는 가장 큰 이유는 대도시가 생존에 유리하다고 생각하기 때문이다. 또한 치열한 입시를 해마다 겪어야 하는 가장 큰 이유도, 명문대라는 형식적인 것이 있지만, 내용은 대도시에 있음으로 인해 생존에 좀 더 유리한 직업을 얻기에 적합하다고 생각하기 때문이며, 이것은 생존하는 과정에서 불안에 시달리지 않고 안정함을 얻기 위한 중요한 심리적 목적이 있다.

시간과 공간이란 개념은 인간에게 생명이 시작할 수 있는 근거가 될 뿐 아니라, 우주의 시작도 시간과 공간이란 개념이 있어야 시작될 수 있다. 그러나 시간과 공간이 개인에게 좀 더 구체적으로 생존할 수 있는 것이 되게 하기 위해서 인간은 자리(places)라는 것을 만들고 그것을 소유하고 살려고 한다. 이 장소는 인간 개인에게 불안으로부터 좀 더 생존하기 용이하도록 만드는 역할을 하기 때문이다. 모든 시간은 흘러가고, 영원한 현재가 없다는 것, 그리고 광대한 공간에서 오는 위압으로부터 자신을 보호하기 위한 최적인 것은 자리를 확보하는 것이다. 인간이 자리에 대한 집착을 보이는 것도 이러한 이유 때문이다.

이 장소에는 지리적 장소와 사회적 장소가 필요하다. 지리적 장소는 집과 같은 것이다. 집 없이 인간은 생존하기가 어렵다. 마음 편히 누울 수 있고 휴식을 취할 수 있는 장소는 인간이 고유하게 가지고 있는 불안으로부터 보호를 받을 수 있게 한다. 집이라는 자리는 이 불안한 사회에서 나만의 시간과 공간을 가질 수 있는 근원적인 자리이기 때문이다. 그리고 이 집이라는 장소에는 정서적 지지를 받을 수 있는 가족이라는 집단이 필요하다.

사회적 장소는 일을 통하여 사회적으로 활동할 수 있는 영역을 의미한다. 한 개인이 사회적으로 어떠한 기능을 맡고 있다는 것은 불안으로부터 관계성과 성과를 통해 보호받을 수 있는 영역을 가지고 있다는 것을 의미한다. 엄밀히 말해서 인간은 형식 없이 존재하지 못하는 운명이라는 당위성을 가지고 태어났기에, 형식 없는 것의 불안을 극복하기 위해서 지리적 자리와 사회적 자리를 확보하려고 한다.

그러나 인간사회에서 사회적 자리와 지리적 자리에 대한 끊임없는 관심과 이것들을 확보하려는 인간의 지나친 움직임은 개인이 가지고 있는 과도한 불안과도 긴밀한 연관이 있다. 사실, 더 많은 공간과 시간의 확보가 인간에게 절대적인 안정을 가져다주지는 않는다. 반대로 형편없는 공간과 시간의 확보는 인간에게 확실한 불안을 가져다줄 수 있다. 중요한 것은 적절한 공간과 시간을 개인이 사용할 수 있으면 불안으로부터 조금은 회복될 수 있을 것이라는 점이다.

공간과 시간에 대한 확보는 중요하지만, 이것이 절대적 양에 대한 확보가 아니기 때문에, 그리고 인간의 생명과 영원히 함께할 수 없는 제한성을 가지고 있기 때문에 한계성을 분명히 가지고 있다. 어린 시절 땅따먹기 게임을 생각해 보면 좋은 비유가 될 것 같다. 우리나라만이 아닌 전 세계의 사람들과 집단들이 땅과 건물을 소유하려고 혈안이 되어 있는 것 같다. 장난감이 많이 없던 어린 시절 석필을 가지고 땅따먹기 놀이를 하다 저녁이 되어 가면, 어머니께서 오셔서 어두워지니 집으로 가자고 하신다. 그러면 우리는 조금만 더 시간을 달라고 조르고, 허락을 얻은 이후 몇십 분이라도 더 땅따먹기 게임을 한다. 그러다 땅거미가 대지를 삼켜 버리고 사방이 어두워지면 놀이를 멈추고 집으로 돌아간다. 그렇게 재미있게 놀았던, 내가 소유했던 땅을 두고 집으로 가는 것이다. 인간이 절대적 한계성을 맞이하는 날, 미지의 집과 같은 곳을 향하는 날은 시간과 공간에서 가지고 놀던 것들을 가지고 갈 수 없는 날이다.

인간이 가진 소유, 즉 지리적 자리와 사회적 자리가 모두 이와 같은 길을 걷기 때문에 인간은 불안을 떨치고 달래기 위해서 이 자리들에 연연하지만, 최후에는 같이 동행할 수 없게 되어 버리는 불안의 과제를 가지고 있다. 아마 이것은 최종적으로 인간을 움직이는 죽음의 불안일 것이다. 그래서 이 죽음의 불안이라는 것을 프로이트의 심리학과 재해석의 관점에서 인간의 욕구와 종교가 어떻게 연관이 있는지를 살펴보려고 한다.

## 1. 쾌락원칙과 종교

심리학의 대부인 프로이트는 인간이 가진 불안의 이유로 다음의 세 가지를 들고 있다. 첫째, 인간의 자기 자신에 대한 불안이다. 자기 자신에 대한 이해를 완벽하게 하지 못하고, 자신에 대해 제대로 알지 못하기 때문이다. 프로이트는 성장과정의 트라우마가 무의식이 되고, 이 무의식이 인간의 의식을 통제하고 조정하여 행동으로 옮긴다고 주장한다. 그래서 생활 속에서 내가 왜 이런 행동을 하고 말을 하는지 의식적 차원에서는 도무지 알 수가 없으나, 무의식적 차원에서 보면 그 행동과 말을 이해할 수 있다. 그러나 이 무의식은 반드시 정신분석을 통해 살펴볼 수 있는 영역이기에 인간 개인은 그 내용을 알 수 없다고 본다. 인간은 무의식에 의해 좌우되는 불쌍한 존재라는 것이다.

> 인류는 지금까지 자존심에 세 차례 먹칠을 당했다. 먼저, 코페르니쿠스에 의하여 인간이 사는 지구가 우주의 중심이라는 자만심이 여지없이 깨져 버렸다. 그다음, 인간이 동물에서 진화되었다는 다윈의 증명은 인간이 신의 아들이라는 자존심에 다시 한번 상처를 입혔다. 그리고 나는 인간이 자아의 통제가 불가능할 뿐 아니라, 무의식에 끌려 다니는 가엾은 동물이라는 점을 밝혀 제3의 통사를 일으켰다(Freud, 1973, p. 284).

둘째, 타인에 대한 두려움이다. 타인은 관계가 좋아 서로 우호적일 때 이웃이라고 불리지만, 생존 환경이 열악해지면 타인은 더 이상 협조적이지 않다. 인류의 생존에 가장 위협적인 것은 기근, 전쟁 그리고 전염병이었다. 이 세 가지로 인해 부족과 부족은 생존을 위해 침략하고 전쟁을 일으켰으며, 이 세 가지의 위협으로부터 답을 찾으려는 과정을 신의 이름으로 합리화하였다. 개인이 개인을, 부족이 부족을, 민족이 민족을 신의 이름으로 징벌하고 정복하는 과정에서 이웃과 타인은 두려움의 대상이 되었다. 이런 과정에서 이웃은 더 이상 가까운 사람이기보다는 개인과 집단의 생존을 위협하는 대상이 되었다.

셋째, 자연으로부터의 위협이다. 자연은 평온할 때는 한없이 인간에게 많은 풍요와 즐거움을 가져다줄 수 있지만, 자연으로부터의 재앙은 인간이 일구워 놓은 문명을 하루아침에 쑥대밭으로 만들 수 있고, 어떤 전쟁보다도 자연재해로 죽을 수 있는 가장 위협적인 대상이다. 자연은 인간에게 풍요와 낭만을 가져다 주는 대상이기도 하지만, 변덕스러움에 인간은 어찌할 바를 모른다.

프로이트는 이러한 위협으로부터 인간은 자신을 보호하고 생존해야 하는 운명을 가지고 태어났다고 본다. 이러한 점에서 그는 발생생물학적 법칙(biogenetic law)을 중심으로 인간을 이해했고, 이것은 인간은 유전적으로 인간이 가진 본래 성향이 전수되고, 본능적으로 자기만을 보호하는 쾌락원칙(pleasure principle)에 의해 움직인다고 보고 있다. 그래서 모든 유기체는 이러한 법칙에 의해서 획일적으로 살아간다고 생각했다. 동시에 유기체인 인간 역시 이러한 보편적인 인과법칙에서 예외적이지 않다고 보았다(Hall, 1954).

쾌락원칙은 종족을 보존하고 더 좋은 방향으로 인간의 발달을 도모한다는 것이다. 쾌락원칙은 자기중심적이고, 인간의 성이 중심이 되는 법칙을 설명하는 것은 맞지만, 인간에게 성이란 주제들이 부담스러운 주제이기 때문에 이것 대신 인간 개인과 문명은 외적으로는 '미'(beauty)와 '매력'(attraction)을 추구한다. 즉, 쾌락원칙이라는 부담 때문에 현실에서 통용될 수 있는 것을 만드는데 이것을 '현실원칙'(reality principle)이라고 한다. 그러나 이 현실원칙 역시 쾌락원칙을 충족시키기 위한 방법이다. 쾌락을 구한다는 관능적인 인간의 본능을 없애고, 조금은 합리적이고 수용할 만한 방법을 사용하여 미와 매력을 추구함으로써 조금은 승화된 방식으로 인간의 본능을 미화하는 것이다. 이러한 점에서 모든 것은 쾌락원칙을 위배하지 않으며 인간이 어떤 동질적인 것을 재경험하려는 반복은 그 자체가 쾌락의 근원이 되는 것이다(Brenner, 1987, p. 48).

그리고 이 인간이 추구하는 쾌락원칙의 중심에 있는 것이 에로스(eros)이다. 에로스는 사랑으로 표현되지만, 인간의 본능에서 가장 핵심에 있는 것이고, 인간 및 모든 살아 있는 유기체로 하여금 자기 자신에 대한 것, 즉 관계와 성취를 통해 중심에 서려는 것이다. 이것은 인간의 관계성 속에서 나타날 뿐만 아니라, 유전적인 관점에서도 마찬가지이다. 인간의 유전자가 가진 가장 큰 목적은 자손에 대한 번식이다. 그리고 이 번식을 위해 인간과 생물체는 자신들이 가진 가장 미적이고 매력적인 것을 발산함으로써 상대 이성에게 자신의 존재를 나타내고 관계성을 가지는 것이다.

> 인간의 성적(생식기적) 사랑은 가장 강한 만족의 경험을 준다. 사실상, 모든 행복의 원형을 사람들에게 제공한다는 발견은 인간으로 하여금 성관계 방향과 함께 자신들의 삶에서 행복은 만족을 구하는 것, 그리고 생식기적 에로티즘(genital eroticism)을 인간 삶의 중심으로 만드는 것임을 보여 준다(Freud, 1961, p. 48).

생식기적 사랑으로 대표되는 에로스는 '죽음'(Thanatos) 본능과 더불어 인간의 대표적 본능이다. 프로이트는 인간의 이 두 가지 본능이 인간 개인과 인간 문명 사이에서 무수하게 되풀이되고 있다고 본다. 인간은 자신의 생명이 아무것도 없는 무에서 온 것이기에 다시 무로 복귀하고 싶은 충동을 느끼는데, 바로 이것이 죽음의 본능이다. 반면, 죽음의 본능에 반하여 살아가고자 하는 쾌락원칙의 핵심이 되는 인간의 에로스는 자신의 본능을 문화 속에서 모든 사람들에게 설득할 수 있는 미와 매력으로 변모하여 살아가고 있다. 이러한 관점에서 보면 인간의 문명 속에는 죽음을 이겨 내려는 에로스와 파멸로 이끄는 죽음의 본능이 상존하고 있다.

인간이 가진 쾌락원칙은 에로스가 바탕이 되어 있고, 이 에로스가 문명에서는 미와 매력으로 변형되어 있다는 것은 인간의 모든 문명과 인간 개인을 움직이는 중요한 요소이다. 이 원칙은 '나'라는 한 인간이 모든 것에 중심이 되고자 하는 인간이 가진 보편적인 욕구이다. 이 원칙은 인간이 가진 양면성을 말해 준다. 이 원칙을 인간이 가지고 있기에 개인적으로는 각 시대의 문화환경이 생각하는 미와 매력을 가능한 한 많이 가지려고 함으로써 타생명체와는 다르게 진보된 문명으로 개인과 집단을 가지고 있다는 점이다. 어떤 사회에서는 미와 매력을 지식, 성, 권력 등과 같은 것으로 정의를 함으로써 개인과 집단이 이를 추구하면서 일생을 보낼 수도 있다. 그러나 이 원칙의 핵심 역시 내가 중심이 되려는 욕구이다.

인간이 중심에 서고 싶고, 그리고 중심에 있다는 것은 자기 존재에 대한 초월적이면서도 합리적인 근원을 제시하여 자신의 존재에 대한 타당성을 보여 주는 것이다. 인간은 모든 문명을 통해서 이러한 작업을 해 왔다. 어느 문명이나 국가라도 자신들의 근거를 초월적인 종교의 세계와 연관시키지 않는 문명은 없다. 이것은 그만큼 인간이 자신의 존재에 대한 궁금증을 가지고 있었고, 이 해결책이 초월적 종교와의 관계에서 밖에 풀 수 있는 방법이 없었기 때문이다.

존재의 타당성을 초월성과 초월적 합리성으로 연결시키려는 인간의 작업 역시 인간의 속성인 쾌락원칙에서 벗어날 수 없다. 쾌락원칙은 불안으로부터 안전망을 확보해야 하는 신체적인 쾌락만을 의미하지 않고, 인간 자신의 존재론적 기원에 대한 근원을 가져야 하는 것을 충분히 포함을 하고 있기 때문이다.

인간은 불안한 것을 용납하기 어렵다. 실은 불안이라는 것이 인간의 운명이기도 하지만, 이 불안을 잠식시킬 도구를 인간은 문명을 통해서 끊임없이 갈구한다. 그리고 이러한 갈구는 무엇인가를 가지거나 만들어 내어 결국은 인간의 쾌락 가운데 안전망을 확보하는 데이르게 한다. 지금도 인간의 문명은 더 빠르고 더 오래가고 더 멀리가고, 더 지속할 수 있는 어떤 것을 계속 추구하고 있다. 왜 인간의 문명만이 이러한 과정을 경험하고 있을까? 이것은 인간이 도저히 용납할 수 없는 불안, 즉 죽음의 불안이 우리를 움직이기 때문이다. 그리고 우리는 다른 동물들과는 다르게 상대적으로 이 불안을 거부하는 문명을 추구하기 때문이다. 그래서 인류에게 최대의 위협이 되었던 기근, 질병, 짧은 목숨의 문제들이 가져다주는 불안을 없애기 위해 부단히도 노력했고 지금도 끊임없이 정복해 나가고 있다.

불안을 없애고 확신시키려는 인간의 쾌락적 성향은 무질서보다는 질서를 더 선호한다. 왜냐하면 질서(order)는 개인과 사회를 훨씬 안정되게 할 수 있기 때문이다. 그리고 이러한 질서를 확보하는

데 종교의 기여는 결정적이다(Berger, 1970, p. 66). 질서는 인간에게 근본적으로 무정부 상태나 공허로부터 무언가 다른 의미를 부여해 줄 수 있는 근거가 된다. 이 근거를 만드는 질서는 초월성의 신호가 된다. 그래서 인간의 역사는 자신들이 만든 질서/법들이 신성한 초월성과 연관이 있다고 믿음으로써 그 질서를 정당화하였다(Berger, 1970, pp. 66-67).

사회적 질서든 규범과 교리를 통한 종교적 질서든, 그것은 혼돈상태에 있는 것보다는 긍정적이다. 그리고 이러한 질서를 가지는 것이 혼돈 가운데 있는 인간에게 일종의 희망을 주는 노력도 제공한다. 그러나 프로이트의 쾌락주의 관점에서 적용하면 종교적 규범이나 교리 등은 한 개인이나 특정 집단의 이기주의를 위해 충분히 이용될 수 있다는 점이다. 그리고 여기서의 개인과 집단은 자신들의 특별한 어떤 것이 독보적으로 존재할 수 있다는 보장을 종교적 규범을 통해서 받는다. 이렇게 되면 종교는 더 이상 인간의 삶을 이롭게 하는 것이 아니라, 환영이 된다. 그래서 프로이트가 종교에 대해 내린 결론 중의 하나는 종교가 '환영'(illusion)이라는 점이다. 편의를 위해 만들어 낸 것이다.

환영인 종교는 실제로는 존재하지 않는 것이다. 그러나 인간은 자신이 가진 불안으로 인해 환영이라는 종교를 만들어 낼 수밖에 없는 구조를 가지고 있다. 그래서 내적·외적인 불안을 잠식시키고, 인간 자신을 현실에서 안정감을 가지고 살 수 있도록 하는 것이다. 이 종교에서 절대자는 마치 유아와 같은 인간에게 절대적인 어머니와 같은 역할을 하고, 이렇게 함으로써 어머니가 아이 옆에 같이 있다는 생각을 가지게 하고, 인간 자신으로 하여금 자기 존재에 대한 신뢰를 가지게 한다(Berger, 1970, p. 6). 환영인 종교는 인간생활에 여러 가지로 유익을 가져다준다. 왜냐하면 종교는 인간의 자기 존재에 대한 근원적 물음에 대한 답을 제공해 주고, 불안으로부터 안정감을 제공해 주기 때문이다.

생물학적으로 인간은 자기 종족의 번성과 내면적으로 자손 증식을 통해서 못다한 영생에 대한 꿈을 실현시키려는 의도를 가지고 있다. 동시에 인간 자신의 존재에 대한 당위성을 신들의 초월적 세계와 연관시켜야 하는 것은 인간에게는 이것 없이는 뿌리의 근거를 상실한 것이고, 또 한편에서 '집'(home)을 상실하는 형이상적 충격이기 때문이다(Berger, 1973, p. 82).

인간 존재에 대하여 우리는 명확한 답을 얻을 수 없고, 명확한 목적도 가질 수 없다. 그러나 프로이트는 종교는 인간에게 답을 줄 수 있다고 생각했다. 그러기에 종교를 계속 추구하는 것은 인간이 쾌락을 추구하고 그 안에서 연속적으로 머물려는 경향을 나타내는 것이다. 그는 종교를 쾌락주의 입장에서 보았다. 프로이트의 친구인 로맹 롤망(Romain Rolland)은 프로이트가 종교를 환영이라고 하는 점에 대하여, 종교의 경험에 있어 영원성(eternity)이라는 것은 마치 대양의 감정(oceanic feeling)을 경험하는 것과 같다고 했지만, 프로이트는 이 경험 역시 인간의 자기중심적인 자아 감정(ego-feeling)에서 발생하는 것이며, 대양의 감정이라는 것은 마치 어린아이가 부모의 원천적 보호를 받으려는 기대와 같다고 보았다. 그래서 이 모든 종교적 경험은 인간 안에 무한적인 나르시시즘(limitless narcissism)

에 대한 회복열망으로 보았다(Freud, 1961, p. 21).

쾌락주의 원칙을 가지고 자기중심적인 행복을 유지하기 위한 종교/기독교의 증거로 프로이트는 인류사에 있어서 비극적인 사건인 십자군전쟁과 노예제도를 실례로 제시하고 있다. 이 두 사건은 기독교 국가에서 발생했으며, 기독교가 사랑을 표방함에도 불구하고 이러한 사건을 일으킨 주범인 것은 그들의 종교가 환영인 것을 증명하기에, 종교는 자기중심적인 인간이 행복을 추구하는 과정에서 만들어 낸 자작극으로 보고 있다(Freud, 1961, p. 34). 정말 기독교가 사랑의 종교였다면 이런 일들이 발생하지 않았을 것이라고 보는 것이다.

종교가 인간에게 불안을 극복하게 하고, 자신의 정체성(identity)을 좀 더 확고히 하는 것은 사실이다. 그러나 이러한 과정이 자기 자신을 넘어 개인과 집단이 하는 모든 일을 합리화하는 수단으로 사용이 될 수 있는데, 이것을 종교가 가진 마성(demonic power)이라고 한다. 프로이트의 지적처럼, 사랑을 제일 중요시하는 기독교가 십자군전쟁과 노예제도를 합리화시키는 수단으로 종교를 사용했다. 쾌락원칙에 따르는 인간의 자기중심적인 원칙은 환영인 종교를 만들어 놓았고 이 종교를 자기 생각과 활동에 동조 및 지지하는 거대한 초월적 신은 만들어 놓음으로써 자신들이 생각하고 행동하는 모든 것에 합리적 근거를 두는 것이다.

이러한 사례는 다시 두 차례의 세계대전에서 또다시 발생한다. 이 세계대전은 개신교 및 가톨릭 국가들이 직접적으로 연관된 전쟁이다. 인류사에 가장 참혹한 전쟁이며, 가장 많은 인명 및 문명에 피해를 입은 사건이다. 그런데 왜 기독교와 가톨릭 국가가 전쟁을 발발케 하는 국가가 되었을까? 물론 이러한 이유에는 다양한 요인이 있겠지만, 종교적 관점과 종교가 환영이라는 관점에서 보면 답이 나온다. 종교와 연관된 역사적 사건들이 우리에게 주는 교훈은 인간이 쾌락주의적 원칙에서 만든 환영적 시각에서 벗어나 종교를 가지지 않으면 언제나 종교는 개인과 집단이 최고의 중심에 서려는 본능적 욕구에 시녀 노릇을 할 뿐이라는 점이다. 이러한 점에서 제1, 2차 세계대전은 전범국가들이 자신들의 민족성에 대한 초월적 의식을 가지고 있음으로써 전쟁이 인류를 비참한 지경까지 치닫게 한다는 사실에 대해서는 관심을 가지지 않는 사건이다.

수많은 사람들이 종교개혁 500주년의 해라는 이름 하에 독일을 방문하여 마틴 루터의 종교개혁에 대한 취지를 다시 불사르려고 하지만, 이 독일이 인류사에 가장 참혹한 결과를 가져온 국가라는 사실에 대해서는 간과하고 있다. 만일 우리가 오늘 이러한 이중적이고 모순되는 결과를 가지고 온 것에 대해 생각하지 않는다면, 종교는 영원히 프로이트의 지적과 같이 환영이며, 보편적인 강박적인 신경증에 시달리는 사람들의 선택이라는 정의로 끝이 날 수밖에 없다. 결국 개신교 종주국인 독일이 1, 2차 세계대전의 전범이라는 것을 우리사회에서 잘 말하지 않는 것 역시 인간이 종교를 쾌락주의 입장에서 자신에게 단 것만을 섭취하려는 이기성을 보여 주는 것이 아닐까?

종교가 '전적으로 인간 아닌 것'에만 전심전력을 한다면 현실과의 접촉은 필연적으로 소실된다. 그렇게 되면 종교적 문제는 일종의 자기기만이나 현실

도피가 되기 쉽다. 종교는 현실적 고려 없이 폭군적인 초자아에만 유아적으로 의지하게 된다(Küng, 1987, p. 134 재인용).

이 글은 프로이트가 종교에 대해 심리적 관점에서 좀 더 상세하게 비판한 글이다. 그의 논지는 크게 두 가지이다. 종교는 인간에 대한 정체성과 근원 또는 불안에 대한 문제를 해결하기 위해 초월적 영역을 가지고 오지만, 만일 이 초월적 영역으로 인해 현실에서의 종교와 종교인의 역할, 다시 말하면 현실에서 좀 더 합리성을 가지고 사고하고 행동하는 것이 없으면 종교의 기능은 없어지게 되고, 잘못하면 종교지도자들이 초월성이라는 초자아적 성향을 가지고 신의 이름으로 절대적 행세를 하고, 여기에 힘이 없는 사람들이 유아적으로 의존하는 부조리를 낳게 한다는 점이다.

인간은 유발 하라리(Yuval Harari, 2017)의 지적과 같이, 기근, 전쟁, 질병이 인류를 가장 위협하는 요인이었지만, 현대에 와서는 인류 문명이 이러한 요소들을 대부분 해결하거나 정복하기 때문에 현대인이 더 이상 이를 이유로 종교를 가깝게 하기에는 어려운 시대가 되었다. 인류는 이 세 가지의 부족함으로 인해 인간이 가진 연약성을 수직적 차원에서 바라보고, 수직적 차원을 구하는 과정을 겪었을 것이다.

이 수직적 차원은 신을 의미한다. 인간 개인이나 집단이 가진 모든 이념, 가치와 신앙은 현실과 이상성/초월성을 항상 가지지만, 어떤 한쪽으로만 살아가기는 어렵다. 현실성은 매우 가치 있고 합리적이지만, 현실만으로는 인간의 본능은 불안을 만족시키지 못한다.

왜냐하면 인간은 자신에 대한 근원의 답을 아직도 찾고 있기 때문이다. 역으로, 이상성이라는 현실을 떠나 있는 초월성이라는 것도 인간이 관심을 가져야 할 영역이지만, 그리고 이 영역을 종교의 영역이 담당하고 있지만, 잘못되면 인간이 가진 쾌락원칙에 의해 자기중심적 해석에 휘둘릴 수 있는 것이다.

만일 종교적 교리의 진실성을 그것을 증거하는 몇 사람의 내적 경험에 의존한다면, 그런 희귀한 경험을 하지 못한 대부분의 사람에게 무슨 의미가 있는가? 우리는 누구나 각자가 소유하고 있는 이성이란 재능을 활용할 필요가 있다. 그러나 우리는 아주 드문 소수의 사람만이 갖고 있는 동기를 기초로 모든 사람에게 적용하는 강제규정을 만들어서는 안 된다(Küng, 1987, p. 133 재인용).

인간의 본능상 혹은 발달 관점에서 인간은 자기 자신을 드러내 보이고 안정감을 획득하려는 쾌락주의를 추구하지만, 그리고 프로이트 관점에서 종교도 이 쾌락주의에 근거한 것이라고 보고 있지만, 쾌락주의는 인간 자기 자신의 나약함에서 온다. 인간 자신이 생존과 활동에 대한 불안을 느끼기 때문에 쾌락원칙에서 종교를 구할 수밖에 없는 구조는 본질상 인간 자신을 가장 잘 드러내는 것이다. 마치 어린아이가 부모 또는 주된 돌봄자 없이 생존할 수 없는 것과 같이, 쾌락적 관점에서의 종교는 인간이 나약성을 드러내 보인다.

다만, 프로이트의 주장처럼 단순히 일부 지도자의 신비경험으로 종교에 대한 정의와 경험을 보편화하려는 것은 인간의 이성적 작업을 통해서 보완되어야 할 필요가 있다. 이런 점에서 그는 자신의 정신분석학은 초자아(superego)라는 이상적 가치관과 도덕성 요구에 의해서 인간이 끌려갈 수도 없는 것이고, 본능(id)의 욕구대로 동물적이고 무분별한 힘에 의해서 휘둘려서도 안 된다고 보고 있다. 그래서 본능의 욕구를 초자아가 어느 정도 조절해 줌으로써 현실에 있는 인간의 자아(ego)가 살아갈 수 있도록 하는 것으로 보았다.

쾌락원칙의 관점에서 본 종교를 가진 인간은 여전히 자기가 믿고 싶어 하는 것, 자기가 추구하고 싶은 것, 자기가 보고 싶은 것, 자기에게 익숙해진 것을 가지고 종교를 통하여 절대자에 대한 신앙을 추구하기가 쉽다. 왜냐하면 인간이 동물적 본능을 가지고 있는 이상, 자기중심적 경향을 완전하게 배제하기는 힘들기 때문이다. 다만, 동물적 본능을 승화하여 이겨 내려는 것들이 인간의 문화를 형성하였는데, 이것은 본능적 욕구에 속한 자기중심적 사고와 행동의 이기성 사이에서 싸움이다. 그러나 인간이 동물적 본능을 가지고 있고, 자기중심적 유형을 가지고 있지 않는 상태에서 미와 매력의 결과가 되는 문화라는 것의 창출이 가능할까 하는 의심을 해 본다. 즉, 인간이 가진 자기중심적 사고가 반드시 나쁜 것은 아니다. 다만, 타인과의 균형을 무너뜨릴 때 문제가 될 것이다.

서구 세계에서 진리에 대한 규명에는 플라톤과 아리스토텔레스의 방법론 가운데서 어느 것을 적용하느냐가 지금까지 격렬하게 논쟁이 되고 있다. 플라톤은 진리가 이데아의 세계에 있는 것으로 보았고, 아리스토텔레스는 현실을 사용할 수 있는 것을 강조했다. 플라톤이 진리 규명에 때묻지 않은 순수한 정신세계의 추구만을 욕망했다면, 아리스토텔레스는 현실에 있는 모든 질료를 사용하여 진리를 표현했다. 그래서 플라톤 계열은 영적인 추구를, 아리스토텔레스 계열은 현실의 합리성과 이성을 근거로 진리를 보려고 했다. 그러나 지루한 이 논쟁들은 어느 하나만의 선택으로 답이 내려지지 않는다고 생각한다. 왜냐하면 인간은 쾌락주의적인 동물적 자기이기주의가 있지만, 종교가 이 쾌락주의만을 추구하지 않기 때문이다. 분명히 부지불식간에 인간의 이기성이 담겨 있지만, 동시에 더 초월적인 존재를 바라볼 수밖에 없는 인간의 한계성도 늘 가지고 있기 때문이다. 오히려 균형을 가지려는 과정을 경험하는 것이 인간에게는 답이 될 수 있을 것이다. 이 양자를 동시에 수용하면 좋지만, 균형을 가지기는 쉽지 않다. 이것 역시 자신이 가진 불안으로 인해 모호한 답보다는 확실한 것을 추구하기 때문이다. 정신의 자유로움과 신체의 한계성이라는 양자에 대한 무시는 인간이 어느 한쪽만을 택하는 것으로 살 수 있지만, 결국 이것은 인간 스스로가 자신에 대한 거짓으로 살아가는 가엾은 존재라는 사실을 말해 준다(Becker, 1973, p. 11).

프로이트가 종교가 환영 또는 인류의 보편적 신경강박증이라고 정의를 내린 것은, '일상' 속에서 '영원'을 보는 것, 곧 일상이 영원이며, 영원이 일상이라는 진실을 수용하지 못하는 결과이다. 그래서 현실을 외면하고 초월성에 매달리는 결과를 낳게 되어, 이분법적인 신앙을 가지고 살아가기 쉽다. 보다 성숙한 종교와 신앙은 우리가 살아가는 현실과 일상의 구조가 곧 영원성을 가진다는 사실을 보도록 노력하는 것이다. 그래서 현실과 영원은 곧 하나이며, 이 두 요소는 상호 보완적인 역할을 하고 있음을 인정하는 것이다. 현실이 초월의 개념을 가지고 있으며, 이 현실 속에 온갖 신비와 성스러움이 담겨 있는 것이다. 그리고 이 현실을 기반으로 현실 그 이상의 초월적 영역을 가진 또 다른 영역을 경험해 보는 것이다. 그러나 이런 것을 상실해 버리면, 현실에 무관심해지고, 현실을 버리고 배척해야 할 대상으로만 여기는 초월성에 대한 관심만을 가질 것이다.

## 2. 성(性)과 영웅의 콤플렉스

인간은 성취와 관계성이라는 본능을 가지고 있다. 인간은 이러한 성취를 다른 피조물들이 가지는 것보다 훨씬 더 구체적이고 진보적으로 가지고 있다. 그리고 성취 본능은 인간에게 문화를 형성하였고, 이 형성된 문화는 인간 개개인이 살아가면서 성취할 것을 요구하는 관계성 유지하고 있다. 이러한 심리 구간은 인류의 모든 신화를 살펴보면 공통적인 두 가지가 반드시 나오는데 그것은 사랑(관계성)과 성취에 대한 것이다. 이러한 관점에서 보면 인간 개인의 심리만이 아니라 인류역사 속에서 표현되는 이 두 가지 요소는 중요한 의미를 가지고 있고, 이 두 가지의 결핍이나 과다가 인간과 사회의 심리적 문제를 낳는다.

성적인 인간의 본능을 중심으로 하는 프로이트의 인간이해는 당시 비엔나 사회가 가진 배경과 자신의 집안의 환경을 기초로 해서 형성되었다.

프로이트는 집안 구조, 즉 엄격한 아버지와 의붓형제의 구조 속에서 자신의 어머니의 관심을 독차지하려는 상황과 당시 비엔나 사회에서 발생하는 여러 가지 성적인 문제들이 프로이트에게 영향을 주었으며, 동시에 학문적으로는 당시 기독교에 반대했으며 서구에 풍미하던 인간을 유물적 사관에서 보려는 것과 반유대주의의 영향이 그의 종교 이해에 많은 영향을 미쳤다(Berzoff, 1996; Gay, 1988; Küng, 1987).

"나 자신이 지속적으로 어머니를 사랑하고 아버지에 대한 질투를 느꼈다. 나는 이러한 현상이 아동기에 발생하는 보편적인 사건이라고 생각한다." 예일대학교 교수이자 프로이트의 전기작가였던 피터 게이(P. Gay)는 프로이트의 일대기를 검토하면서 근친상간적인 성적 이론이 그의 독특한 가정환경에서 발생하였다고 본다. [1] 프로이트 이론 중에서 빼놓지 말아야 할 요소가 오이디푸스 콤플렉스 (Oedipus Complex)이다. 오이디푸스는 콤플렉스는 그리스 신화의 내용을 프로이트가 인용한 것이다. [2] 프로이트는 이 콤플렉스를 어머니에 대한 연모와 거세공포(castration anxiety)로 보았지만, 현대적 해석에서는 죽음의 공포와 자기가 중심이 되려는 영웅주의와 깊

---

1) http://en.wikipedia.org/wiki/Simund_Freud
2) 오이디푸스는 라이우스 왕과 조카스타 왕비 사이에 태어났다. 그런데 어느 날 예언자가 태어날 아이가 라이우스 왕을 살해하고 왕비와 결혼을 할 것이라는 말을 듣고, 태어난 아이를 산에 버린다. 그러나 아이는 코린토스의 목동에 의해 구조되고, 이 아이는 코린토스의 왕과 왕비에 의해 양육된다. 이곳에 그는 자신이 아버지를 죽이고 어머니와 결혼할 것이라는 신탁을 받고 이것이 두려워서 코린토스를 떠나 자신의 친부의 나라인 테바이로 여행 중 친부 라이우스를 만나 통행의 문제로 다투다가 그를 살해하고, 테바이의 왕이 되고 자신의 어머니와 결혼을 한 후 2남 2녀를 두었다. 이 후 왕국에 역병이 들자 신탁을 통해 자신의 아버지를 죽인 자로 인한 노여움으로 인해 역병이 발생했다는 것을 알고, 자신의 아버지를 죽인 자를 찾던 중, 자신이 범인이라는 사실을 알게 된다. 이 모든 사실을 알게 되자, 자신의 부인이며 어머니는 자살을 했고, 오이디푸스는 어머니의 브로치로 자신의 눈을 빼어 소경이 되었고, 평생 자신의 딸을 의지해 각지로 떠돌다가 사망한다.

은 연관을 맺는다고 보고 있다(Becker, 1973, pp. 34-35).

오이디푸스 콤플렉스에서 어머니와의 관계적 욕구는 애정과 사랑의 관계성을 통하여 자기가 관계의 중심적 인물이 되려는 것이고, 아버지와의 관계성에서는 부친의 성향을 모방하거나 따름으로써 힘을 가지고, 어쩌면 아버지를 능가하는 성취를 가짐으로써 독립적 자기, 내가 중심이 되는 세상에 대한 꿈을 꾸는 것이다. 필자는 이러한 관점에서 프로이트가 지적하는 오이디푸스 콤플렉스를 본다.

인간이 자기가 중심이 되려는 성향은 무슨 동기를 가지고 있기에 그럴까? 프로이트가 지적하는 인간에게 있어 가장 근본적인 힘을 제공하는 리비도(libido)는 쾌락원칙을 가지고 살아가지만, 그것을 다른 용어로 표현한다면 내가 중심이 되고 싶어 하는 인간의 욕망, 그리고 내가 모든 사람의 관심을 받는 중앙에 서고 싶어 하는 욕망을 동시에 의미하기도 한다. 또한 내가 중심에 서려는 욕망은 내가 영웅으로 살아가고 싶은 욕구를 의미한다.

이런 현상이 인간의 내향적인 면에서 가지는 욕구라면, 밖으로는 자신의 능력을 나타내어 모든 사람이 자신을 우러러보도록 하면서 자신은 그 중심에 서 있는 것을 즐기는 것, 이것을 영웅주의라고 한다. 그러면 사람들은 왜 중심에 서려는 영웅주의 메시아적인 현상을 은근히 바라며, 영웅주의에 몰두하면서 살려고 할까라는 질문을 할 수 있다. 이러한 물음에 대한 대부분의 답은 '죽음'불안이다.

인간은 불안이라는 핵심을 가지고 태어났고, 살아간다. 태어나는 불안, 살아가야 하는 불안, 살아가기 위해 무엇인가를 가져야 하고 성취를 해야 하는 불안, 그리고 그 성취를 어느 시점에서 영원히 가질 수 없다는 불안을 가지고 살아간다. 동시에 하이데거(M. Heidegger)의 말처럼 피투성(thrownness)이라는 실존적 의심을 가지고 살아갈 수밖에 없다. 인간 개인의 선택에 의한 것 없이 태어남이라는 것이 어떤 선천적 결정주의에 의해 이미 결정되어, 인간 개인의 선택이라는 자유 없이, 나의 의지와 상관없이 인간은 태어나고 살아간다. 존재의 이유가 불명확한 것이다.

이러한 어쩌면 불합리하고 초라한 조건들과 결정주의는 인간에게 무엇을 궁극적으로 생각나게 할까? 이러한 조건들로부터 대항하거나, 자신을 보호하기 위한 몸부림을 하는 것은 죽음이라는 불안으로부터의 자기보호이다. 그리고 이 불합리한 결정주의로부터 자유로워지고 싶어 하는 인간의 욕망이다. 그래서 심리적으로 육체적으로 생존해야 하는 인간의 가장 큰 주제는 죽음이며, 죽음은 인간에게 가장 주된 심리적인 문제이기에, 인간을 움직이는 모든 것은 죽음이다(Becker, 1973, p. 11). 오이디푸스를 죽음의 관점에서 보면 인간을 이해할 수 있는 또 다른 관점이 나올 수 있다.

오이디푸스와 이러한 인간의 존재론적 황량함을 생각할 때 인간이 살아가면서 이 불합리하다고 생각하는 삶을 극복하기 위해 탈출할 수 있는 통로는, 프로이트가 인간에 대해 생각하는 유물론적 관점이나 기계론적 관점에서 무엇이 있었을까 하고 상상해 보면 두 가지의 답이 가능할 것이다. 하나는 관계성의 에로스이고, 다른 하나는 자기가 중심이 되고자 하는 자기실현의 영웅주의이다.

프로이트는 인간의 본능이 사랑(Eros)과 죽음(Thanatos)이라고 했다. 인간은 무생명에서 생명체로 왔기 때문에 귀속 본능에 의해 무라는 죽음을 계속적으로 가지는 본능이 있고, 그와는 반대로 사랑의 본능이 있고, 이것이 개인과 문명을 일으키는 본능이라고 보았고, 인간은 이 양자 속의 투쟁 속에 살아가는 것이 미시적 세계에서부터 거시적 세계에까지 있다고 본다. 그래서 사랑하기 때문에 죽기도 하고 "죽도록 사랑한다."라는 말을 하는 것처럼 사랑과 죽음은 양면성을 가진 인간을 대표하는 속성이기 때문이다.

존재론적인 무의미를 가지고 있는 인간은 이 두 가지 본능으로부터 자유롭지 못하고, 인간이 가진 특유함의 존재론적 근거를 위해서 두 가지를 추구한다. 하나는 에로스와 연관된 내재적이거나 미시적 관점에서의 성에 대한 관심이다. 프로이트는 이것을 가족적 환경에서 가지는 것으로 묘사했는데, 인간이 가지는 존재론적 모호성은 자기를 보호해 줄 수 있는 가장 친밀한 대상과의 애착관계를 통해서 모호성에서 오는 불안과 불쾌감을 극복하고 싶은 본능을 가지고 있다.

모친에 대한 친밀감과 그것을 더 넘어서는 애착은 인간의 불안에서 오는 것이고, 오이디푸스 콤플렉스에서 보여 주는 관계는 실존불안의 최고적인 정점인 어머니가 된다는 메타포이다. 그리고 그 정점은 성이다. 이러한 점에서 실존주의 심리학자 어빈 얄롬은 대부분의 내담자들의 주된 문제는 내담자의 과도한 불안에서 발생하는 성에 대한 문제로 파악하였다. 불안을 탈피하기 위해서 성에 집착을 하는 것이다(Yalom, 2017).

인간의 과도한 불안은 관계성의 문제를 발생하고, 이것이 더 문제가 되면 성에 대한 문제를 발생시킨다. 예를 들어, 가족이 가진 과도한 불안은 자녀를 가족으로부터 분리되게 하고 또래와 집단적 생활을 하도록 만들 수 있는데, 이러한 과정에서 이들은 더 많은 성생활에 노출이 되기 쉽다. 인간 실존적인 외로움과 질문은 친밀감을 추구하도록 만들고, 질서화된 친밀감은 자신이 담당할 수 있는 적정선의 관계성과 성생활을 시작하도록 만들 수 있다. 그러나 반대로 되면, 결국 친밀감의 불안과 불만으로 가족의 테두리를 박차고 나왔지만, 또 다시 이러한 친밀감이라는 성의 굴레에 들어가게 된다. 그래서 결국은 과도한 불안은 과도한 성에 대한 집착의 관계성으로 인간을 들어가도록 만들게 된다.

인간이 가진 근원에 대한 불안과 실존적 불안은 결국 오이디푸스 신화의 설명처럼 보이지 않게 무의식적 근원이 되는 모친에 대한 성적 관계로 귀결된다. 이것은 상징적 의미이며, 현실에 있어서는 이러한 관계성을 가진 사람들의 심리적 불안, 즉 자기에 대한 존재론적 확신을 가질 수 없는 불안에 휩싸이게 될 때이다. 성에 대한 대부분의 문제는 관계성이다. 인간의 자기 상실에 대한 두려움은 생존을 위한 집착에 가까운 애정을 나타내고, 그 정점은 성이다. 그래서 홀로 내버려진다는 것은 버림과 유기에 대한 지독한 외로움에 대한 두려움이다.

동시에 이 오이디푸스 콤플렉스는 가장 근원이 되는 모체로의 회귀본능이다. 인간 태생의 근원이 되는 자궁으로 돌아갈 때 모든 것을 다시 시작한다는 무의식적 회복의 본능일 것이다. 예를 들어, 한 단체에서 개인이 특정 개인에게 위해한 행위를 했다면, 이는 표면적으로는 잘못된 행동이지만 내면적으로는 자기에 대한 인정 욕구가 있는 것과 마찬가지이다.

오이디푸스 신화가 설명하듯이, 오이디푸스의 어머니에 대한 선택은 불안에서 오는 인간 성의 선택의 실패와 궁극적으로는 자기에 대한 파괴를 하는 행위임을 말하고 있다. 결국 인간이 가진 불안이 너무 커서 '자기의 근원'이 되는 어머니조차 분간하지 못하고, 자기의 근원을 파괴하는 인간의 비극을 말한다. 이러한 관점에서 융은 인간이 성에 대한 문제를 가지고 있을 경우 이를 표면적 문제로 보기 보다는 근원과의 일치를 욕구하는 인간의 원함으로 봐야 한다고 했다.

베커(Becker)는 인간이 가진 동물적 자기의 표현으로서 성을 묘사하고 있는데, 인간의 성은 동물적 자기의 욕구로 표현과 행위가 이뤄지지만 이 욕구만큼의 만족이아니라 오히려 결과로는 정서적 공허나 죄의식을 동반한다고 말하는데, 가장 큰 이유는 우리의 이러한 성적인 욕구가 어디에서 근원이 되는지를 알 수 없기 때문으로 보고 있다. 성적 욕구는 단지 표현되었을 뿐이지, 그러한 욕동의 존재론적 이유를 인간이 알 수 없기 때문이다. 동시에 오이디푸스 이론의 핵심은 표면적으로 성이지만 나라는 인간이 중심이 되느냐 아니냐 하는 문제에서 발생하는 것이다(Becker, 1973, p. 37). 내가 중심이 되느냐 아니냐는 생물학적 입장에서 해설이 될 수 있지만, 종교적인 관점에서는 인간이 이 세상에 태어난 이유와 살아가는 이유에 대한 명확한 답을 위한 인간 몸의 외침이다.

오이디푸스 연구는 프로이트의 초기 연구에서 제안했던 것과 같이 어머니에 대한 자연스러운 사랑이 아니라, 그의 후기 연구에서 인정한 것과 같이 모호성 갈등의 결과이고 자기애 팽창으로 인한 갈등을 극복하고자 하는 시도이다. 오이디푸스 콤플렉스의 본질은 철학자 스피노자(Spinoza)가 정의한 인간 안에 CAUSA SUI(자체 안에서 발생하는), 하나님이 되고자 하는 것이다. 같은 의미에서 이것은 죽음으로부터 피할 수 있다고 왜곡되게 생각하는 유아적 나르시시즘을 보여 준다(Norman Brown: Becker, 1973, p. 36 재인용).

오이디푸스는 '인간 모호성 갈등의 결과이며 자기애 팽창으로 인한 갈등을 극복하는 시도'라는 말과 '이 현상의 핵심은 인간 안의 신성을 실현하고자 하는 것'이라는 의미는 자기애로 인한 성의 문제와 영웅주의가 이 현상의 핵심이라는 점이다. 물론 이 오이디푸스적인 사랑은 잘못된 사랑이지만, 이것은 인간이 가진 존재론적 불안이 더 깊은 자기애에 빠져서 모든 것을 근원적으로 무질서와 혼탁 가운데 빠지게 하는 것이다. 이 현상은 한 인간이 현실의 정신적인 세계와 외부적 환경의 문제로 인해 신경증적 불안에 놓이게 되고, 죽음으로부터 자신을 부정할 수 있는 유일한 수단이기 때문에 빠지는 것이다. 그래서 사람은 과한 불안에 자신이 놓이게 될 때 사랑과 성에 빠져 자신의 현실적 문제를 회피해 가는 방법을 택하곤 한다. 이것은 인간이 가진 존재론적 불안이라는 현실을 회피함으로써 죽음을 피하는 방식이다.

예를 들어, 남녀가 사랑을 나눌 때 간혹 '미치도록 사랑한다.' '죽도록 사랑한다.' '너 없으면 죽는 게 더 낫다.' 또는 '죽여 달라.'는 표현을 하는 적이 있다. 매우 적극적이며 열정적이고, 그 이상의 격정적인 표현이다. 그러나 이런 표현에는 항상 두 가지 의미가 함축되어 있다. 첫째는 개인의 함몰된 사랑 관계로 인한 거짓된 관계성이 사랑에 몰입하도록 하는 구조이고, 둘째는 사랑이라는 관계적인 구조는 인간의 죽음이라는 구조와 긴밀하게 연결되어 있다는 것이다. 이러한 관계에서 죽음과 사랑은 친구인 것 같으나 가장 적대적 관계에 놓여 있다. 즉, 사랑의 성이 죽음을 부정하고, 죽음은 사랑을 수용하지 못하는 것으로 인간의 모호성을 부정하는 것이다.

부친을 살해하고 정복하고 싶은 오이디푸스의 행위도 완전히 자기가 알지 못하는 무의식적인 불안의 욕망에서 발생했다. 인간이 태생적으로 가진 불안은 내부적으로는 몸에 대한 성적인 문제를 야기하게 되고, 외부적으로는 이 불안을 극복하기 위해서 아버지를 극복하고 자기가 모든 것의 중심이 되어야 하는 인간의 불안을 말해준다. 이것의 대표적인 것이 영웅주의가 되는 것인데, 대부분의 사람은 인생을 살면서 더 빠르고 더 멀리 더 높이라는 생각을 가지고 영웅주의에 빠져 살아간다. 왜 우리는 이렇게 성과와 업적을 내놓기 위해서 때론 미치도록 경쟁을 해야 하는 걸까? 왜냐고 질문하면 답은 우리는 반드시 무엇이 되어야 하고(becoming), 무엇을 하고 있어야(doing) 하기 때문이라고 답을 할 것이다. 그리고 이것들을 부추기는 무의식적인 죽음의 불안으로부터는 관심을 가지지 않는다.

아버지를 살해하는 것은 어머니와는 다른 또 다른 근원에 대한 멸절의 욕구이다. 아버지라는 힘과 권력 그리고 규범을 가지고 통치하는 중심된 자를 없애는 것은 인간의 실존적 불안에서 자기를 세우기 위한 것이고, 이 과정은 한 인간이 영웅주의로 살아가는 것이 상징화 된 것이다. 즉, 내가 중심이 되고 내가 신이 되고자 하는 것이고, 아이가 아버지의 자리를 차지함으로써 인간이 죽음을 정복하기를 원하는 욕구를 반영하고 있다(Becker, 1973, p. 36).

결국 한 인간은 자기 근원이 되는 어머니와 자기의 성장을 외적으로 도운 아버지에 대하여 각각 에로스의 성과 영웅주의로 대항한다. 이는 자기의 내적·외적인 성장을 도운 내재적이면서 외재적 요인을 가지고 있지만, 한 인간이 가진 존재론적 불안에 대한 근원적인 답을 얻을 수 없는 과정에서 파행적으로 발생하는 성과 영웅에 대한 문제이다.

인간이 자기실현을 하면서 살아야 하는 것은 동물과는 다른 차이이다. 동물은 자기실현의 과정을 인간처럼 가지지 않는다. 충실하게 본능에 귀속되기에 동물의 세계에서 발생하는 모든 생로병사나 희로애락은 자연스러움과의 조화이다. 즉, 본능을 알고 본능대로 살아가는 운명이라는 의미이다. 동물은 주어진 운명에 순응하며 자신의 능력을 뛰어 넘지 않는다(Becker, p. 50). 인간은 자신의 본성, 또는 프로이트의 용어처럼 리비도, 그리고 이것과 연관된 자신의 운명에 대하여 알지 못한다. 그러나 인간 자신에 대한 내재적이고 외재적인 것들은 자기 자신에게 설명되어야 하는 문제이다. 왜냐하면 인간은 언제가 자신 안에 작은 신의 요소가 있으며 동시에 이것과 반대의 것이 되는 벌레 같은 조악함이 있다는 것을 안다(Becker, 1973, p. 51). 이것이 인간의 문제이고, 인간이 이것을 회복하기 위해서 끊임없이 집착하고, 동물 이상의 자기실현을 하는 영웅주의에 집착을 한다.

영웅주의를 선호하고 그것을 성취하려는 몸부림은 죽음의 불안을 극복하는 방법이며, 존재론적 모호성을 늘 가지고 있는 인간이 생존하기 위하여 그 어떤 무엇을 이상화하여 추구해야 한다고 생각을 하기 때문이다. 그러나 이러한 영웅주의가 답을 주는 것은 아니다. 그러기에 여기서 오는 영웅주의는 일그러진 영웅이며, 이 왜곡된 자기실현의 영웅주의는 항상 성의 문제를 동반하기 용이하게 된다. 왜냐하면 이 두 가지는 죽음의 불안과 연관된 난해한 관계성을 가지고 인간 정신구조에 놓여 있기 때문이다.

그러면 인간이 왜 관계성의 에로스를 욕구하고, 부친의 제거를 꿈꾸는 영웅주의에 놓이게 되는가? 이러한 두 가지의 욕구는 여러 분야의 심리학에서 인간이 가진 가장 근원적인 심리적 욕구(관계성과 성취성)로 본다(Feist, 1985, p. 68). 이러한 생각을 뒷받침하는 또 다른 것은 대부분의 국가의 신화와 설화에는 사랑이라는 관계성과 성취/성공의 공통된 이야기가 있다는 점이다(McAdams, 1991). 이 두 가지 욕구의 존재론적 심연에는 인간이 아무것도 아닌 것으로 시작한다는 불안의 요소로부터 인간이 자신의 심리적 · 외부적 환경으로부터 자신을 보호하기 위한 길이다. 다른 말로 하면, 이 세상에서 인간 자신이 홀로 서 있다는 두려움에 대한 보호이다(A. Maslow: Becker, 1973, p. 48 재인용).

과대한 자기불안으로 인해 병리적인 성적인 문제가 발생했을 때 크게 두 가지의 부류로 나뉜다. 첫째, 사디즘(sadism)으로 가학성 자기성애이다. 이것은 성관계를 할 때 상대에게 성적인 고통을 가학함으로써 상대방이 고통 가운데 있는 것을 쾌감으로 느끼는 질환이다. 성과 성관계는 인간의 존재론적 근원과 관계성이라는 근원적인 의미를 가지고 있지만, 이 관계는 상대에게 성적인 가학을 함으로써 자신의 존재됨을 찾으려는 것이다. 고통과 피해를 주고, 그 피해를 통해 철저한 갑과 을의 관계, 주인과 종의 관계를 가짐으로써 자신의 실존적인 불안을 회피한다. 내가 힘을 가진 주인공이 되고, 피해 속에 있는 피해자의 신음을 보면서 자신이 가진 영웅주의적인 힘의 지배력을 느끼려는 것이다. 이는 실존적 불안에 직면하기보다는 가학이라는 성관계를 통해서 불안을 회피하는 잘못된 수단이다. 이것은 자기존재의 관계를 규명하는 데 실패하고 그것이 극단적으로 되었을 경우 발생하는 현상이다.

둘째, 마조히즘(masochism)으로 피학대 음란증을 말한다. 이것은 사디즘과는 정반대의 성향을 가지는데, 이것 역시 자신의 관계성에 대한 문제로 발생한다. 피학대 음란이란 대등한 성관계의 역할을 가지는 것이 아니라, 상대가 자신에게 성적으로 학대하는 것을 받으면서 자신이 살아 있다는 것을 느끼는 질병이다. 이러한 구조의 내면에는 관계성의 버림이라는 주제가 있는데, 학대를 받아 고통을 받으면서 관계성을 유지하는 것이 상대방을 거부해서 현재의 관계가 깨어지는 것보다 좋다는 심리적 구조가 있다. 결국 관계성의 파괴의 불안으로 인해 피해와 학대를 받음으로써 관계성을 유지하는 것이다.

이 두 가지 현상은 인간이 가진 관계성의 욕구와 이 관계성의 최정점인 성의 관계에서 자기에게 있는 존재론적 불안을 수용하지 못할 때 극단적으로 발생할 수 있는 현상이다. 그런데 이러한 현상들이 종교에서도 발생할 수 있다. 종교에 있어서 자기존중이 없는 자기헌신은 마조히즘에 놓이기 쉽다. 헌신은 가정과 사회 그리고 종교에 있어 중요한 덕목이기는 하지만, 개인이 자기실현에 대한 관심을 가지기 전에 헌신에 대한 강요가 발생한다면 발달의 순서가 거꾸로 된 것이기 때문에 정서적 기형을 만든다.

이러한 자기헌신은 자신보다 권위를 가진 대상으로부터 오는 요구와 주문에 대하여 자신을 돌보지 않고 무조건적인 수용을 하고 행동으로 옮기는 것이다. 이런 것이 겉으로는 순종과 복종이라는 이름으로 나타나지만, 권위적인 대상으로부터 버림을 받은 것보다 어려운 요구사항에 대하여 물음을 던지지 않고 어려움을 겪더라도 살아가는 것이 더 좋다고 생각한다. 그러나 문제는 진정한 자기실현이 없는, 버림과 죽음에 대한 두려움으로 인한 헌신은 거짓된 관계였기 때문에 늘 자신의 정신구조에 어두운 그림자로서 남아 있다.

또한 진정한 자기헌신과의 균형을 가지지 않는 종교의 자기실현은 사디즘적 성향을 가지기 쉽다. 앞서 언급하였듯이, 사디즘은 힘을 가진 자가 힘이 없는 자를 학대하고 괴롭히고, 그 학대과정을 통해서 존재의 즐거움을 느끼는 것이다. 사디즘적 성향은 늘 자신보다는 약한 대상을 표적으로 삼고, 자신의 힘에 의해 타인이 고통받으며 복종하고 추종하는 것을 낙으로 삼는다. 물론 이 용어는 성과 연관되어 있는 것이지만 필자는 '힘'의 역학관계에서 보려고 한다.

사디즘적 자기실현을 하는 것의 병폐는 성장과정에서 관계성이라는 것이 인간살이에 얼마나 중요한지에 대한 것을 간과하고 오직 자신에 집중하여 살아가도록 하는 가족환경과 사회환경이 가지는 문제에서 발생한다. 특별히 개인적 성공을 한 사람들, 생각하고 계획한 대로 다 되는 성취를 경험한 이들이 빠지기 쉬운 함정이다. 왜냐하면 마음먹은 대로 모든 것이 움직이고, 성취되고, 소유되는 환경에 익숙하게 노출되고 그것이 구조화되어 성장하였기 때문이다. 또는 역으로 정말 억압만을 받으면서 자신의 자유함도 없이 살았는데, 어느 순간에 자신에게 자유가 주어지면 이 자유로 자기가 느끼고 하고 싶은 대로 하는 이들도 있다. 즉, 통제 없는 자유로 인해 방만함이 자신을 사멸시킨다. 중요한 점은 자기가 하는 데서 오는 제약성과 제한된 물리적 환경을 만나지 못한다면 사람은 자신이 추구하는 성공이 공격성으로 인해 사람과 환경을 파괴할 수 있다는 것의 한계성을 느낄 수 없어 환상과 현실의 차이를 구별하지 못하는 사람이 되고 만다(Homles, p. 81).

죽음의 불안으로 인간이 경험할 수 있는 것은 신경증적 불안과 정상적 불안이다. 과도한 죽음과 유기의 불안이 지속적으로 경험되고, 특히 성장과정에서 예민한 시기에 오랫동안 지속된다면, 삶의 양 축 중 하나를 지탱하고 있는 죽음은 인간에게 신경증적 불안을 만든다.

신경증적 불안은 죽음이라는 삶의 한 축을 거부함으로써 불안 대신에 '두려움'(fear)을 선택하는 방식이다. 죽음불안은 눈에 보이는 대상의 유무에서 오는 것이 아닌 반면, 인간이 두려움을 택하는 것은 눈에 보이고 만질 수 있는 유무를 선택함으로써 그 대상을 소유하거나, 소유하지 못할 때 오는 두려움을 대체해 보려는 것이다. 즉 불안이라는 근원적인 요소는 보이지 않기에 인간이 더 불안을 느끼는 것이다. 그래서 사람들은 이 불안을 대신하여 '두려움'이라는 것을 만들어 놓았는데, 이것은 눈이 보이고, 만질 수 있는 것으로 대체한 것이다. 사람들은 두려움은 대상이 되는 어떤 것을 소유하게 되면 두려움은 없어지는 것이고, 소유하지 못하면 두려움이 발생하는 것이라고 생각한다. 그래서 이러한 두려움 때문에 소유함으로써 두려움을 떨쳐 버릴 수 있다는 예상은 인간사회에 더 많이 가지고 누려야 한다는 식의 삐뚤어진 영웅주의를 만들어 내었고, 이러한 구조는 사회 곳곳에서 나타난다.

교육을 예로 들면, 사람들은 근원적 불안에 대한 생각보다는 이것이 대체된 두려움은 정복해 버리면 된다는 생각을 한다. 이런 생각은 교육을 통해서 습득하는 기술과 방법 그리고 이것을 익히는 학습 방법과 성과에 대한 과도한 강조를 하는 것이다. 즉, 학습능력을 통해서 기술과 방법을 잘 익힌 학생은 학교, 사회와 가족이 치켜세움으로써 이것이 마치 진리에 가장 가까운 사람이라고 생각하는 오류 속에 놓이게 한다. 그리고 이 범주에 들어가지 못하는 사람은 스스로를 패배자, 무능력자 또는 부적응자라고 생각할 수도 있다. 즉, 한번 영웅은 영원한 영웅이 될 것이라는 과한 해석에 사로잡히는 모순을 저지르게 된다.

더 나아가, 영웅주의는 전체주의(totalism)라는 함정에 빠지기 쉽다. 자신이 추구한 방식이나 이념과 생각을 절대화하고, 다른 사람들이 가진 의견, 또는 자신과 같은 수준에 있지 않는 사람들에게 대하여 이분법적 사고를 가지고 대하기 쉽다. 이 전체주의는 과한 열정주의에 속하게 되는데, 확실한 답이 있는 것을 추구하고, 모호한 것에 대하여 또는 다른 쪽으로 생각할 수 있는 것에 대하여 거부한다. 왜냐하면 이 열정은 양극성이나 균형론에 대하여 수용할 수 있는 마음의 여유가 없기 때문이다. 그래서 영웅주의는 삶과 인생 자체가 모호성을 가지고 있는 운명의 굴레가 있는데, 어떤 일을 하든 이 양면적 관점을 부정할 수 없는 것이 인간의 숙명이라는 것을 간과하거나 무시해 버린다. 이러한 점에서 얄롬(Yalom)은 영웅주의를 죽음의 불안을 회피하기 위한 수단으로 본다.

이것은 자기헌신과 자기실현이 균형을 이루어야 좀 더 인간다운 삶이 이뤄진다는 것을 수용할 수 없게 한다. 나를 잃어버리지 않는 헌신에 대해서 이해하기가 어렵다. 더불어 살아가는 사회에서 나와 같지 않는 사람과 문화에 대하여 인정하지 않는다. 왜냐하면 답과 길은 확실해야 한다고 생각하기에 모호한 것을 수용할 마음자세가 안 되어 있다. 한쪽 만을 선택한 열정의 에너지는 한쪽으로 기울어져 과도한 힘이 몰리게 되고, 여기에서 발생하는 힘의 집합으로 인한 결과물들이 당분간 쏟아짐으로 인해 더 몰입하게 된다.

균형을 상실해 버리고 한쪽만으로 답을 찾으려는 것, 그리고 여기서 발생한 과도한 열정주의는 그것을 추구하는 개인과 집단이 가지고 있는 내적 결핍이며 콤플렉스이다. 그리고 이러한 전체주의로 빠지는 열정주의는 자기 자신에 대한 과도한 신뢰이며, 자기를 우상숭배하는 심리적 퇴행이다(Capps, 1983).

잘못된 영웅주의는 자신이나 자기가 속해 있는 집단이나 국가만이 특별함을 가지게 한다. 이런 개인과 집단은 반드시 다른 이웃이나 집단과 마찰을 일으킬 수밖에 없다. 소위 이런 전체주의를 통해 발생하는 것은 열정주의나 흑백논리로 자기들만의 생각과 행동에 정당성을 부여한다. 자신을 보존하거나 더 좋게 보이려고 하거나, 자기를 가장 안전한 위치에 놓거나, 자기를 타인과 비교해서 월등하게 나은 존재로 보여서 자신을 방어하려는 기제를 '특별성'(specialness)이라고 한다. 나의 존재가 특별하다는 것을 가지는 것이 종교에서는 보편적일 수 있지만, 여기서 말하는 특별성은 나를 제외한 모든 사람은 특별하지 않고 나만이 특별하다는 신념을 가지고 있는 것을 말한다. 그래서 이 특별성은 비이성적인 신념을 가지고 있다. 이러한 특별성은 타자를 열등감에 사로잡힌 하찮은 존재로 본다. 그리고 이 특별성의 방어기제는 인간 개인이 가지는 많은 불안에 대해 현실적으로 담당할 수 있는 정신적 힘이 없기 때문에 특별성을 통해서 도피하는 것이다.

이 특별성을 기초로 해서 생활에서 표출되는 현상은 세 가지인데, 충동적 영웅주의, 일중독 그리고 나르시시즘(narcissism)이다(Yalom, 2017). 첫째, 충동적 영웅주의는 모든 사람에게 오는 인간의 운명에 대하여, 그 운명의 위험성을 피하기 위해서 자신의 특별하고 특수한 것을 가지고 운명을 비켜 선다고 생각을 하는 것이다. 둘째, 일중독은 일에 미치는 것이다. 쉬는 시간과 여가시간은 일중독에 빠진 사람에게는 무덤과 같은 것이기 때문에, 일을 통해서 영원히 어떤 높은 단계에 올라가려는, 시간의 한계성을 부정하고 초월하려는 심리구조이다.

일중독이라는 삶의 형태는 충동적이고 역기능적이다. 일중독자는 일이나 자신에게 몰두하는데, 이는 원해서 하는 것이 아니라 해야 해서 하는 것이다.

일중독자는 자신과 인간의 한계를 고려하지 않고 무자비하게 자신을 밀어붙인다. 여가시간이 고민의 시간이 되고, 흔히 광적이고 어떤 활동에 심취하는데 이것이 성취의 환영이다. 그러므로 살아가는 것은 무엇이 되어야 하고 행하는 것과 같이 된다. 되어 가는 것이 없는 시간의 소비는 살아가는 인생이 아니라 잘못된 인생이다(Yalom, 2017, p. 158).

셋째, 특수성으로의 나르시시즘은 자신에 대해 아주 특별하고 우월하다는 신념을 가지면서 근본적 불안에 대처하는데 이러한 것은 대인관계에 어려움을 겪게 한다. 여기에 놓여 있는 사람은 상대방이 어떤 특별함이 없다는 것을 인식하면 더욱더 나르시시즘에 빠져 버리게 된다(Yalom, 2017, p. 161).

자신이 특별하다는 신념의 방어기제가 깨어져 버리면, 인간은 자신을 보호하고, 자기가 다시 중심에 있다는 것을 보여 주기 위해서 궁극적 구조자(ultimate saver)를 구하게 된다. 그런데 이 궁극적 구조자는 인간중심적 망상(anthropocentric delusion)이다. 이것은 위기에 빠진 나에게 어떤 누군가가 내 편이 되어 줄 것이라는 신념을 가지고 있는 것이다. 사실, 이러한 신념은 종교를 통해서 신앙을 가지고 있는 사람들이 가지고 있는 경향이다. 인간중심적 망상인 궁극적 구조자에 대한 기대는 인간은 자신이 모르는 수많은 내적 · 외적 불안, 살아가야 하는 불안, 죽어야 하는 불안, 인간의 운명에서 불어오는 다양한 불안에 노출되어 있기 때문이다. 그리고 이러한 다양한 요소가 인간으로 하여금 종교를 가지게 한 것은 분명한 사실이다.

확실히 인간은 역사 시대 이래 개인적 신에 대한 신념에 매달려 있다. 그 신은 영원히 사랑하고, 두렵고, 변하기 쉽고, 달래야 하고, 화를 내는 존재였다. 그러나 언제나 거기에 있는 존재였다. 인간의 초기 문화에도 무관심한 세상에서 혼자였다고 믿는 문화는 없었다. 어떤 이들은 자신의 구원자가 초자연적인 존재가 아니라 자신을 둘러싸고 있는 지구 환경이라고 생각하거나, 지도자 혹은 어떤 인간보다 높은 차원의 근원이라는 것을 발견하였다. 수천 년 동안 인간은 이러한 방법으로 죽음의 두려움을 정복했고, 자유와 삶을 포기하는 선택을 하였다, 그것은 더 높은 인물이나 인격화된 근원을 포용하기 위해서였다(Yalom, 2017, p. 166).

얄롬이 지적한 인간이 가진 심리적 자기방어기제인 영웅주의, 일중독과 나르시시즘은 '나'라는 한 인간이 가지고 있는, 내가 매우 특별하다고 하는 자기중심적인 성향이 가진 특성이다. 물론 이 배후에는 죽음의 불안이라는 근원적인 경험들(어린 시절이나 성장 후의 경험)이 이러한 경향의 사람들을 몰입하게 한다. 이러한 요소들에 몰입함으로써 자신에게 잠재하고 있는 불안으로부터 망각에 빠지게 되는 것이다.

만일 종교를 가진 이들이 자신이 가진 근원적 불안으로 일중독, 영웅주의 그리고 나르시시즘에 빠진다면 일상은 사라진다. 그들은 일상을 벗어나 매우 초월적인 어떤 것에서 종교를 찾으려 할 것이기 때문이다. 현실이 초자연적인 세계이고, 초자연적인 세계가 현실이라는 소위 현실에 근거한 것은 그들에게는 답이 되지 않기에 극단적인 것들을 택하게 될 것이다. I 장에서 언급한 '예수재림운동' 사건이나 재산 등 모든 것을 처분하고 특정 지역으로 들어가는 등의 행위를 한다. 살아가는 것이 종교이고 종교의 행위라는 생각을 하지 못하기에, 늘 목적과 성취가 있어야 한다는 신념을 가지고 있기에 삶의 주변과 거리에서 서려있는 종교성을 보지 못하는 것이다.

우리가 생각해야 할 것은, 이러한 모든 불안과 어두운 운명의 그림자로부터 자유로워지고 싶은 것은 인간의 필요에서 오는 인간중심적 망상일 수도 있다는 점이다. 예를 들어, 성서에는 참새 한 마리도 하나님의 뜻이 아니면 떨어져 죽지 않는다는 내용이 있다. 이것은 하나님의 뜻이 있기 때문에 참새가 그렇게 죽은 것이다라는 것보다는 생명의 존엄성에 대한 인간이 가지는 태도일 수도 있다. 여기에서의 강조점은 살아 있는 생명체에 대한 중요성을 말하는 것, 즉 생명이 하나님과 연관되어 있다는 것을 말하는 것인데, 죽고 사는 것에 대한 강조가 되면 매우 난해한 문제가 된다. 생명이 존엄하다는 것은 인간이 생사를 신의 세계와 연관시켜 존엄성을 가지고 싶어하는 것이다.

실례로, 2008년 중국 쓰촨성의 지진으로 인해 수십만 명의 사람이 함몰되어 죽었다. 그리고 대표적인 기독교 국가인 미국에서 해마다 4만 명 정도가 총기 사고로 죽어 가는데, 이 총기 사고가 발생할 때마다 여기에 하나님의 뜻이 있었기 때문이라고 이야기를 할 것인가? 이러한 참사에 대해 참새 한 마리도 신의 뜻이 아니면 죽지 않는다고 말할 수 있을까? 당연히 불가하다고 생각한다. 다만, 우리가 만약 그렇게 해석하려고 한다면, 앞서 말한 바와 같이, 인간 생명의 고귀함을 인간 자신이 간직하고 싶어서 죽음 자체를 신과 연관을

지어서 생각하려는 인간의 성향을 말해 주는 것이다.

중요한 것은 이러한 인간중심적 망상이나 자기중심적인 쾌락주의적 종교에서 탈피하고 그마나 정도의 신앙을 가지기 위해서는 인간의 실수와 법과 제도의 엉성함으로 인해 피해를 입지 않도록 노력하고, 사회적·정치적 구조하에서 지역과 총기 취급에 대하여 체계적으로 관리할 수 있는 제도를 가지는 것이 훨씬 종교적 행위이고 건강한 종교를 형성할 수 있다는 점이다.

신경증적 불안은 때로는 정상적 또는 실존적 불안을 가진 사람이 범접할 수 없는 영역에 대한 관심과 막대한 에너지를 투입함으로써 인류의 예술 영역에서부터 과학 영역까지 공헌하였다. 그러나 이러한 영웅은 자발적으로 우러나오는 마음에서 시작하는 것이 아니라, 무언가에 의해 쫓기기 때문에 이것을 하지 않으면 자신이 생존할 수 없다는 긴박감에 매달려 있다. 무엇인가를 해야 한다는 운명은 눈에 보이는 그럴듯한 결과를 낳게 되고 사람들은 이 결과물에 관심을 갖고 현혹되지만, 그 결과를 낳기까지의 심리적 과정은 기괴함 그 자체이다. 그래서 이러한 현상은 일중독자나 과도한 자기중심의 나르시시즘에 빠진 이들의 형태와 같다(Becker, 1973, p. 11; Yalom, 2017). 일중독에 대한 얄롬의 설명을 보자.

일중독이라는 삶의 형태는 충동적이고 역기능적이다. 일중독자는 일이나 자신에게 몰두를 하는데, 이는 원해서 하는 것이 아니라 해야 하기 때문에 하는 것이다. 일중독자는 자신과 인간의 한계를 고려하지 않고 무자비하게 자신을 밀어붙인다. 여가시간이 고민의 시간이 되고, 흔히 광적으로 어떤 활동에 심취하는데 이것이 성취의 환영이다. 그러므로 살아가는 것은 '되어 가는' (becoming) 것이나 '해야 하는'(doing) 것과 같이 된다. (일중독자들에게) '되어 가는' 것이 없는 시간 소비는 '살아가는' 인생이 아니라 시작하려고 기다리는 인생이다(Yalom, 2017, p. 158).

영웅주의의 추구는 자신이 보이지 않는 배후에서 자신을 노리는 죽음의 불안이다. 인간은 자신을 돌아볼 때, 타피조물과 비교해서 자신이 놀라운 독특성을 가지고 있으면서, 동시에 자신이 영원히 흙으로 돌아갈 것이라는 예견된 진실을 묵시적으로 알고 있다. 역설적으로 말해, 인간은 자신 안에 상징성을 나타낼 수 있는 상징적 자기, 혹은 르네상스 시대의 사람들이 생각했듯이, 자신 안에 작은 신(small god)이 있어 자기를 확대하여 나타낼 수 있다는 생각을 하기도 한다. 다른 한편에서는 물질로 이루어진 자신의 몸이 동물적이며, 언젠가는 벌레가 몸을 다 먹어 버릴 것이라는 운명을 알고 있다(Becker, 1973, p. 26). 이러한 관점에서 보면, 오이디푸스 콤플렉스는 단순히 어머니에 대한 자연스러운 사랑이 문제가 아니고, 핵심은 나라는 자기가 중심이 되고자 하는 것, 즉 작은 신이 되고자 하는 것이며, 아이가 거세공포를 가지고 아버지화하려는 것은 죽음을 정복하고자 하는 경향을 나타낸다(Becker, 1973, p. 36). 즉, 인간이 가진 이중적 구조를 탈피하고, 이중적 구조가 주는 운명의 비참함을 극복하여 동물적 자기로부터는 이러한 구조를 변함없이 방해됨 없이 쾌락을 유지하려는 욕구와 상징적 자기로부터는 자신의 세계가 신의 세계로부터 연관되어 있다는 무한함을 꿈꾸는 것이다.

죽음의 불안과 버림에 많이 노출된 이들이 관계성 안에서 자신을 함몰시키거나, 영웅주의를 추구함으로써 자신에게 따르는 불안을 떨쳐 버리려고 하지만 불안한 가족과 사회일수록 더 많은 현상이 발생한다. 중요한 것은 이러한 현상에는 나라는 것이 없고, 나라는 것이 거짓된 자기로 얼굴을 감추고 생존하고 있다는 것이다. 이러한 관점에서 최근 방영된 드라마 〈눈이 부시게〉에서 주인공이 말하는 삶에 대한 정의를 들어 보자.

내 삶은 때로는 불행했고, 때로는 행복했습니다. 삶이 한낱 꿈에 불과하다지만, 그럼에도 살아서 좋았습니다. 지금 힘든 당신, 이 세상에 태어난 이상 당신이 모든 걸 매일 누릴 자격이 있습니다. 대단하지 않는 하루가 지나고, 또 별것 아닌 하루가 온다 해도 인행은 살 가치가 있습니다. 후회만 가득한 과거와 불안하기만 한 미래 때문에 지금을 망치지 마세요. 오늘을 사랑하세요. 눈이 부시게. 당신은 그럴 자격이 있습니다.

위의 내용이 잔잔한 감동을 주는 것은 인간이 살아가는 인생이라는 것이 행운과 불행의 혼재 속에 살아가고, 인생은 현실이면서 한낱 꿈에 불과한 것이지만 어떤 대상이나 어떤 것에 몰입함으로써 인생이 가진 구조를 신경불안과 같은 한쪽에 함몰되는 영웅주의나 내가 모든 것의 중심이 되어 버리려는 착오로 인해 소소한 일상, 또는 삶과 죽음이 주는 균형의 향수를 잃지 말라는 점이다.

인생의 시간이 꿈과 같아 허무와 무위라는 것은 맞지만, 이 허무성 속에서 자기의 인생을 망가뜨리면 안 되며, 늘 되풀이되는 또 하루이지만 여기에 어떤 가치가 있기에 어제처럼 오늘도 그리고 내일도 살아야 할 가치가 있다는 것이다. 그러나 인간은 불안에 빠져 관계성에 함몰되어 자신의 오늘을 회피하거나, 영웅주의에 파묻혀 내가 중심이 되어야 한다고 생각한다. 그리고 그것이 우러나오는 자발성이 아니라 무언가에 쫓겨 감으로써 추구하는, 자신의 인생이 벌레에 의해 좀먹게 되고 결국은 죽음을 맞이한다는 신경불안에 쫓겨다니는 작은 신이 되려는 호모 데우스(Homo Deus)이다.

죽음의 불안에서 탈출하려는 시도는 신경증적 갈등의 핵심이 된다. 이 시도가 극단적이고 엄격할 때 행동은 '신경증'이 된다. …… 신경증적 삶은 죽음의 불안으로 인해 발생한다. 그러나 이 신경증적 사람이 자발적이고 창의적으로 살려는 능력을 제한하는 한, 죽음에 대한 방어는 그 자체가 부분적 죽음이다. 이것은 랭크(O. Rank)가 신경증 환자는 죽음의 빛에서 탈출하기 위해 생의 대여(loan)를 거부한다고 말한 것이다. 신경증 환자는 날마다 부분적 자기 파괴를 통해 죽음의 두려움에서 자기를 자유롭게 한다(Yalom, 2017).

# Ⅳ. 개성화와 종교성

# Ⅳ. 개성화와 종교성

톨스토이(L. Tolstoy)는 자신의 나이 50대에 『고백록(confession)』 이라는 저서를 남겼다. 그리고 자신의 친척 중에서 유능한 젊은이 가 질병으로 죽어 가는 과정과 프랑스 여행 중에 교수형의 광경을 지켜보면서 『이반 일리치의 죽음(The Death of Ivan Ilyich)』이라는 단편소설을 남겼다. 그는 수많은 명성과 부를 가진 사람이지만 『고 백록』을 쓰기 5년 전부터 자신에게 발생한 알 수 없는 심리적 문제 로 인해 자신의 전반적인 삶을 돌이켜 보는 시간을 가지면서 다음과 같이 자신의 마음을 설명한다.

내가 기초로 하여 서 있는 모든 것이 무너지는 것을 느낀다. 이제 내가 기초 로 하여 서 있어야 할 것이 사라졌다. 나는 그동안 아무것도 아닌 무가치한 것을 위해 살았으며, 왜 살아야 하는지에 대해서도 아무런 이유를 가지고 있 지 않았다. 진실된 것은 인생이 의미가 없다는 것이다. 계속적으로 되풀이되 는 삶 속에서 그동안 나의 자취들이 나를 벼랑 끝으로 더 가까이 이끌기에,

나에게 있어 인생은 아무것도 아니며 폐허인 것이다. …… 지금 내가 하는 일들로부터 나는 무엇을 얻을 수 있는가? 나는 인생에서 과연 무엇을 가질 수 있는가? 나는 왜 살고, 무엇을 해야 하며, 어떤 것을 얻어야 하는가? 피할 수 없는 죽음, 나를 기다리는 죽음으로부터 파괴될 수밖에 없는 내 인생에는 어떤 특별한 의미가 있는가?(Tolstoy, 1967).

우리 모두는 인생을 살면서 의식적으로나 무의식적으로 무엇인가를 성취하고 성공하면서 인생을 살아가는 패턴에 익숙하게 성장을 하였다. 그리고 이런 성취를 했을 때 가족과 사회로부터 관심과 인정을 받는 현대 사회구조에서 성장하였다. 성취라는 것은 인간의 정서적 성장에 있어 매우 중요한 역할을 한다. 자기 자신에 대한 자부심과 더불어 사회에 적응하거나 모험을 할 수 있는 심리적 근거를 제공하기 때문이다. 그러나 성공과 성취만이 인간이 가진 문제를 해결해 주지는 않는 것 같다.

톨스토이는 평범한 개인이 가질 수 있는 그 이상의 소유를 가지고 있음에도 불구하고, 때론 이런 것들을 목적으로 하여 자신의 삶을 소설에 쏟아붓고, 그 대가를 돌려받았음에도 불구하고, 이 세상에서 자기가 존재해야 하는 이유와 의미를 알 수 없게 되어, 결국 지금의 인생은 아무것도 아니고 폐허라고 고백을 하는 것인가? 결국 그는 죽음 앞에 서 있는 인생으로부터 인생이라는 시간 안에 어떤 소유를 위해 몸부림쳤던 과거, 현재 그리고 미래가 특별한 의미가 없다고 고백한다.

인생의 무의미와 그리고 종교성에 대한 비교적 설득력 있는 제시는 스위스 태생의 분석심리학자 칼 융(Carl Jung, 1875~1961)이 보여준다. 그는 인생이나 인간 심리의 물음에 대한 답을 말할 때 항상 균형론을 강조한다. 즉, 이러한 물음에 대하여 어느 한쪽만으로 보려는 것들은 균형을 상실하게 한다.

그는 학창 시절부터 가장 좋아하지 않았던 과목을 '수학'으로 꼽고 있는데, 진리를 공식에 대입해서 증명하려는 것의 불확실성을 알았기 때문이다. 공식이나 법칙이 필요 없다는 말은 아니지만, 진리는 인간이 규정한 법칙을 넘어 존재한다는 의미이다. 이러한 점에서 톨스토이와 같이 인생의 중반에 던지는 인간 실존에 대한 문제는 인생의 오전 원칙과 오후 원칙에 맞지 않았기 때문에 발생하는 것으로 본다. 즉, 인간은 인생의 전반에는 성취와 성공이라는 것이 중요한 역할을 하지만, 인생의 후반인 오후로 갈수록 오전에 익숙했던 성공 원칙만으로는 만족하지 못하고, 성취의 목표만으로 인생을 끝까지 살 수 없다고 보았다. 한마디로 그렇게 살면 행복과 의미가 없다는 것이다. 소위 현대인의 소확행도 멀어진다는 것이다. 그래서 오전 원칙에 익숙해진 현대인 인생의 후반인 오후 원칙은 이타성이 있어야 인간 존재의 의미성을 가질 수 있다.


## 1. 인생의 시계

사람에게는 그 나이대에 느낄 수 있고, 볼 수 있고, 생각할 수 있는 세계가 펼쳐진다. 물론 모든 사람이 반드시 그런 것은 아니라고 생각한다. 그러나 보통 사람들의 대부분은 이러한 것들을 자신의 나이대에 경험할 수 있다. 인간은 무시간대에서 시간의 세계로 온 존재이다. 무시간대에서 왔기 때문에 어린 시절 우리가 생각하는 대부분의 시간은 디지털적인 숫자의 세계로 시간을 이해하는 것이 아니라, 몇 밤을 자야지 생각하는 날들이 오는지 기다리는 아날로그의 시간 개념을 가진다. 왜냐하면 어린아이일수록 출생 전의 무시간대에 가깝기 때문에 아날로그적인 생각을 한다. 어린아이는 그 시간을 딱딱한 숫자가 규정하는 것이 아니며, 자신이 이 규정 속에 달려야 하는 인간이 아니라, 해와 달이 떠있어 운행하는, 날마다 지속되는 신비의 세계라고 여기기 때문이다.

확실히 인간은 자신의 나이대에서 세상과 자신의 내면세계를 조금은 성찰할 수 있는 힘을 갖게 된다. 그래서 사춘기에 느낀 나와 세상, 30대에 느낀 세상, 그리고 중년과 노년에 느낀 세상이 많이 다를 수 있다. 이러한 점에서 어느 한 시기에 세상을 보고 느낀 것만이 답이라고 확정하는 것은 모순될 수 있다. 그 느낌이 환경에 대한 것이든, 자신에 대한 것이든, 종교와 신에 대한 것이든 모든 것이 소소한 한 부분이지 절대적인 어떤 답이 아니기 때문이다.

인간이 가진 고유한 두 심리적 욕구를 말하라고 하면, 필자는 두 가지로 정의한다. 하나는 돌봄(caring)에 대한 욕구이고, 둘째는 성취의 욕구이다. 그리고 이 두 가지가 어느 정도 충분히 경험(good-enough)이 되면, 돌봄과 성취가 구심적인 것에서 벗어나 원심적인 역할인 이타적인 것으로 나타나 정서적으로 건강한 인생을 살 수 있다. 심리적인 문제를 가진 사람들의 대부분은 이 두 가지 욕구가 크게 좌절되거나 상처를 입었을 경우이거나, 성인이 된 후 겪은 매우 충격적인 사건이다.

1990년대 중반에 등장한 포켓몬스터(Pocket Monster) 게임은 미국 대륙만이 아니라, 전 세계 아이들과 성인들을 게임 열풍에 휩싸이게 했다. 한동안 이 게임이 전 세계에서 올린 수익은 1990년대 후반에는 7조 3,000억 원이었다. 당시 우리나라의 예산이 150조 원이었을 무렵이다. 지금은 그 열풍이 그 시절만큼 강하지는 않지만 여전히 방송되고 영화화되어서 회자되고 있다. 이 게임 열풍의 근원을 찾기 위해 2000년 1월에 『뉴욕타임스(The New York Times)』는 심리학자를 통해서 이 게임이 가지고 있는 특성을 분석하였다. 영향력 있는 일간지가 이 게임에 대해 관심을 가진 것은 몇 년 동안 이 게임이 대도시의 아동들에게 미친 영향이 말로 표현하기 어려울 정도로 컸기 때문이다.

이 신문의 분석은 두 가지였다. 첫째, 돌봄이라는 요소가 이 게임에 녹아 있고, 둘째, 이 게임을 하면서 아동이 자신의 성취나 성장을 경험했다는 점이다. 그 게임은 포켓몬스터라는 생명체를 자신이 돌보고, 그리고 그 생명체가 성장하면서 힘을 가지게 되어 적과 겨루는 과정으로 구성되어 있었다. 결국 두 가지의 근원적인 요소가 사람들의 본질적 마음을 움직여서 선풍적인 인기를 끌게 된 것이다. 이처럼 인간에게 관계성의 돌봄과 인생을 살아가면서 자신이 무엇인가를 할 수 있고 성취할 수 있다는 것은 인간 정신에 가장 기본적인 구조를 형성하고 있다. 그리고 이것은 어린 시절만이 아니라, 인생이라는 시간을 보내는 동안에 인간을 지탱해 주는 가장 중요한 요소들이다.

칼 융의 관점에서 보면, 관계성은 여성성을 의미하고, 성취성은 남성성을 의미한다. 그는 인생을 살아가는 과정이 개성화(individuation)라 했으며, 개성화의 최종 목표는 이타성의 인간이 되는 것으로 보았으며, 이 과정은 한 순간의 과정이 아니라 평생 지속되어야 하는 과정으로 보았다(Jung, 1933, p. 56). 그리고 이 개성화 과정 중에서 최고의 난해하고 어려운 과정은 이 여성성(anima)인 관계성과 남성성(animus)인 성취의 조화라고 보았다. 이러한 관점에서 인간 정신 구조의 두 축인 돌봄의 관계성과 성취는 인간이 온전한 전인성을 가지는 데 핵심적인 요소이다.

이 돌봄이라는 관계성과 성취는 어떠한 관계를 가지고 있을까? 인간은 외부의 도움없이 생존하기 어려운 아동 시절에 부모나 주양육자의 돌봄은 절대자가 미치는 영향보다 더 절대적이다. 아직 정신적인 세계와 추상적인 세계, 더 나아가 초월적인 세계를 상상할 수 없는 어린아이에게는 오히려 현실에서 돌봄을 제공하는 주양육자를 통해서 현실과 초월이 공존하는 세계를 경험하게 된다. 중요한 것은 힘이 없는 어린 시절, 즉 주양육자에게 반드시 의존해야 하는 시기에 인간은 의존을 통한 돌봄의 질적인 제공을 통해서 자신의 내면에서 나와 외부 세계에 대한 호기심, 도전성 그리고 성취성에 대한 관심을 가지게 된다는 것이다.

성공과 성취에 길들여진 현대인에게 어떤 목표를 지향해서 그것을 달성해야 하는 구조는 삶의 큰 부분을 차지하고 있다. 사회구조와 산업구조가 이것을 추구하도록 만든다. 그러나 이러한 구조에 살던 사람들이 인생의 오후에 들어선 어느 시점에 이유가 모호한 당혹스러운 심리적인 변화를 경험하게 된다.

> 지금까지 살면서 나는 무엇을 하였는가? 나는 진정 나의 아내, 아이들, 친구,
> 일 그리고 지역사회와 나 자신에게 무엇을 주었으며 그들로부터 무엇을 받
> 았는가? 나와 다른 사람들을 위해서 내가 진정 바라는 것은 무엇인가? 나에
> 게 있는 최고의 재능은 무엇이고, 그것을 어떻게 사용하거나 혹은 허비하였
> 는가? 내 인생의 꿈을 위해 나는 그동안 무엇을 했으며, 그 꿈을 위해 지금
> 무엇을 가장 원하는가? 나의 현재적 욕구, 가치 그리고 재능을 조화롭게 할
> 수 있는 방향으로 살 수 있을까?(Levinson, 1978).

이 내용은 미국의 중년 남성 40명(노동자, 학자, 수필가, 엔지니어 직
업 군)을 대상으로 인터뷰한 것이다. 후에 여성 50명에 대한 인터뷰
에도 이 고민과 비슷한 내용이 나왔다. 조금 더 심리적으로 깊게 들
어가면, 인생 주기의 중반을 맞이하면서 사람은 자신의 노화와 정신
력 감퇴에 대한 우울함 경험을 시작하기 때문에 더 많은 자신에 대
한 질문을 하고, 이 질문으로부터의 답을 현실이나 초월적 영역에서
찾으려 하기도 한다.

예를 들어 보자. 영화 〈헨리의 이야기(Regarding Henry)〉는 법률
회사의 대표 변호사인 헨리의 변호사 생활과 그의 가정 이야기를 다
루고 있다. 필자의 지인 중 한 명이 신학대학원을 졸업 후 법학 대학
원에 진학하여 변호사의 꿈을 키우고 있었는데, 그가 첫 번째 강의
를 들은 이후에 한 말이 아직도 생생하다. 첫 강의에서 교수는 신입
생들에게 고객으로부터 변호 의뢰가 들어오면 그것이 진실인지 거

짓인지를 판단할 것이 아니라, 이 변호를 맡으면 이길 승산이 있는지 없는지를 먼저 판단하라는 주문을 하였다고 한다. 이와 같이 주인공 헨리는 철저하게 승부욕을 가진 사람이었다. 평생을 진실과 거짓을 구별하여 싸움을 하려는 사람이 아니라, 이길 승산이 있는 게임이면 거짓이라도 관계없이 변호하여 의뢰인에게 유리한 판결을 이끌어 낸 회사의 대표 변호사로서 이름을 날린 사람이었다.

헨리가 가지고 있는 변호사라는 직업에서, 또는 우리가 가지고 있는 직업을 통해서 명성을 날리게 되면 그 것은 마치 우리를 대변하는 어떤 가면(persona)이 된다. 그 직업이 나의 정체성을 대변하는 것이라고 생각한다. 그래서 현대인은 사회에서 적당히 우위에 있다고 여길 수 있는 그 가면을 쓰기 위해서 부단하게 애를 쓰는지 모른다. 헨리는 자신이 이렇게 유명한 가면을 쓰고 있으면서 자신의 내부 세계와 가족 구조가 병리적으로 물들고 있다는 사실을 인지하지 못했다. 가면을 치켜 세우는 회사와 동료 사회에서는 영웅이었지만, 이 영웅 구조에 익숙하게 살았던 그는 가족에게 끊임없이 권위를 내세우고, 가족 구성원들도 가면을 쓴 영웅이 되도록 요구함으로써 가족 간의 돌봄의 관계성이 깨져 버리게 되었다.

헨리 자신은 변호사라는 가면으로 사회적 지위의 페르소나(가면)을 누리는 대신, 균형을 상실한 페르소나에 집중된 개인의 정체성(identity)과 거짓된 자기에 익숙하게 살았고, 가족은 헨리의 병리적 자기로 인해 혼돈의 시간 속에서 상처를 입으면서 살아간다. 비로소 헨리가 자신의 페르소나로부터 벗어날 수 있었던 것은 강도에 의해 머리에 총상을 입은 후에 모든 기억이 사라지면서 병상에서 회복의 과정을 통해서 자신이 변호사 시절에 페르소나로 가려져 있던 어두운 콤플렉스의 그림자를 하나씩 발견해 나가면서부터이다.

톨스토이 단편소설『이반 일리치의 죽음』을 다시 언급해 보자. 앞서 언급하였듯이, 이 소설은 톨스토이의 유능한 친척이 불치병을 앓고 죽어 가는 과정과 톨스토이가 프랑스 여행 중에 목격한 교수형 장면을 보고 중년에 쓴 소설이다. 이반 일리치는 이 소설의 주인공이며 한 회사의 유망한 기대주였다. 그러던 그가 불치병을 얻고 병원과 집안을 오가며 사투를 버리게 된다. 처음에 그가 병을 얻었을 때는 가족을 비롯한 회사의 사람들이 방문하여 그를 위로해 주었지만 병이 깊어지고 투병기간이 장기화되면서 가족도 회사의 동료들에게도 관심 밖의 사람이 되었다. 다만, 그가 건강했을 때 관심이 없었던 기어다니는 막내아들과 불학무식한 몸종으로 생각하여 무시했던 제라심이라는 하인이 그의 병이 깊어 가도 그를 마지막까지 관심을 가지고 돌보았다. 이반 일리치는 자신이 건강할 때 가졌던 인생관, 성공관 그리고 사람에 대한 평가가 인생의 후반, 병이 악화되는 시점에서 그것이 잘못되었다는 것을 깨닫게 된다. 모든 것은 거짓된 가면이었다. 융의 말처럼, 인생 전반에 가졌던 진리와 이상이 인생 후반에 보잘것없는 것이 되어 버리고 말았다. 그리고 이반 일리치가 병이 깊어 가는 과정에서 진정한 사람들을 볼 수 있었던 것이다. 자신이 건강하고 견고한 사회적 가면을 쓰고 있었을 때 보잘것 없었던 하인 게라심과 막내아들이 진정한 인간이었다.

개인이 사회적인 역할을 담당하여 경제와 생산을 책임져야 하는 현대 사회 구조에서 페르소나는 반드시 나쁜 것은 아니다. 융도 어느 정도의 사회적 역할을 담당하는 페르소나는 필요한 것으로 보았다. 그리고 이것은 인간의 운명이다. 자리와 형식을 대변하는 페르소나 없이 살아가는 것은 우리가 인간이고 사회 속에 사는 한 성립하지 않는다. 그러나 과도하게 가정과 사회에서 강조되는 페르소나는 이것이 진정한 필요성에 의해서 성취되는 것이 아니라, 개인과 집단이 가지고 있는 콤플렉스에서 오는 것이기에 이러한 페르소나는 개인과 집단에게 병리적인 자기와 현상을 만들어 낸다. 이러한 관점에서 보면 그렇게 회사에서 환영받던 헨리가 왜 가정에서는 자신의 아내와 딸로부터 환영을 받지 못한 것일까? 헨리의 진정한 모습은 회사의 대표되는 변호사로서의 페르소나인가, 아니면 가정에서 환영받지 못하는 헨리일까?

> 페르소나가 과도하게 엄격하거나 방어적일 때, 그림자는 평상적 지각으로 접근할 수 없게 되어 의식으로부터 흐트러지게 된다. 그때 페르소나는 그림자를 지각으로부터 인지할 수 없게 만들어 병리적인 거짓자기로 발달하게 된다. …… 이러한 페르소나는 직면하기 어려운 강력하고 부정적인 그림자를 따라 동행하며, 강력하게 방어된 페르소나는 병리적 거짓자기(pathological false self)이다(Jacobi, 1973, p. 42).

강력한 페르소나는 생존하기 위한 몸부림이라 할 수 있는 측면도 있지만, 그리고 이러한 것이 어떤 영웅도 만들 수 있는 가능성이 있지만, 융의 관점에서는 개인과 집단이 가지고 있는 커다란 상처, 드러내고 싶은 않은 강한 상처에서 발로된 콤플렉스에서 기인한다고 보고 있다. 즉, 과도한 콤플렉스에서 온 페르소나에 대한 추구는 비정상적인 성공이나 페르소나를 가질 가능성이 있다는 점이다. 인간의 성장과정에서 가정과 사회로부터 콤플렉스를 느끼지 않는 사람은 없다. 어느 가정이나 사회도 완전한 것은 없기 때문에 이러한 것으로부터 개인이 받을 수 있는 콤플렉스는 충분히 있다. 문제는 과도한 개인과 사회로부터 받은 콤플렉스가 문제가 된다는 점이다.

융의 이론에 따르면, 인간이 과도한 콤플렉스를 가지게 될 때 과도한 페르소나를 가지게 된다. 그리고 이 과도한 페르소나의 핵심은 자신이 가진 콤플렉스를 무의식적으로 은폐하려는 시도에서 과도하게 강조된다는 점이다. 늘 그의 이론이 그렇듯이, 어느 한쪽만을 강조하는 것은 균형을 상실하게 되고 이 균형의 상실은 결국 악의 현상으로 나타나는 것이다. 마치 페르소나가 없는 것처럼, 콤플렉스를 없는 것처럼 하는 것도 모두 균형의 상실이기 때문에 악의 현상으로 발생할 수 있다. 이러한 면에서 융은 인간에게 발생할 수 있는 악은 대극적인 균형의 상실이라고 보았다.

우리는 인생의 오후를 살면서 우리가 인생의 오전에 가졌던 진리와 이상이 여전히 인생의 오후에도 적용될 것이라는 거짓된 추측을 가지고 있다. …… 인생의 오전에 위대했던 것이 오후에는 보잘것없는 것이고, 인생의 오후에 진실이었던 것이 인생의 오후에는 거짓인 것이다. 따라서 우리는 인생의 오후를 인생의 오전 프로그램을 가지고 살 수 없다(Jung, (Collected Works [이하 CW]) 8, p. 399).

성공과 성취라는 것, 그래서 그토록 부러워하고 열망하는 가면이라는 사회적 지위와 꿈은 인생의 오후에는 인간에게 더 이상 만족을 주지 못한다. 왜냐하면 오전의 성공이라는 방식은 전혀 다른 인생의 오후라는 시간을 위한 전 단계였지, 그것이 최종 목표는 아니기 때문이다. 인생 오전에 이루어진 어느 정도의 성취는 인간으로 하여금 최종 목표인 이타성의 관계성을 증진시키기 위한 하나의 수단이며 전 단계에 불과한 것이다. 그래서 융의 지적은, 인생 오전의 삶의 방식이 인생 오후에서는 별 볼 일 없는 것이 되기도 하고, 때론 거짓된 삶의 목표에 서 있었다는 허탈감에 빠지기도 한다는 것이다. 이것이 바로 인생의 오후에 사람들이 감정적 동요와 자신과 인생 그리고 종교에 대한 물음을 던지는 이유이기도 하다. 그리고 이러한 질문의 가장 근본적인 근거는 인생의 오후에 삶이 꿈과 같은 순간이라는 것, 그리고 인생이 보이는 세계만이 아니라 보이지 않는 또 다른 세계인 '영원성'에 대한 기대와 관심에 있다. 왜냐하면 이것은 인간이 가지는 영원한 목마름이기 때문이다.

(신의 형상에 대하여) 융은 인간의 전통이 파괴된다고 하여도 신을 향한 향수병은 파괴되지 않고 발생할 것이라고 했다. 왜냐하면 인간의 정신세계에 신을 이해하는 가장 근본적인 구조가 조형되어 있기 때문이다. 신의 형상을 구함으로써 삶의 의미를 구하려는 의지를 가지는 인간의 경향은 정열(passion)이나 사랑보다 더 강한 것이다. 이것은 인간의 목마름이다(Lim, 2000, p. 23).

인간은 이기적인 본능을 가지고 있지만, 이 영역만을 고수하게 되면 단순히 동물적 욕구와 욕망의 실현만으로 끝나고 만다. 인간은 이기성을 가진 동물적 자기 영역 외에 이를 탈피하려고 하고, 조금의 이타성을 가지려고 하는 또 다른 상징적인 종교성의 영역을 가지고 있다. 그래서 인간은 이 두 영역 사이의 갈등과 교집합 속에 살아가는 것이 보편적인 삶이 될 필요가 있다. 인간의 성장은 나 외의 어떤 다른 대상과의 관계성을 가지면서 자신의 생각과 영역 외에 다른 것들이 있다는 것을 알아간다. 예를 들어, 결혼은 자신의 세계를 가족이라는 공동체의 관점을 통해서 깨어 가고 새로운 관점을 재생산하는 과정이기도 하다. 결혼은 자기실현과 자기헌신이라는 주제가 더 필요로 하는 공간이다. 그리고 이 두 가지 주제에서 갈등과 화합을 통해서 알지 못했던 또 다른 인간관계의 세계를 배우는 과정이고, 이러한 과정을 통해서 조금씩 성숙해 가는 의례이기도 하다.

가족은 이타성과 이기성 간의 갈등과 불균형을 나타낼 수 있는 조직이지만, 인간이 어느 정도 이타성을 가지고 희생이라는 대가를 지불해야 하는 조직이기에 이 과정을 통해서 다른 관점에 대한 이해의 폭이 넓어지기도 한다. 그리고 이러한 과정은 나라는 개인의 영역을 넘어 다른 초월적이고 신적인 영역에 대한 기대치를 가지게도 한다. 나를 넘어 타인이었던 가족의 영역을 보게 되고, 이 타인이었던 가족의 영역을 통해서 또 다른 현실 차원을 넘어선 초월성을 생각할 수 있다.

인생의 중반 정도를 살아온 대부분의 사람들은 삶이 한 여름 밤의 꿈과 같은 것이라고 느낄 것이다. 그러나 한낱 꿈과 같은 인생살이가 좀 더 의미있는 것은 인생의 꿈과 성취만이 아니라, 성공과 성취가 이타성과 관계를 가질 때이다. 자신의 잔을 채워져야 그 잔이 흘러넘쳐 타인에게 갈 수 있다는 것은 보편적 진실이다. 그래서 이러한 경험들이 다양한 많은 사람들에게 체험되기 위해서는 성공을 획일적·단편적·속단적으로 보는 것에서 떠나, 다양하고 종합적이며 장기적인 관점에서 바라보는 가족과 사회의 기다림이 필요하다. 이런 장기적인 긴 기다림 속에 꽃은 봄에만 피지 않고, 여름, 가을 그리고 겨울에도 핀다는 사실을 알게 되며, 인생살이의 정답이 하나가 아니라 매우 다른 시간과 경로를 통해 다양하다는 사실을 알게 될 것이다. 그리고 이 기다림이 현실의 시간을 넘어 있는 초월성의 영역까지 다가갈 것이다. 왜냐하면 이 기다림이, 이 다름이 우리 인간의 기대치를 내려놓고 다른 차원의 세계를 볼 수 있게 하기 때문이다.

## 2. 신경불안과 종교성

스위스는 예나 지금이나 관광객들이 다시 한 번 방문하고 싶은 나라로 손꼽는 1위 국가이다. 친자연적인 환경과 주거시설, 복지 및 탄탄한 국가 경제력을 가진 나라이다. 그런데 젊은 시절과 대부분의 시간을 스위스에서 지내고 취리히에서 활동한 칼 융은 자신을 찾아오는 중년기의 내담자 중 1/3이 신경불안증으로 상담을 원한다는 통계를 가지게 되었다.

인생의 의미 부재는 신경증의 결정적인 원인이다. 근본적으로 신경증은 아직 그 의미가 밝혀지지 않았지만 영혼의 고통으로 이해되어야 한다. …… 나의 내담자 중의 1/3은 임상적으로 정의할 수 없는 신경증으로 고통을 받는 것이 아니라 자신들의 목적 없는 삶과 무력감 때문에 고통받고 있다(Jung, CW 16, p. 83).

융은 신경불안의 가장 큰 이유를 삶이 의미 없다고 여긴다는 점을 파악하였다. 인생을 살면서 큰 목표와 목적을 가지고 살아왔는데, 그리고 이러한 것들이 자신에게 많은 의미를 제공할 수 있을 것이라는 기대를 가지고 있었는데, 이러한 것들이 자신에게 진정한 의미를 제공하지 못하기 때문이었다. 오늘이라는 시간을 살아가는 대부분의 사람은 인생의 의미를 목적을 이루는 성취의 관점에서 바라보는 것에 익숙하다. 그리고 현대의 산업구조 및 소비구조는 사람들로 하여금 성취에서 나오는 금전적 보상으로 필요한 좋은 물품을 구입함으로써 살아있다는 느낌을 갖게 한다. 이러한 요소들이 우리에게 어느 정도의 만족을 제공한다는 것은 사실이다. 소유함으로 존재함을 느끼는 전형적인 소비사회의 정신세계에 놓여 있다.

현대는 인류 역사의 어떤 시기보다도 의식주, 질병, 전쟁의 위협으로부터 멀어져 있다. 인류는 이 세 가지의 결핍과 확보의 과정을 통해서 인간 자신에 대한 나약함과 절대자에 대한 갈구를 가지게 되었다. 반면, 현대사회는 이러한 요소들이 대부분 해결되었기에 상대적으로 종교 및 종교성에 대한 갈구는 개인이 필요성을 느끼기 전까지는 공감하기 쉽지 않은 환경이 되었다. 풍요로움과 다채로움

속에 지속적으로 발전하는 현대의 문화 환경은 조명과 음악이 꺼지지 않고 더 화려하고 현란하게 울려 퍼지길 마음속으로 갈구할지도 모른다. 왜냐하면 이러한 풍경이 멈추면 그 옛날의 기근, 전염병 그리고 전쟁으로 생명의 위협을 받는 미약한 인간의 실체가 드러나기 때문일 것이다.

후기 융학파인 에딩거(Edinger)에 따르면, 자신을 찾아오는 대부분의 내담자들은 정신적인 문제로 인해 분열이 발생하여 상담을 찾아오는 것이 아니라 인생을 사는 의미가 없기 때문이다. 즉, 우리 대부분에게 일과 성취가 중요한 것은 사실이지만, '이 일과 성취가 우리 삶에 진정한 의미를 제공해 주는가?' 또는 '이 일과 나라는 인간의 정체성과는 어떤 긍정적인 연관성을 가지고 있는가?'에 대해서 심각하게 고민하는 시간들을 제외하고 살아가는 경우가 많다.

일은 해야 하기 때문에 하는 것이고 달성해야 하는 목표만을 가진 것이다. 현대사회의 매우 복잡한 전자기계적 문명사회에서 우리 개인의 일로서의 역할은 자신의 일이 전체 집합적인 것에 어떠한 기능을 하고 있는가를 알 수도 없는 상태여서 아주 작은 부분에 연속적으로 투입되어 생산자 역할을 하는 것이 개인적인 의미를 제공하지 못한다. 왜냐하면 이 복잡한 사회 체계에 속해 있는 한 개인은 단지 한 부분만을 알고 있기 때문에, 자신이 거시적이고 광의적인 것과 어떤 의미와 연관성을 가지는지 알 수 없다. 이러한 관점에서 에딩거는 이 무의미와 무력감이 내담자들의 아동기의 상처에서 오는 것만 아니라, 현대사회에서 피할 수 없는 문화의 격변에서 오는 것으로 보았다(Edinger, 1992, p. 107).

마치 한 소설에 나타난 세일즈맨의 죽음이 현대인의 비극의 현상을 보여 준다. 대학을 졸업한 후 별다른 일이 없어 외판사원으로 일을 하던 시절을 지내면서 결혼을 한 청년은 딸과 아내의 요구에 TV가 흔치 않던 시절에 TV를 구입하고, 더운 여름철을 벗어나기 위해 더 고가의 냉장고를 구입하는 과정에서 증발하고 만다. 오래된 소설이지만 현대문명의 이기와 그것을 추구하는 생활에서 현대인의 삶이 사라지는 비극을 그린 것이다.

신경적 불안은 정상적인 불안과는 차이가 있다. 정상적인 불안에 비해 신경증적 불안은 개인이 현재 생활을 하는 데 방해가 되는 불안을 의미한다. 그리고 이러한 신경증적 불안의 핵심은 "존재를 회피함으로써 비존재를 피하는 방식이다."(Tillich, 2006, p. 44) 즉, 에딩거의 지적처럼, 어린 시절 경험은 깊은 상처나 회복되지 않는 상태이거나, 현실에 있는 엄청난 문화충격이 있다면 회피를 하는 것이다. 그래서 현실에 나라는 존재를 수용하지 않는 것은, 현실을 직면하지 않고 회피하는 것이기에 비존재라는 죽음을 회피하는 것이다.

현실을 피하는 방식은 현실에서 초월성의 의미를 가지지 못하기에 매우 특별한 어떤 초현실적인 현상을 체험하거나, 그 속으로 자신을 몰입함으로써 자신의 불안을 잊으려는 시도를 하는 것이다. 종교를 가지고 있어도, 평범 속에서 비범한 세계의 영역을 볼 수가 없다. 그에게는 일상이 종교가 아니다. 왜냐하면 신경증적 불안을 가진 사람은 현실을 회피하거나 부정을 해야 살아 갈 수 있기 때문이다. 그래서 신경증적 불안을 가진 사람은 현실을 살아가는 것이 행복하지 않다. 현실은 끊임없이 자신이 부정을 해야 비존재라는 죽음과 불안을 회피할 수 있고, 그 빈 자리는 자신의 불안을 달래 줄 만큼의 강력한 효과를 가진 종교적 중독에 자신을 몰입시킨다.

평범한 일상과 생활에서 신의 뜻을 볼 수 있고, 소소함 속에서 행복의 진수를 맛볼 수 있는 것은 은총이다. 그러나 신경불안이 강하면 평범한 일상은 오히려 지겨움과 권태와 불안의 근거가 되기 때문에, 이 평범성을 떠나 매우 특별한 초월적인 신앙을 추구하게 된다. 결국 자기의 취향과 구미에 맞는 자신의 불안을 달래 줄 수 있는 어떤 초월적인 것에 몰입하여 자기의 현실을 부정한다. 인간의 실존, 즉 죽음이라는 비존재를 직면할 용기가 없어 이를 회피하지만 이러한 방향은 더 많은 정신적 문제를 동반하게 된다. 즉, 현실을 부정하여 살아가지만, 현실이 아닌 또 다른 정신세계를 마치 현실에 가지고 있는 것과 같이 생각하여 살아가는 이중성의 모순 때문이다.

인간에게 간헐적으로 초월적인 세계에 대한 경험들이 있을 수 있지만, 이것은 늘 지속되는 것이 아니기에 여기에 몰입하면 일상생활을 제대로 할 수 없다. 현실은 초월성이고, 초월은 현실성이라는 것을 수용하기 어렵게 된다. 그래서 완전히 이분화된 세계에 거하는 불안하고 모호한 생태계 속에 살게 된다.

신경불안이 존재를 회피하여 비존재를 피하는 방식이라는 정의는 융을 비롯한 많은 중년기 연구에서 중년의 불안과 죽음에서는 상당한 관계성이 있다고 본다. 대표적인 것이 인류의 평균수명이 40세 정도라는 학설이다. 의식주가 빈약하고 의술이 발달되지 않은 상태에서 인간은 상당 기간 평균 40세 정도의 인생살이를 하였다. 수만 년 이상 이러한 수명을 산 인류는 후손에게 40세에 맞이하는 죽음이라는 의식(rite)을 유전자에 남겨 두었다. 속설에 "이 세상을 어렵게 살아가도 저 세상보다 났다."라는 말이 있는 것은 인간 모두는 현재라는 시간에 애착을 가지고 있다는 점이고 죽기 싫다는 것이다. 이러한 관점에서 오늘날 40대에 겪는 심리적 우울과 이 증상의 원인에 대해서 정확한 이유를 알지 못하고, 자신의 이러한 감정에 대해서 설명하려면 애를 먹는 경우도 이 유전된 죽음의 불안과 연관이 있다고 보는 관점이다(Colarusso & Nemiroff, 1981. p. 5).

현대인의 수명이 40세를 넘어 평균 70~80세 이상이 된 것은 불과 100년도 채 되지 않는 기간 내에 발생한 일이다. 그래서 인간이 40세를 넘어 산다는 것은 인류학적 관점에서 볼 때는 인류의 수명혁명과 같은 것이다. 현대인은 이 혁명의 연장선 위에 있지만, 오늘날 어떤 누구도 수명의 혁명시대에 살고 있다고 느끼지 못할 것이다. 우리는 여전히 하루살이의 운명을 보면서 그 살아가는 시간의 짧음에 대한 무상이나 무의미를 생각한다. 하루살이 입장에서는 인간의 수명이 광대한 기간이라 생각할 수도 있겠지만, 그것은 상대적 의미일 뿐, 절대적 관점에서 모든 피조물은 같은 운명의 공동체를 가지고, 죽음을 맞이한다.

이러한 죽음에 대한 불안과 그 불안의 현상들이 현대인에게 미치고 있다는 조사가 있다. 다음 글은 심리학자 쟈크(E. Jaques)가 310명에 이르는 서양 예술가들의 일대기를 조사한 이후 내린 결론이다. 그들의 삶은, 중년의 어느 시점에 이러한 감정 변화의 격동기를 맞게 된다.

(중년기는) 쉴 곳이 없고, 사색적이 되며, 우울을 경험하고 주변 환경에 민감하게 반응하며, 화를 잘 내는 시기이다. 자신의 감정에 대하여 설명해 보라고 하면 그들은 정확하게 자신의 감정을 설명하지 못한다. …… 이때는 자신의 상상이든 실제이든 정신과 육체가 서서히 낡아 간다는 사실에 슬퍼하고, 이러한 증상에 대하여 음울하게 인식하게 된다(Jaques, 1985, p. 24).

40세 무렵에 다가오는 인간의 불안은 드러나는 실체가 없기 때문에 그렇게 큰 위협은 없다. 나날이 발전되는 의식주 수준과 의료 및 과학의 혁명은 인간의 수명과 질을 연속해서 향상시킨다. 그리고 이러한 환경적 요건들은 죽음과 삶의 균형 잡힌 인생의 관점을 가질 수 없게 하고, 죽음을 현실로부터 멀어지게 만들고, 연속하여 살아간다는 불멸과 같은 환상 속에 살도록 하지만, 마음 한편으로는 스멀스멀하게 뇌까리는 존재에 대한 불안이 불현듯 스쳐 가기도 한다. 이것이 현대인이 경험하는 궁극적인 무의미함이다. 융은 이러한 관점에서 신경증에 대한 프로이트와 아들러의 관점과 다르게 본다.

아들러와 프로이트의 이론은 의학적인 면에서 초기의 어떤 접근보다 신경증의 근원에 더 가깝게 접근하였음에도 그것의 본능에 대한 배타적인 이해로 인해 내담자의 깊은 영적 요구를 만족시키는 데 실패하고 있다. …… 결과적으로 신경불안증은 그 의미가 아직 발견되지 않은 영혼의 고통으로 이해되어야 한다(Jung, *CW*, *11*, pp. 330-331).

많은 현대인이 신경불안을 겪는 이유는 이것이 영혼의 고통과 연관되어 있기 때문이다. 기독교 초기 교부 중 한 명인 이레니우스 (Irenaeus)는 신이 인간을 창조할 때 신 밖에 있는 원형들을 복제했기에 인간의 무의식을 관심 있게 살펴보면 그 내용을 간파할 수 있다고 보았다. 그래서 모든 인간의 집단무의식에는 신의 생각(idea)이 아니고, 정신기능 안에 전승된 경험 안에 남아 있는 정신의 실체가 있다. 이러한 관점에서 융은 만일 신이 인간에게 영향을 줄 수 없다면 신은 존재하지 않는 것이고, 또한 신이 절대적으로 인간 경험의 밖에 있다면 신에 대해 관심을 가지지 않을 것이라 했다. 즉, 그는 신이 인간과의 관계성 속에 있다는 것이다(Lim, 2000, p. 23).

신과 인간은 연관성을 가지고 있기에, 인간의 마음은 그 절대자를 담는 그릇(vessel)과 같은 것이며 자신의 내부를 고찰하여 정결하게 함으로써 그 그릇이라는 자기에 신성한 은총(divine grace)이 머무는 자리가 되는 공간이 된다고 보았다. 그러나 이 자기의 그릇이 신을 의미하지는 않는다(Jung, *CW, 10*, p. 483).

중년기에 있는 35세 이상의 나의 내담자들의 경우 자신들의 인생 문제에 대하여 종교적인 관점에서 마지막 안식처를 찾지 않는 사람들이 없었다. 그리고 그들 중에 종교적인 도움을 받지 않고 문제가 해결된 사람도 없었다. 물론 이 말은 교회의 구성원이 되거나 특정한 교리를 통해서 해결을 받았다는 것은 아니다(Jung, 1979, p. 123).

인간의 자기는 원형적으로 신과의 불가피한 관계성을 가지게 되고, 중년기에 신경불안으로 방문한 내담자들은 대부분 종교적 관점의 도움으로 심리적 위기에서 탈출할 수 있었다는 융의 지적은, 신경불안의 발생을 종교적 관점에서 볼 필요가 있게 한다. 그러나 여기서 우리가 매우 유의 깊게 봐야 할 사항은 이들이 특정 교리나 종교 구성원이 되어서 해결을 받는 것은 아니라는 점이다. 이들이 해결을 받는 도움은 '종교성'에 의해서이지, '종교'에 의한 것이 아닌것이다.

융은 종교와 종교성에 대해 명백히 구분한다. 그리고 종교보다는 종교성의 중요성을 강조한다. 종교와 종교성을 굳이 구분한다면, 종교는 형식이고 종교성은 내용일 것이다. 이 두 요소의 불가분의 관계성은 필연적이지만, 융이 종교인들에게 실망한 것은 종교성이 없는 종교의 형식 강조에 대한 것이다. 이에 대한 그의 경험은 스위스에서 열린 기독학생회의(Christian Students' Conference)에서 영적 우울감에 빠진 사람들이 정신과 의사를 찾아야 하는지, 아니면 성직자를 찾아야 하는지에 대한 질문을 받고, 이후에 그가 알고 있는 유럽 지역 개신교 신자들과 가톨릭 신자들에게 여기에 대한 질문지를 발송하고 수거한 후 통계를 내 보았다. 놀랍게도, 개신교는 8%만이 성직자를 찾고, 57%는 정신과 의사를 찾겠다고 했다. 나머지 35%는 결정하지 못했다. 가톨릭 신자는 58%가 신부를 찾고, 25%는 의사를, 나머지 17%는 결정하지 않았다(Jung, 1979, p. 335).

중년기에 가질 수 있는 신경불안증과 같이, 신자들이 가지는 영적 우울감은 융의 관점에서는 반드시 종교와 연관성이 있다고 보았다. 그런데 성직자를 방문하지 않겠다는 이유에 대한 답의 경우 52%의 응답자가 성직자들이 심리적 통찰과 지식이 부재해서라고 했으며, 28%는 성직자들이 편협된 관점을 가지고 있기 때문이라고 했다 (Jung, p. 335). 결국 문제는 종교에 익숙한 성직자들이 종교 형식의 틀에서 주는 익숙한 대답으로 인해 인간 내면의 깊은 곳에서 나오는 존재로서의 절규와 인간과 사회에 대한 치열한 고민 속에 나오는 대화를 들을 수 없기 때문에 등을 돌리게 되는 것이다.

오늘날 종교가 현대인과의 괴리가 더 깊어지는 가장 큰 이유 중에 하나는 틀에 박힌 정형화된 답을 하기 때문이라고 생각한다. 이것은 마치 가수가 노래를 부르는데 내용과 곡에 대한 고민, 그리고 그 안으로 자신을 어떻게 넣어서 음으로 표현할 것인가에 대한 준비, 또는 곡에 대한 자신만의 해석과 재해석에 대한 준비를 하지 않고 부르는 것, 그리고 그 곡을 듣는 현대 청중과 어떠한 관계성을 줄 수 있을지에 대한 고민이 없는 것을 보여 주는 것과 비슷한 현상일 것이다.

인간의 가장 핵심 진리는 예전이나 현재나 미래에도 변하지 않는다고 본다. 그러나 이 진리를 따르는 인간은 사회와 시대마다 환경의 영향 속에서 영향을 받을 수밖에 없다. 그리고 이 영향 속에서 치열하고 고민하는 삶의 자세가 그마나 진리에 가까운 몸부림이라고 사람들이 느낄 수 있을 것이다. 이러한 점에서 앙드레 지드(Andre Gide)가 진리를 찾았다는 사람을 믿지 말고, 진리를 찾고 있다는 사람을 믿으라고 했던 말이 더 가깝게 와 닿는다.

인간의 마음은 그릇이고, 이 그릇에 신성한 은총을 담는다는 것은, 바른 종교성을 가지기 위해서는 일차적으로 우리 마음의 구조가 성장과정에서 가족과 사회로부터 어떻게 조성되었는지에 대한 고찰을 반드시 해야 한다. 어느 누구나 성장과정에서 과거부터 지금까지 결핍이나 과잉의 경험을 했기 때문이다. 이것이 중요한 이유는 융은 신을 인간의 정신기능에 남아 있는 실체로 보았는데, 이 실체를 자신의 정신에 담아 두거나 머무르게 하기 위해서는 인간 개인이 성장과정에서 형성된 가면(페르소나)과 경험된 콤플렉스에 대한 분석이 필요하고, 아니마(사랑과 관계성)와 아니무스(이성과 성취성)에 대한 균형성을 회복해야 한다고 보았다. 왜냐하면 만일 불균형성이 지속되면, 이것은 개인에게 악의 현상을 초래할 수 있다고 보았기 때문이다. 융은 인간에게 악의 현상이 발생할 수 있는 경우를 네 가지로 보았는데, 콤플렉스, 억압, 투사, 신경증이다. 한 사람이 성장과정에서 가정과 사회로부터 불합리한 왜곡된 힘에 의해서 상처를 많이 받게 되면 그 정신적 상흔들이 정신세계에 남아 있어 이 네 가지의 요소를 통해서 발현되는 것이다. 그래서 악이라는 것은 본질이 있지 않지만, 인격에 통합되지 못한 요소들로 구성되어 있다고 본다. 이러한 점에서 마귀나 악마란 것은 인간정신이 통합을 하지 못할 때 발생하는 원형적인 이미지이기 때문에 자신의 정신 그릇에 대한 정결된 통합이 필요하다고 본다.

신경불안의 발생 원인은 심리적 불균형이다. 과도한 페르소나의 강조, 감추어서 드러내지 않으려는 개인무의식에 내려앉은 콤플렉스, 그리고 개인의 내적 세계와의 관계성을 통해 심리적 균형을 제공하려는 아니마와 아니무스의 균형이 중요하다. 이러한 것의 불균형은 곧 신경불안에 시달리게 하지만, 일말의 긍정은 이 신경불안 증상이 회복과 평형을 찾고 회복하려는 움직임이라는 점이다.

페르소나는 개인과 사회와의 관계에서 형성되는 것이지만, 아니마와 아니무스는 개인과 그 개인의 내적 세계와의 관계성 속에서 조형되는 것이다. 즉, 내적인 조정을 통해서 개인에게 심리적인 평형을 제공하는 것이다. 만일 개인이 이러한 상대적인 특성에 대하여 그 필요성을 깨닫지 못한다면 신경증에 시달리게 된다. 그리고 이러한 균형을 가지지 못하면 중년들은 삶의 활력성, 유통성 그리고 창의성을 상실한다. 그러나 이러한 신경증 발생의 이유는 심리적 평형을 찾으려 하는 본능적인 응답으로 볼 수 있다(임경수, 2005, p. 123).

인간은 우리가 만들지도 않은 우주의 공간과 시간 속에 살아간다. 공간이 가진 무한적인 개념과 시간이라는 한계성 속에는 생존을 위하여 공간의 사유화를 시도해야 하고, 제한된 시간을 가능한 무한대로 늘이고 싶은 욕망을 가진 운명으로 태어났다. 그러나 공간과 시간은 모두 내 것이 아니면서, 내 것으로 사유화하는 운명의 굴레에서 삶은 이 양자의 갈등과 불균형의 연속성이 경험되고, 어느 시기에 이 불균형성을 회복하려는 과정을 가지는 것은 인간 정신구조 안에 있는 신의 원형을 회복하려는 몸부림일 것이다. 그리고 이 자연스러움이 종교성이 되는 것이다. 마치 식물이 빛을 찾아가듯이 인간은 빛과 같은 근원자에게 자신의 한계성 안에서 기울이면서 살아가는 존재이기 때문일 것이다.

## 3. 개성화의 인간

신이 인간 안에 있는가? 아니면 없는가? 아니면 인간 밖에 있는가? 이것은 인류의 시작부터 지금까지 지속되고 있는 종교적 논쟁이다. 이 문제의 대다수에 대한 칼 융의 답변은 신이 인간의 정신 안에 머문다는 관점을 가지고 있었다. 그러나 인간의 정신 안에 머문다는 것은 심리학적 관점에서 본 것이지 신학적 관점은 아니다. 그래서 자신을 인간 정신에 대한 중요성을 말하는 그에게 내재적 신의 개념이나 신을 대체한(God-substitute) 관점으로 자신을 보는 것을 불편해했다. 그러나 오해하지 말아야 할 것은, 그는 인간에게 있어 '자기'(self)라는 것은 신을 대체할 수 없고 신성한 은총이 머무는 그릇이라고 보았다(Jung, CW 10, p. 483). 그가 나이가 좀 더 들어 영국의 BBC에서 이 문제에 대한 질문을 받았을 때, 그는 신은 인간 정신에 있기도 하지만 인간 밖에 있다는 관점을 가짐으로써 신의 내재성과 초월성에 대한 학문적 관점을 가지게 되었다. 인간 밖에 있는 신은 인간 존재를 뛰어넘어서 있는 어떤 존재라는 의미이다(Wehr, 1987, p. 90).

융의 관점에서 신을 찾거나 경험하려는 인간의 끊임없는 노력과 관심은 인간 정신 안에 거하는 신에 대한 중요성을 대부분 가지고 있기 때문이다. 그는 심리학적 관점에서 인간 정신 안에 있는 신을 경험하는 과정은 자아(ego)가 자기(the Self)를 만나는 과정이며, 이것을 개성화 과정이라고 했다. 그리고 이 과정의 제일 중요한 목적은 자기성(selfhood)의 실현이다. 이 과정은 인간 정신에 있는 자아를 제거했을 때 발생하는데, 이 자아의 형성은 내적·외적 환경에 의해서 생존을 위한 존재 성향이 많기 때문에 이것을 분석 및 파악하고 수용하는 과정을 통해서 자기성을 회복하게 된다. 그리고 이러한 개성화의 과정은 이른 나이에 발생하기보다는 대부분 인생 중반의 어느 시점에 불현듯이 관심을 가지게 된다. 결국 이러한 과정을 통해 자아로 하여금 전인성, 균형 그리고 조화를 성취함으로써 자기성을 회복하고, 그때가 되어서야 비로소 진정한 자기가 될 수 있다(Jung, 1979, p. 77).

자아가 자기를 찾고 회복하는 과정은 인간 정신 안에 있는 신의 형상이며, 개성화의 과정을 통해서 만나게 되는 것이다(Wehr, p. 84). 융은 인간 정신 안에 있는 신의 형상을 만나는 것이 곧 종교적 경험이라고 보았다. 이 과정은 인간에게 있는 종교적 중생의 과정이기도 하다(임경수, 2007, p. 179). 그러면 융이 말하는 개성화의 과정이 어떻게 이 시대에 종교에서 말하는 중생과 비교될 수 있을지 구체적으로 살펴보자. 먼저, 융의 개성화 과정이 종교성과 어떻게 연관이 되어 있는지는 다음 글을 통해서 알 수 있다.

융의 관점에서 보면, 만일 신이 인간에 대하여 영향을 줄 수 없다고 하면 신 또한 존재하지 않는 것이다. 만약 신이 매우 절대적이고 인간의 경험 밖에 있다면, 융은 신에 대하여 관심을 가지지 않았을 것이다. 그러나 만일 신이 인간의 정신(soul) 안에 경험될 수 있는 어떤 것이기에 융은 다음과 같이 말했다. "내가 심지어 불쾌할 때도 그 신이 나에게 중요하기 때문에 나는 즉시 그 신에 대하여 관심을 가지게 된다. 그리고 그 신은 나에게 실제적인 방법으로 영향을 줄 수 있다(Clift, 1994, p. 4)."

이 글에서 강조하는 것은 신을 배제하고 인간을 생각할 수 없다는 점이다. 융의 심리학에서 신이 어떻게 인간과 인간 정신과의 불가항력적인 연관성을 가지고 있는가를 말해 준다. 물론 신에 대하여 시대와 환경 그리고 민족마다 다양한 해석과 관점을 가지는 것은 불가피하다. 그러나 여기서 우리가 융의 종교적 관점을 통해서 유익을 얻을 수 있는 것은 신의 형상에 대한 다양성에 대한 해석이 아니라, 그것이 인간 안에 있음에도 불구하고 여러 심리적 경로를 통해 억압되거나 곡해된 사실이 있는데 이것을 심리적 관점의 해석과 도움으로써 회복될 수 있다는 것이다. 또한 인간과 신의 관계는 마치 어린아이와 양육자와의 관계성과 같이 매우 긴밀한 관계성을 유지하고 있다는 점이다. 따라서 이것은 인간이 이 땅 위에 존재하는 한 물을 수밖에 없는 운명적 질문이다.

신의 형상을 가진 인간이 어떻게 이것을 회복할 수 있거나 경험할 수 있을까 하는 질문은 종교적 관심이기도 하지만, 그래서 종교의 측면에서 신앙을 강조함으로써 이것을 규정하는 규례를 가지고 있지만, 융의 관점에서는 이 신의 형상이라는 인간의 정신세계에 있는 것은 외부 환경의 구조 속에서 심리적·정신적인 긍정/부정의 경험을 한 상태이기 때문에 한 개인이 환경을 통해 경험한 정신세계에 대한 관찰과 조명을 하는 작업을 해 나가야 할 필요가 있다.

인간은 사회적 동물이고, 한 인간의 정신세계는 힘없는 어린아이 자아가 거대한 부모라는 대상과 삼킬 듯이 무서운 외부 환경 속에서 자신의 생존 방법의 긍정·부정을 습득하는데, 이때 형성되는 자아의 세계를 잘 관찰하고 탐구하는 것이 우선이라는 점은 인간의 중생을 일방적으로 논하는 종교보다는 훨씬 현대인에게 합리적·체계적인 이해를 제공할 수 있다.

그러나 개성화의 과정이 심리학적 통찰과 관찰이라고 해서 말처럼 쉬운 과정은 아니다. 융은 자신 안의 참다운 자기실현을 하는 이 개성화의 과정은 '자기가 되어가는 과정'인데 진정한 자기를 발견하는 과정이 매우 힘들다고 보고 있다. 이 과정은 결국 개인 의식과 무의식과의 만남인데, 이 과정과 작업이 고통에 참여하는 것이고, 신성한 영역(divine realm)에 들어가는 것이며, 마친 신이 인간이 되어버린 '성육신'(incarnation) 과정에서 오는 고통의 원인과 같다고 보고 있다(Jung, *CW 11*, p. 157).

앞서 융이 언급한 인생 중년에 겪는 불안신경증의 대부분의 관점은 영적인 중심의 상실에서 오는 것으로 본다(Moore & Meckel, 1990, p. 6). 이 영적 중심의 상실은 사람에게 삶의 무의미를 만들고, 이 삶의 무의미는 임상적으로 많은 이들에게 자살과 같은 현상으로 발생하고 있다(Yalom, 2017, p. 515). 우리가 더 관심을 가지고 살펴봐야 하는 것은 과연 '영적 중심을 상실'했다는 진단을 했을 때, 과연 이것이 무엇을 의미하는지에 대한 해석이다. 영적 중심을 상실했다는 것을 어떠한 관점에서 보아야 하며, 그 근거가 무엇이냐 하는 것이다. 물론 여기에 대한 다양한 해석과 답이 나올 수 있다. 그런데 이러한 종교적 언어가 나올 때 항상 주의해야 할 것은 이 언어에 대한 종교적 해석과 종교성을 가진 해석이다.

인간이 중심을 잃고 정신적 · 신체적 · 사회적으로 방황한다는 것은 인간이 살아가는 현실의 상황과 분리해서 살펴봐야 한다. 인간이 자신과 현실이라는 곳에서 살기 때문에 이 현실성을 간과해서 보는 것은 매우 피상적 관찰에 지나지 않기 때문이다. 그래서 의미의 부재는 신경불안을 낳고, 이것은 영혼의 고통임에는 분명한데(Jung, CW 8, p. 83), 이 문제는 반드시 현실적 접근이 되어야 하고, 이렇게 될 때 우리는 종교라는 규범을 원초적으로 이루고 있는 바른 종교성의 가치를 알게 된다.

> 현대인의 소외(alienation) 현상 중의 하나는 무의미라는 것이 팽배하다는 것이다. 정신치료를 원하는 많은 내담자들은 특정하게 규정된 분열증상으로 온 것이 아니라, 인생이라는 것에 의미를 느끼지 못하기 때문이었다. 깊은 관찰력을 가진 상담자라면 이러한 내담자들이 불만족스러운 아동기만이 아니라, 중심 문화의 변화에 의해 발생하는 급변화로 인해 혼란을 경험하고 있다는 사실을 부인할 수 없을 것이다(Edinger, 1992, p. 107).

이 글에서도 인간이 무의미를 느끼게 되는 주된 원인을 두 가지로 보고 있다. 첫째, 성장과정에서의 불만족스러운 아동기의 경험과 격변하는 사회 속에서의 혼란 경험으로 인한 것이다. 인간이 가진 정신적인 문제는 인간이 아무리 신의 형상을 가진 존재라 해도 성장 과정에서 생기는 내적 · 외적인 매우 불균형적인 삶의 정황에 의해 조형되어, 개인의 정신적 지도를 점진적으로 만들어 버리고, 그 지도에 따라가는 사람이 되고 만다. 문제는 이 정신적 지도가 균형성을 가진 것인지 아니면 매우 불균형에 노출되어 한쪽 방향으로만 길을 제시하고 있는지에 대한 세밀한 자기성찰이 필요하다.

이러한 자기성찰을 개성화의 과정이라고 한다. 개성화의 과정은 결국 인간 안에 내재하고 있다고 생각하는 신의 품성을 만나는 과정이고, 이 과정이 인간에게 변형적인 힘을 제공한다. 결국 이 과정에의 참여를 통해서 한 개인은 좀 더 새롭고 넓은 관점에서 살아가게 되지만, 이것이 한 인간의 완전한 상태를 의미하지 않는다.

개성화의 과정에서 첫 번째로 만나는 과정은 개인 무의식에 있는 그림자(shadow)의 과정이다. 그림자는 일단 부정적인 이미지가 있고, 내적·외적인 어떤 사건으로 개인의 무의식 안에 잠수시켜버린 요소들이다. 그림자를 가지고 있지 않는 사람은 없다. 모든 사람이 다소간의 드러내고 싶지 않는 그림자가 있다. 그런데 이 그림자가 무엇인지 어떻게 형성되었는지 알 수는 없다. 왜냐하면 이것은 개인의 무의식에 내려와 있기 때문이다.

우리는 힘이 없는 어린 시절이나 성인이 된 후에도 우리가 좌우할 수 없는 불합리한 환경에 놓이게 되고, 그 현장이 자신의 생존과 직결되다 보면 생존을 위한 선택을 할 수밖에 없다. 자신을 정립할 수 있는 힘이 있기 전, 주어진 환경 속에서 생존을 위한 불합리한 구조에서 오는 선택이 지속되고 이것이 생존의 지도를 만든다면, 그리고 환경들이 매우 불공평한 환경이었다면 그것은 거의가 다 병리적 자기를 형성하는 과정이 될 것이다. 혹은 병리적 자기가 되지 않더라도 균형을 가진 사람이 되기에는 어려울 것이다.

또는 반대로 자신이 할 수 있는 모든 것을 할 수 있고, 더 나아가

요구하지 않는 것까지 모든 것이 제공되는 것이 지속적으로 계속 된다면 이것 역시 자기만이 중심이 되는 병리적인 자기를 만들고, 자기 정신세계의 지도가 이러한 방향을 가지고 있는 것이므로 이 역시도 문제가 된다. 과하게 결핍된 구조나 과다하게 준비되고 제공된 환경은 한 인간을 매우 편협적인 자기 세계에 고립시킬 수 있고, 이러한 것이 수정·보완되지 않으면 콤플렉스, 억압, 투사, 신경증의 불균형으로 악의 현상으로 나타날 수 있다.

종교에서는 인간 안에 가진 악을 내부에서 발생하는 것, 또는 외부에서 온 것으로 보는 다양한 시각이 있지만, 융이 보는 악의 문제는 인간의 성장과정에서 가진 과다한 결핍이나 과다한 공급으로 오는 콤플렉스, 억압, 투사 신경증의 문제들이고, 이것이 해결되지 않고 지속될 때 악의 현상으로 나타날 수 있다. 동시에 이러한 악의 요소가 될 수 있는 것을 절개하거나 뽑아내어 버리는 형태가 아니라, 이 악의 요인이 될 수 있는 어두운 그림자와 같은 요소들이 어떻게 형성되었는지 그 과정을 철저하게 객관적으로 통찰해 나가고 이것을 인지하고 수용하는 과정이 있어야 한다는 점이다. 성장과정의 내적·외적인 환경에 의해서 이미 나의 정신적인 부분이 되어 버린 것을 칼로 도려내듯이 제거할 수 있는 것이 아니다. 왜냐하면 이것이 오래전 나의 지도와 살아가는 방식이 되었기 때문이다.

그림자가 큰 덩어리를 일컫는 것이라면 이 그림자의 부분들을 형성하는 것이 콤플렉스이다. 그 콤플렉스는 좀 더 구체적인 어떤 요인들인가를 잘 말해 준다. 그림자가 개인 무의식에 가라앉아 있는 요소이지만, 이 그림자와 역으로 움직이는, 개인 의식의 가장 외적인 부분에서 나타나는 것이 페르소나/가면이다. 페르소나에 대한 이해는 두 번째 과정이다. 페르소나와 가면은 한 조를 이루고 있고, 각각 다른 방향에서 인간을 형성하고 있는 요소들이다. 페르소나는 개인 활동과 사회적 영역에서 외적으로 발생하는 요소이기도 한데, 페르소나는 개인이 가진 콤플렉스나 그림자가 어떤 유형인가를 가늠하는 데 지침이 되는 현상이다.

융의 심리학 이론에 따르면, 심리적으로 가장 건강한 사람은 심리적 균형을 가지는 사람이다. 즉, 개성화의 과정을 이루는 사람이다. 물론 개성화의 과정은 매우 고통스러운 과정이며, 이 단계를 성취하는 사람은 많지 않다. 그래서 오히려 과정을 밟고 있는 것이 심리적인 균형을 이루는 사람이다. 내적·외적인 환경에서 위축된 자아는 그림자의 요소인 콤플렉스를 가지고 개인 무의식 층에 있지만, 무의식에 아픔으로 있는 콤플렉스는 개인 의식의 반대가 되는 페르소나로 하여금 균형을 잃게 하고 더욱 드러나게 한다.

예를 기독교 성서를 통해서 살펴보자. 예수는 당시 사람들에게 이렇게 교훈한다. "너는 네 눈 속에 있는 들보를 보지 못하면서 어찌하여 형제에게 말하기를 형제여 나로 네 눈 속에 있는 티를 빼게 하라 할 수 있느냐. 외식하는 자여 먼저 네 눈 속에 들보를 빼라. 그 후에야 네가 밝히 보고 형제의 눈 속에 있는 티를 빼리라."(누가복음 6장 42절) 사실, 이 구절은 개인이 가지고 있는 콤플렉스가 어떻게 타인에게 투사가 되어 악의 가능성을 실현하고, 자신과 타인을 비참하게 만드는가를 잘 설명한 내용이다. 즉, 내 안에 형성된 악의 현상이 될 수 있는 어떤 콤플렉스는 내가 견딜 수 없을 정도의 것이다.

이것이 나의 모순과 어쩌면 동물같은 이기성 본체의 핵심인데 이 근거가 어디에서 근원이 되어 나의 정신지도에 자리잡고 있는지에 대한 이해와 수용이 없으면, 이 콤플렉스는 반드시 어떤 희생양을 만들 준비를 하고 있는 것이다. 그리고 그 희생양을 죽임으로써 내 안의 콤플렉스의 격동을 넘어 가는 것이다.

모든 사람은 어느 정도의 문제를 가지고 살아간다. 그런데 과도한 콤플렉스는 개인의 무의식에서 개인의 의식 세계에 정반대의 것을 추구하거나 강조하도록 한다. 왜냐하면 내가 가진 무의식 세계의 콤플렉스가 정상적인 과정을 통해 수용할 만큼의 것이 아니라, 매우 아프게 비정상적으로 자신의 뜻하고는 관계없이 강압적으로 평가되었기 때문이다. 그래서 이 아픔을 가진 콤플렉스는 의식 세계에서 정반대의 것을 과도하게 강조하면서 자신의 아픔을 위장한다.

타인의 눈 안에 있는 아주 미세한 티끌 같은 것은 보통 사람에게 보이지 않거나 보여도 개의치 않고 지나갈 수 있다. 그러나 우리가 들보와 같은 큰 문제를 가지고 살아간다면 이 들보보다 몇 배나 작은 티끌이 눈에 보이는 것이다. 그것이 윤리적 · 도덕적인 문제를 가지고 접근한다. 결국 이렇게 말하는 사람은 티끌이 눈에 보인다는 관점에서 자신이 도덕적으로 흠잡을 수 없을 만큼 세세한 것에도 주의하는 사람이라는 것을 페르소나라는 가면을 통해서 드러나게 함으로써 자신은 엄격하게 도덕적 · 윤리적으로 생활하고 있다는 것을 보이는 것이지만, 실은 자기 내부에 있는 들보로 인해 갈등하는 것을 없는 것처럼 과도한 가면을 강조하는 것이다.

예수께 말하되 선생이여 이 여자가 간음하다가 현장에서 잡혔나이다. 모세
는 율법에 이러한 여자를 돌로 치라 명하였거니와 선생은 어떻게 말하겠나
이까. 그들이 이렇게 말함은 고발할 조건을 얻고자 하여 예수를 시험함이러
라. 예수께서 몸을 굽히사 손가락으로 땅에 쓰시니 그들이 묻기를 마지 아니
하는지라. 이에 일어나 이르시되 너희 중에 죄 없는 자가 먼저 돌로 치라 하
시고, 다시 몸을 굽혀 손가락으로 땅에 쓰시니, 그들이 이 말씀을 듣고 양심
에 가책을 느껴 어른으로 시작하여 젊은이까지 하나씩 하나씩 나가고 오직
예수와 그 가운데 섰는 여자만 남았더라(요한복음 8장 3-9절).

이 구절은 예수에게 당시 종교지도자들이 간음한 여자를 죽일 것
인가 아니면 살릴 것인가 하는 딜레마 상황을 가지고 와서 시험하는
장면이다. 그런데 이것을 콤플렉스와 페르소나의 관점에서도 볼 수
있다. 숱하게 많은 사건으로 예수를 곤란하게 할 수 있었지만, 왜 간
음한 사건을 지도자들이 가지고 왔을까? 이것은 무의식적인 콤플렉
스의 발로와 이 무의식의 갈등적 요인을 희생양을 통해 완화시켜서
자신의 순결을 나타내고자 하는 사람들에게 의해 발생한 것으로 볼
수 있다. 그래서 이것은 고발자들이 번민하는 자신의 성적인(신체적
이고 정신적인) 불결함이 여인에게 투사한 것이다.

성/리비도는 프로이트의 말처럼 인류를 움직이는 원천적 에너지
이기에 모든 시대에 주된 관심사 중의 하나이다. 인간이 살아 움직
이는 동물인 이상 성적인 것으로부터 자유로운 사람은 없을 것이
다. 실존주의 상담가인 얄롬도 자신이 집단을 인도하면서 모든 사
람이 숨기고 싶은 공통적인 것이 '성'이라는 사실을 알았고, 이 문제

들이 공개되었을 때 하나같이 자신들이 가진 성적인 문제들을 말한 사실을 언급한다(Yalom, 2017). 후기 융 학파도 개성화의 과정에서 중요한 첫 번째 단계는 페르소나는 리비도 중심적인 것이고, 이것이 대표적인 인생의 전반적 원칙이기에 여기로부터 분리되는 작업이 시작되어야 한다고 본다(Stein, 1983, p. 27). 그런데 이 페르소나 중심적인 성향은 이 간음한 여인을 잡고 데리고 와서 생명과 죽음의 여부를 물어보는 사람들에게는 간음이 문제가 아니라, 자기 자신들이 이러한 간음의 문제로부터 더 많은 세월과 문제를 가지고 있다는 사실을 간접적으로 보여 주는 것이다. 이 문제를 제기함으로써 자신들 안에 발생하는 많은 도덕적 갈등을 이 사람을 희생양으로 해서 그 갈등을 해소하고자 하는 욕구가 있는 것이다. 그래서 이 그림자가 무엇인지를 파악하지 못하면, 겉으로는 매우 그럴듯한 종교적 의례나 도덕적 상황이 펼쳐지지만, 내면으로는 도덕과 종교를 빙자한 악이 행해지고 있는 것이다(Jaffe, 1989, p. 85).

예수의 말은 인간이 어떻게 자신을 살펴보며 개성화의 단계인 페르소나를 벗어날 수 있는지를 잘 밝혀 주고 있다. "너희 중에 죄 없는 자가 먼저 돌로 치라." 이 말은 소위 선포이다. 모든 인간이 본능으로부터 자유로울 수 없는 운명을 가지고 있다는 점이다. 종교적으로는 죄로부터 자유로울 수 없다는 것이고, 윤리적으로는 넘지 말아야 할 경계선을 육체적으로 정신적으로 넘어가고 있다는 인간의 굴레를 말하는 것이다.

인간의 치유는 상대가 모순점을 말해 주고 지적하는 데서 발생하지 않는다. 왜냐하면 어쩌면 모든 인간에게서 시행착오를 통해서 또는 본능적 욕구로 인해 발생할 수 있는 인간의 굴레이기에, 이 굴레를 가진 사람이 상대를 향해 지적하는 것이 모순이기 때문이다. 치유는 인간의 굴레와 운명으로 모순과 모호성을 경험하는 상대의 힘듦을 이해하고 수용해 주는 것에서 출발한다. 그러나 우리에게 이것이 여전히 어려운 것은 거대한 콤플렉스의 구조가 우리를 사로잡고 있기 때문에 이것을 인간이 가진 운명과 굴레를 수용하기가 어려운 것이다.

사람은 자신의 내면에서 리비도적 욕구 또는 인생의 주어진 환경의 결핍과 과잉으로 인해 자신의 콤플렉스를 지니고 살아가고 있다. 다만, 우리는 이것을 모르고 있고, 무의식은 이러한 일종의 트라우마를 망각하는 대신 반대의 가치에 투사하여 이러한 도덕적 딜레마로부터 카타르시스를 경험하려는 욕구를 가지고 생활한다. 그때 예수가 말한다. "죄 없는 자가 돌로 치라."

어찌 보면 학교에서나 직장에서 심지어 가족 내에서 왕따를 시키는 가장 원초적인 이유는 상대가 잘못해서 그런 것이 아니라, 내 안에 상대가 말하고 행동하는 유형의 것을 굉장히 싫어하고 저주하는 자신의 아픔이 있고, 나 자신이 이것을 해결하지 못하는 과정에 놓여 있기 때문이다. 이때 우리가 돌이켜 보아야 할 말은 "죄 없는 자가 돌로 치라."이다. 즉, 나도 이러한 일을 행하고 있지 않느냐 하는 질문을 하는 것이다. 예수의 이 말이 많은 사람의 마음을 움직여 어른부터 시작하여서 젊은이들까지 순서적으로 그 자리를 떠났다. 어른부터 자리를 떴다는 것은 조금 더 살아보면 우리 인간 모두에서 다소간의 차이는 있지만 나이가 들수록 인간은 자신 안에 있는 양가

감정의 모순성을 안다는 것이다. 사람은 이것을 은닉할수록 가면이 두터워지지만, 이것을 인정할수록 더 자연스러운 사람이 된다. 그러나 인간이 가진 또 다른 모순은 은닉하면서 두터워진 가면의 형식이라는 것에 더 끌리게 된다. 이것 역시 내 안에 가진 콤플렉스의 문제이다.

마지막 단계는 아니무스와 아니마의 단계이다. 그림자와 페르소나가 인간의 외적인 세계에서 발생하는 문제에 대한 것이면, 아니무스와 아니마는 인간의 내면세계에 대한 것이다. 그리고 이것은 인간의 집단무의식 안에 있는 원형이다. 인간 생명의 탄생은 남성과 여성의 결합을 통한 것이기에 인간 생명체는 남성성과 여성성의 통합으로 발생하게 된다. 즉, 인간은 양성적 존재라는 것이다. 아니무스와 아니마의 문제는 개인과 사회구조의 영향에 의해 어떤 한편만이 더 많이 발달하거나 더 발달하지 못하는 경우가 발생하게 된다. 그래서 성의 결정과 사회환경에 의해서 우세한 쪽이 의식이 되고, 다른 성은 무의식이 된다. 이렇게 될 때 인간 내면세계의 균형이 깨지므로 문제가 발생할 수 있다. 물론 이 두 가지는 인간의 집단 무의식에 영향을 주는 것들이다.

아니무스는 여성 안에 들어 있는 남성성의 경향이며, 이것을 이성 또는 로고스(logos)라고 한다. 아니마는 남성 안에 들어 있는 여성성의 경향이며, 에로스(eros)나 감성이라고도 한다(Jung, CW 9-2, p. 14). 이것은 서로 다른 성향을 가지고 있지만 이 양자 간의 우호적인 관계성 없이는 개성화 작업이 발생할 수 없다.

에로스는 화해와 조정을 통하여 조화를 도모하는 태도 및 관계성을 중요시한다. 이것은 인간 관계성과 자신 안의 조화를 증진시킨다. 에로스는 집합적인 사회보다는 개인에 대한 관심과 주관성에 대하여 가치를 둔다. 그리고 구체적이고 물질적인 우주에 그 뿌리를 두고 있다. 그래서 에로스는 (모든 특성의) 초기의 질(quality)을 소유하고 있다. 지구처럼 이것은 수용적이고, 창의적이다. 로고스는 말, 힘, 의미 그리고 행동으로 번역될 수 있다. 이것은 융에 있어서 '객관적인 관심'인 구조, 형식, 구별 그리고 추상성에 대하여 중요하게 생각한다. 융은 이 로고스를 영성적인 것과 동일선상에 놓았는데 이것은 종교적인 의미에서이기보다는 물질적이 아니라는 의미에서이다(Matton, 1981, p. 83).

융은 개성화 과정에서 가장 중요하고 어려운 과정이 바로 아니마와 아니무스의 균형을 이루는 과정이라고 본다. 앞서 살핀 그림자와 페르소나가 인간의 의식 세계에 드러날 수 있는 영역이면, 아니마와 아니무스는 더 깊은 집단무의식 속에서 개인에게 집요한 영향을 미치는 요인이다.

융은 인간 이해에 있어 교육의 방향을 좀 더 세밀하게 봐서 개인이 가족과 사회환경에서 영향을 받거나 오랫동안 되풀이되어 온 인류의 집단적 상황에서 영향을 받는 요인들이 있고, 이것을 통찰하고 분석하고 이해하는 과정이 필요하다고 본다. 그리고 온전한 자기실현을 위해서는 균형을 가지는 것이 중요하다고 보고 있다.

아니마인 에로스는 조화를 통한 관계성을 중요시한다. 그래서 이것은 판단이 중요한 것이 아니라, 느낌으로서 상황을 받아들이는 것이기에 개인이나 단체 또는 국가가 가진 이념이나 성향에서 오는 보편적 진리보다는 개인의 감정이 중요하다. 즉, 집단적인 가치보다는 개인에 대한 가치와 주관성을 더 중요하게 생각하기에 아니마는 매우 개인적이다. 반면, 아니무스인 로고스는 보편적 진리와 가치를 더 중요시하기에 개인보다는 집단, 느낌보다는 규율을 더 중요하게 여긴다. 그래서 이것을 많이 가진 사람들은 집단적 가치에 자기 삶의 기준을 둔다.

아니마는 4단계의 성숙과정을 거치는데 1단계는 생물학적이고 본능적인 여성상이고, 2단계는 미적이고 낭만적이며 성적인 특징을 가지고 있으며, 3단계는 영적 헌신으로 표현되며, 그리고 4단계는 거룩하고 순수한 지혜의 상태이다. 아니무스도 성숙과정을 가지는데, 1단계는 신체적으로 이목을 끄는 운동선수와 같은 스타, 2단계는 낭만적 남성 또는 영웅의 이미지를 가지고 주도권을 가지는 것, 3단계는 목사나 교수와 같이 가르치는 단계, 4단계는 영적 진리로 이끄는 종교 체험의 주도자 단계이다(이부영, 2012, p. 110).

인간의 본능과 집단무의식에 있는 목적과 성취를 중요하게 여기는 집단적 성향, 그리고 관계성과 사랑을 중요하게 여기는 개인적 성향은 인간이 자신 안에 있는 신성을 실현하는 데 조화와 균형을 이루어야 하는 중요한 과업이다.

사실은 성취를 익숙하게 한 사람에게, 그리고 이것을 삶의 목표라고 생각하면서 살아온 사람에게 관계성이라는 것은 불편한 것이고, 성립될 수 없다는 것을 안다. 소위 성공 신드롬(success syndrome)이라는 현상도 인생에서 목표로 하는 것을 성취하면서 탄탄대로를 달린 사람의 경우 어느 날 하나씩 모든 것을 내려놓아야 하는 순간에 좌절과 절망을 경험하면서 생의 비극을 맞이하게 된다.

그러면 개성화의 결과는 종교성과 어떠한 관계가 있을까? 아니마와 아니무스의 단계는 첫 단계가 육체적 특성을 가진 매력에서 시작되지만, 마지막 단계는 거룩함과 영적 진리의 단계로 보고 있다. 개성화는 인간 안에 있는 원형적 신의 형상(the archetypal image of God)을 경험하는 것인데, 이것은 개인주의와 극명한 차이를 가지고 있다. 개인주의는 인간으로 하여금 사람, 가족 그리고 사회로부터 소외를 가져오는 반면, 개성화는 인간이 모든 요소에서 함께 살아가는 협동을 목표로 하고 있다(Jung, CW 7, pp. 173-174).

개성화 과정의 결과는 이 개성화에 참여하지 않는 사람들에 비해 신실하고, 신뢰가 가며, 사회적 역할에서도 성실하다(Jung, CW 7, p. 174). 이들은 타인에 대하여 더 많은 관심을 가지고 있고 그들의 문제로부터 회피하지 않는데, 이것이 원형적 신의 형상을 경험한 사람들이 가지는 특징이다. 그래서 개성화가 인간 정신 안에 있는 하나의 기능임에도 불구하고, 이것의 결과는 인간이 살아가는 삶의 현장에서 나타난다.

개성화는 개인의 의식과 무의식에서 그림자와 페르소나에 의해서 곡해·과장·저평가된 것들의 균형성을 찾고, 집단무의식에서 에로스와 로고스의 관계성과 성취성의 균형성을 찾아가는 과정을 통해서 그동안 자기중심적인 세계에 갇혀 있던 자기를 끄집어내어 공동의 선을 목표로 하는 이타적 세계에 서게 하는 것이다. 이러한 과정에서 넓어진 개인의 의식 세계는 아주 개인적인 욕망, 희망, 두려움의 과민하고 에고이즘의 뭉치에 더 이상 움직이지 않고, 세상 속에서 제약받지 않고, 결속시키고, 와해시킬 수 없는 교제할 수 있는 영역으로 오게 된다.

개성화는 인간 안에 있는 원형적인 신의 형상을 만나는 과정이지만, 그리고 여기에 따른 심리학적 이해와 조화의 필요성을 말하고 있지만, 그 결과에 있어서는 인간의 삶의 현실에서 개인주의를 탈피하고 공동의 선을 위해 일하는 것으로 나타난다. 즉, 이 과정이 종교성을 가진 과정이지만, 그 결과는 현실에서 열매를 맺는 과정으로 나타난다. 물론 이러한 과정을 밟는 데 있어서 이것은 완성되는 것이 아니라 과정이 가지는 중요성이고, 이 과정이 성공적이기 위해서는 개인을 둘러싼 환경에 대한 도전과 비합리적인 개인의 규범에 대하여 도전하려는 의지가 중요하다.

# V. 노스탤지어

# V. 노스탤지어[1]

　프로이트의 지적과 같이, 문화는 '매력'과 '미'를 동반하면서, 동시에 인간의 리비도적인 본능을 은닉하면서 문화 속에서 꽃을 피우고 있다. 이러한 관점에서 보면, 우리 사회는 한 세대의 변화가 지난 수백 년 세월의 변화보다 더 많은 변화를 경험하고 있다. 1인당 국내총생산(GDP)이 3만 달러를 넘었고, 과거에는 상상할 수 없는 복지제도가 모든 연령층에 부분적으로나마 제공되고 있다. 고등학교까지 무상교육이 실시되고 있고, 대학을 돈이 없어서 못 가는 시대는 지났다. 개인이 학업과 미래에 대한 의지만 있다면 국가를 통해 제공받을 수 있는 기회가 많아지고 있다.

　모든 매체가 개인의 자기 가치와 실현에 대한 관심을 다루고 있으며, 권위적이고 획일적인 세대를 벗어나 다양성에 대한 가치와 자기가치와 자기즐김 그리고 이른바 소확행에 대한 관심이 어느 때보

---

1 이 장의 내용은 필자의 논문 「The Concept of 'the Sacred' and its Implications to Pastoral Psychology」를 참고하여 편집하였다.

다 늘어난 현재가 되었다. 그러나 이러한 혜택과 가치에도 불구하고, 우리나라를 비롯한 전 세계에서 일어나는 수많은 비참한 사건을 접하게 된다. 잔인한 사건, 상상할 수 없는 일들이 여기저기에서 너무나 흔하게 일어나고 있고, 일상이 되어 버린 것과 같은 비극이 주변에 널브러져 있다. 흔히 동물들이 잔인하다고 하지만, 사건들을 통해서 접하는 인간의 포학성과 잔인함은 어디가 끝일까 하는 생각에 잠기기도 한다. 더욱 발달한 기술문명과 현대화의 혜택, 풍요로움이 생활 가까이에 있지만 우리의 정신세계와 그 현상의 현실은 슬프다.

자본주의와 기술문명이 현대인의 의식에 침입하고, 인간의 의식 속에 남아 있는 영성의 정신적 가치를 무력화시키지는 않는지 생각해 본다. 합리주의와 물질주의만으로 사고하는 현대인에게 고대인이 삶의 낙으로 생각했던 신성한 삶을 대체하고 이것들이 주는 삶의 근원과 가치를 점령하고 있다. 반면, 고대인이 추구했던 가장 핵심적 정신가치는 신성한 대상인 신의 뜻을 따르는 일치의 삶이었다.

고대인이 성스러운 대상과의 일치를 꿈꾸며 살아간 이유는 무엇일까? 그리고 그 대상으로부터 가지는 관계성은 그들에게 어떠한 영향을 미쳤을까? 혹은 인간의 정신세계와 성스러운 대상, 소위 신과는 어떠한 연관성이 있다고 생각하고 살아갔을까? 이 장에서는 이러한 질문에 대해 시카고 대학교의 종교학자였던 미르체아 엘리아데(Mircea Eliade)의 관점을 중심으로 살펴보려고 한다.

## 1. 성스러움과 인간 정신

인간 역사의 시작 이래 인간은 자신들의 존재에 대한 불안과 존재의 물음에 대하여 답을 줄 수 있는 성스러운 대상을 구하는 과정을 시작했다. 대상은 특별한 동물, 자연, 장소나 산과 같은 것이 되었다. 이러한 대상들은 인간이 실존적이고 존재론적인 문제를 해결하기 위하여 이 특별한 대상들을 어떤 특별한 초월적 대상과 연관 지으려는 바람을 가지고 있다는 것을 보여 주는 증거가 된다(Eliade, 1987, p. 47).

고대사회에서 왕족이 자신들의 뿌리를 신의 세계와 연결시키려는 노력은 그들의 뿌리에 대한 정당성과 위대함을 보여 주려는 인위적인 노력이라는 것도 있지만, 고대적인 의식에서 보면 이것은 또 다른 관점, 즉 인위적인 노력이 아니라 인간이 아무것도 할 수 없다는 무능과 절대자에 대한 인간의 미약함 때문에 마음속 깊은 곳에서 나오는 인간의 고백이다.

인간이 이렇게 자신을 성스러운 주체와 연결시키려는 이유, 즉 하늘의 이미지를 인간에게 적용시키려는 이유는 크게 세 가지 입장이 있다. 첫째, 인간은 자신들의 분명한 존재의 근원에 대하여 알고 싶다는 열망을 가지고 있다. 이것은 인간 존재에 대한 본능적 움직임이기에, 성스러운 대상과 자신과의 관계성 속에서 인간이 가진 불안과 문제를 해결하길 원하는 것이다. 마치 유아가 본능적으로 부모와 같은 주된 돌봄자(primary care-giver)를 찾는 것과 같이 성스러운 대상과의 애착관계를 형성하기를 원하는 것과 같다. 유아의 초기 단계에 부모에 대한 물질적이고 정신적 의존을 하는 것은 기본적 본능이지만, 영적인 면에서는 인간이 성숙하지 않으면 나타나지 않는다. 이러한 점에서 칼 융은 인생의 주기에서 영적인 목마름은 중년기 이후에 나타난다고 보고 있다.

둘째, 인간은 자신들의 가치관을 성스러운 대상을 통해서 증명하려고 했다는 점이다. 이러한 관계성이 삶에 역동성을 제공할 수 있다. 이 관계성은 사람들이 삶에 대해서 좀 더 긍정적인 가치를 가지고 살 수 있도록 한다. 즉, 성스러운 대상은 사람들로 하여금 당시 사회에 가장 큰 기대인 좀 더 성화된 삶을 살 수 있도록 한다.

인간의 종교 역사에서 성스러운 대상은 인간 존재의 의미와 매우 긴밀하게 연결되어 있다. 이러한 점에서 엘리아데는 종교의 현상만이 아니라 성스러움을 통해서 인간이 자기이해의 과정을 우리에게 보여 주려고 하는데, 성스러움과 인간의 정체성에는 분명한 관계성이 있다는 점이다(Rennie, 1996, p. 113). 왜냐하면 그의 관점에서는 성스러운 대상은 분명한 실제이며, 동시에 힘, 효율성, 삶의 근원 그리고 다산성(fecundity)을 가지고 있기 때문이다(Eliade, 1987, p. 28).

인간이 성스러움에 대한 이러한 관점을 가지고 있는 이유는 인간에게 특별한 종교 의식의 형태가 자리 잡고 있는 인간 의식의 중앙에서 자율적으로 솟아오르기 때문이다. 이러한 현상은 매우 신비적인 성향을 가지고 있는데, 이것은 마치 인간의 기원을 제정한 '궁극적 관심'(ultimate concern)으로 인간이 절대적으로 의존하고 있는 것이다(Rennie, 1996, p. 243).

각 문화에 따라 다양한 모습으로 비쳐진 이 성스러움의 대상인 궁극적 관심은 인간의 문화를 만드는 데 있어 가장 중요한 원인을 제공했으며, 이 궁극적 관심을 경험하고 증명하기 위해서 고군분투한 것이 인간의 문명을 발전시키고 있다. 이 정의는 후에 틸리히(Tillich)가 문화와 종교 간의 관계성을 정의한 "문화의 내용은 종교이고, 종교의 형식은 문화다."와 같은 맥락이다. 이러한 현상은 인류에게 있어 어느 특정 문화에서만 발생하는 것이 아니며, 보편적이고 우주적인 인간의 욕구이며 현상이다. 인간의 문명에서 성스러움의 대상에 대한 인류의 관심은 성스러움의 대상이 원초적인 종교의 모체(matrix)가 된다는 것을 의미한다. 그래서 성스러움의 대상은 인간이 가진 제도, 기술, 예술 등과 같은 일반적인 문화적 가치를 이해하는 데 있어 중요한 요소이다(Eliade, 1991, p. 41).

셋째, 인간은 성스러움의 대상과 동일시 할 수는 없지만, 인간 내부에 절대자의 한 부분으로 자신들을 증명하려고 하는 내적 욕구를 가지고 있다. 이 성스러움의 대상을 경험함으로써 인간은 자신들 안의 보이지 않는 신성을 경험하기를 원한다(Eliade, 1987, p. 38). 엘리아데는 이것을 인간이 자신의 고향에 대한 그리움을 본능적으로 가지는 것과 같은 종교적 노스탤지어(religious nostalgia) 때문이라고 본다. 이 종교적 향수를 통해서 인간 존재에 대한 규명, 즉 인간이 어디서 와서 어디로 가는지, 왜 태어나고, 무엇을 위해 살아야 하는지에 대한 신선하고 순수 무구한 장소를 구하는 것이다. 동시에 종교적 향수를 통한 성스러움의 대상과의 접촉은 인간이 이 땅에서 존재하는 이유와 불가해성에 대한 답을 제공하고, 삶을 세속적 영역에서 바라보게 하는 것이 아니라 좀 더 높은 관점에서 바라보도록 한다.

종교적 인간의 깊은 본향에 대한 향수는 신성한 세계에 거주하는 것인
데 후에는 신전이나 성소가 신이 머무르는 자리로 대표된 것과 같이 자신
이 머무르는 집이 신의 집과 같이 되길 바라는 것이다. 간략하게 말하자
면, 이 종교적 향수는 창조주의 손에서 갓 만들어졌을 태초처럼 순수하고
거룩한 우주 속에 살고 싶은 인간의 원함을 표현하는 것이다(Eliade, 1987,
p. 65).

지금까지 살펴본 세 가지 이유들은 인간이 이 땅에서 의미 없이
존재하기 어렵고, 아이가 부모와 같은 주된 돌봄자에게 의지하는 애
착관계처럼 인간과 성스러움의 대상과의 애착관계와 같은 것임을
말해 주고 있다. 엘리아데에 따르면, 이러한 현상은 고대사회에서
만 존재하는 것이 아니라 세속화된 현대사회에서도 마찬가지이다.
어떤 의미에서 현대인은 인간의 의식구조에 깊게 연결되어 있는 성
스러운 차원과 여전히 가지고 있다(Eliade, 1973, p. 101).

이렇게 본다면 성스러움은 인간 의식구조의 한 요소이고, 세상에
서 인간 존재 양식으로서의 한 부분이다. 이것은 인간이 단순히 세
계 안에서 자신을 발견하는 것을 의미한다. 인간 의식구조가 이렇
기 때문에 그의 경험의 어디엔가 절대적으로 실재(real)이며 의미 있
다는 것, 자신을 위해 가치의 근원이 되는 어떤 것이 있다는 것이다.
이런 것이 있기 때문에 인간 의식구조는 존재의 의미를 구하지 않고
는 살 수가 없는 것이다. 그래서 만일 성스러움이 인간에게 존재이

고, 실재이고, 의미에 차 있는 것이라면, 성스러움의 대상은 인간 의식구조의 한 부분이 되는 것이다(Eliade, 1973, p. 101).

성스러움의 대상에 대하여 다문화 속에서 연구한 결과에 따르면, 성스러움이라는 것을 심리학이나 철학에 국한시킬 수 없다고 보는데, 그 이유는 성스러움의 대상은 표현을 넘어 있기 때문이고, 심리학이나 철학은 인간의 마음으로부터 불러일으켜지고 각성될 뿐이기 때문이다.

성스러움은 가장 깊은 예배의 고요한 분위기와 함께 인간의 마음에 퍼지는 부드러운 밀물과 같은 것이다(Otto, 1975, p. 7). 성스러움은 인간에게 절대적으로 가장 주된 것이며 가장 근본적인 것이기에 이것의 경험은 인간에게 가장 주되고 근본적인 것을 불러일으키고, 인간의 자기성(selfhood)에 대한 가장 깊은 곳까지 접근하여 인간의 잠재성의 반향을 불러일으키는 창조와 재창조를 자극한다(Jones, 1991, p. 116).

여기서 성스러움이라는 것이 인간의 생활과 의식에 가장 근원적인 것으로 자리를 잡고 있다면, 왜 우리는 이러한 것을 경험하기 어려운가 하는 질문을 자연스레 던질 수밖에 없다. 엘리아데에 따르면, 종교는 인간의 타락에서 그 기원이 시작된다. 만일 인간이 본질로부터 떨어져 나온, 즉 소위 타락이 없었다면, 인류는 종교 없이 살아가고 있을 것이다(Eliade, 1977, p. 67). 그래서 타락은 인간과 신성한 세계 간의 보이지 않으면서 횡단할 수 없는 간격을 만들었고, 그 결과 인간에게 타락은 '불만족' '무시간대의 망각' '거룩함으로부터 분열' '불일치' 그리고 '잃어버린 낙원에 대한 향수'의 현상을 가지게 되었다. 그리고 이러한 타락은 심리적 불만, 존재론적 허무 그리고 삶의 상황에서 실존적인 분열을 발생하게 한다.

종교학자 엘리아데는 인간의 타락을 세 단계로 더 세밀하게 구분을 하는데, 첫 번째 단계는 성스러움의 감각인 '분열된 의식' 수준에 머무르는 단계이다. 두 번째 단계는 성스러움의 감각이 무의식의 상태로 더 흩어져 버리는 상태가 되고, 이때 성스러움은 망각 (forgotten)된다. 이러한 경향은 현대의 사상과 철학이 현대인에게서 신에 관한 인간의 의식을 빼앗아 가는 상태이다. 세 번째 단계는 일로 인해 현대인에게 제한된 시간에 대한 문제이다. 현대인은 이 소비사회와 후기 산업화 시대에 자신들의 일로부터 벗어나기가 어렵기 때문에 시간의 노예가 되어 버린 것이다(Eliade, 1975, p. 154). 이렇게 됨으로써 현대사회의 인간은 성스러움과 더 거리를 가지고 살아가게 된 것이다.

현대 생활의 편리함에 익숙한 현대인은 깊은 밤 조명과 음악의 소리들이 지속되길 간절히 바라고 있을 것이다. 이 소리와 조명이 깊어질수록 인간의 본질에 대한 내면의 절규를 망각할 수 있는 기회를 가질 수 있기 때문일 것이다. 그러나 내적·외적·물질적·정신적으로 소유할 것을 가졌다 하더라도 인간의 마음 깊이에는 풀 수 없는 문제들은 분명히 있다. 인간은 그 근원이 성스러움의 대상으로부터 왔다는 종교학적 접근이 있음에도 현실에서는 과거의 종교를 통하여 소원한 요소들을 현실적 시간과 노력 그리고 투자를 통해서 획득할 수 있는 요인들이 우리에게는 많이 있다. 이 관점에서 다음의 지적은 현대인이 경청해야 할 중요한 요소일 것이다.

어떤 사람도 현재를 멈추고 자신을 생각하지 않고는 깊은 심연과 같은 차원을 경험할 수 없다. …… 일시적이고 한시적인 관심이 얼마나 중요하고 가치 있으며 흥미로운가에 관계없이 (사람들의 마음이) 고요해지지 않는 한, 궁극적 관심(ultimate concern)에 대한 것을 들을 수 없다. 이것은 우리 시대에 깊은 차원의 상실 중에서도 가장 깊고, 가장 근원적이며, 거시적 의미에 있어서 종교상실이다(Tillich, 1988, pp. 43-44).

## 2. 현대인과 노스탤지어(鄕愁)

고대에는 성스러움이 인간 정신구조의 핵심이었고, 성스러움의 대상으로 살아가는 것이 고대인에게 있어서 삶의 목표였다. 반면, 현대에 와서는 과학과 기술문명이 성스러움을 대체하고 말았다. 자연과 생명체의 경이로움으로 느끼기보다는 기술문명의 혜택과 편의성에 더 관심이 많이 가는 시대가 되었다.

어느 작가의 말이 생각난다. 그는 스마트폰을 사용하는 사람들이 버스를 타고 가는데 버스 창문으로 가을 색에 물든 자연을 감상하는 방법은 자연을 있는 그대로 오감을 통해서 감상하는 것이 아니라, 그것을 굳이 스마트폰 사진에 담아 스마트폰 화면으로 저장하여 그 자연을 본다고 하였다. 이 이야기는 현대인으로 하여금 초월적 세계에 대한 관심보다는 급변하는 기술문명의 발달에 심취해 있는 상태를 보여 준다. 그래서 현대인의 허상적 고민은 자연이 없어서가 아니라, 이 자연을 담을 스마트폰이 더 새롭지 않아서 고민일 것이다. 이러한 현상에 대하여 신학자 틸리히는 종교에 있어 성스러움에 관심을 갖은 엘리아데와 비슷한 교감을 한다.

현대인은 역사상 어떤 시대의 사람들보다 경건하지도 않고 또한 불경건하지도 않다. 우리 시대에 깊은 차원의 상실은 인간 자신이 자신의 주변과 맺는 관계성에 의해 발생한다. 우리 시대는 자연이 인간의 지배에 의해 과학적 기술적으로 복종하고 있다. 이 시대의 인간에게 있어 깊은 차원의 인생은 수평적 차원으로 대체되었다. 산업사회를 움직이는 힘은 인간이 그 사회의 부분이 되어 (성스러움과의) 수직적 관계가 아닌 수평적 관계를 가지게 되었다. 대중적인 용어로 이것은 '더 좋게' '더 크게' '더욱더'와 같은 표현이다(Tillich, 1988, p. 43).

기술문명과 풍요의 혜택으로 대다수의 현대인은 종교와 멀어지고 있고, 동시에 종교가 현대인의 정서적 상태와 호응하지 못하는 점도 종교로부터 많은 사람이 이탈하는 이유가 되었다. 그리고 그 틈 사이를 기술과 문명이 가져다준 편리함이라는 수평적 차원의 관계가 대체하고 있기 때문에 현대는 확실히 성스러움을 상실해 가는 시대에 있기에 우리 시대는 '영적 도산'(spiritual bankrupt)의 상태이다(Leech, 1992, p. 7).

인간의 노동을 대신해 줄 인공지능의 출현, 유전공학의 발전으로 장수와 불로영생을 꿈꾸는 기술문명의 혜택이 하루가 다르게 홍수처럼 급습하고 있다. 그리고 이러한 기술문명의 진보와 혜택이 우리가 직면하고 살아가야 할 인간존재와 실체에 대한 작업을 점점 지연시키고 있다. 그래서 이러한 생활의 편리함, 문명의 이기 그리고 기술문명의 획기적 진보는 현대인의 마음으로부터 성스러움에 대한 노스탤지어를 빼앗아 버리고 만다.

현대 기술문명의 피해를 종교사회심리학 관점에서는 어떻게 볼까? 현대문명의 핵심은 분명히 기술 발달이다. 기술의 발달은 그 기술을 개발하고 만든 이들의 정신 세계가 이것들을 사용하는 이용자의 정신 세계에 영향을 미치는데, 이것이 기술지배적(technological-hierarchial) 세상이라는 점이다. 알지 못하는 과학자나 기술자에 의해 개발되고 완성된 물품은 대부분 매우 합리적인 방식과 구조에 의해 조형되었기에 이것을 사용하는 사람에게 무의식적으로 영향을 준다. 사용자는 발명자의 초고도의 합리성을 친근하게 사용함으로써 인간이 가진 보이지않는 내적 가치나 영적 가치를 무가치하게 여기게 되고, 결과적으로는 균형의 상실을 가져오게 되어 현대인에게 많은 심리적 문제를 발생시킨다. 인간은 합리와 비합리성, 헤아릴 수 없는 보이지 않는 세계와의 균형을 가지고 있는 것이 좋다. 보이는 것과 합리성을 근거로 한 것만으로 인간과 세상의 모든 것을 설명할 수는 없다. 우리가 여기에 익숙한 것은 현대 기술문명의 풍조가 현대인의 감성과 영성을 합리성으로만 이동시키기에 나타나는 문제이다(Berger, 1973, pp. 23-25).

컴퓨터 게임에 빠지게 되면, 게임 캐릭터에 내포된 성향들이 인간의 생활 활동에 절대적 영향을 주는 것과 같다. 가상세계에서 폭력과 죽음이 난무하는 게임 스위치를 켜고 끄는 작업을 통해서 게임(생명)을 다시 시작할 수 있다는 환경은 현실세계에 스스럼없이 적용될 수 있다. 스크린의 가상 세계가 현실세계를 지배해 버릴 수 있는 것이다. 그래서 현실과 환상의 세계를 구분하지 못하는 경우가 종종 발생한다.

현대인은 자신들이 자주 사용하는 기술에 의해 자신의 세계가 조형되고, 이것은 다시 타인에게 영향을 주게 된다. 이러한 과정은 인간과 인간이 만나는 과정에서 합리와 감정의 과정에서 시행착오를 거치면서 가능과 불가능을 배우는 과정을 겪기보다는 합리와 이성의 논리만 적용되는 메마른 관계와 사회 속으로 가게 되고, 현실만이 아닌 또 미지 세계와 초월적 세계를 향수할 수 있는 기능을 억제하게 된다. 인간의 기술문명도 위대하지만, 여기에 대한 항목은 기술문명을 담고 있는 우주의 시간과 공간은 품지 못하는 모순성에 빠지게 되면 이 기술문명 속에 인간은 단지 도구로서만 존재할 뿐이다.

기술문명 속에서 이러한 의식 변화에 대한 두 가지의 상반된 현상이 있는데, 첫째는 '반-현대화'(counter-modernization) 운동으로, 이는 성스러움을 경험하기 위해서 이루어지는 격렬한 노스탤지어 운동이다. 태초의 상실된 낙원을 회복하고자 하는 영적 공허함을 극복하기 위한 운동이다. 복잡한 도시문명을 떠나 자연으로 돌아가려는 현대인들의 움직임도 이런 운동일 것이다. 둘째는 '현대화'(modernization)인데, 현대인은 무의식적으로 기술적 이성을 수용하도록 강요당하는 구조에 있고, 이것을 통해서 새로운 가치와 새로운 공동체를 창안하도록 강요받는다. 이러한 상황에서 청소년 문화는 이 움직임에 대한 반항으로, 고정된 가치 관념으로부터 벗어나서 벌거벗은 진정한 자신을 재발견하려는 운동이다. 결국 이러한 움직임들은 인간 개인의 시간과 공간을 질식시키는 부자유함으로부터의 저항이며, 현대 기술문명보다는 신선하고 새로운 가치를 찾고자 하는 노력이다(Homans, 1979, p. 202 재인용).

현대인이 성스러운 차원의 것을 여전히 지니고 있다는 엘리아데의 지적은 현대인에게 어떻게 이러한 현상이 발생하는지 탐구해 볼 가치가 있다. 앞서 언급했듯이, 종교사회심리학자인 피터 버거(P. Berger) 역시 현대인도 기술문명 속에서 성스러움에 대한 노스탤지어를 경험하고자 하는 움직임이 있다고 본다. 이러한 관점은 성스러움이 인간 의식구조와 긴밀하게 연관되어 있다는 사실을 말해 준다(Rennie, 1996, p. 113).

성스러움은 때때로 '고대의 존재론'(archaic ontology), 혹은 '고대의 정신'(archaic mentality)으로 불렸다. 즉, 고대인은 성스러운 대상과 마주칠 때마다 자신들이 아주 태초의 상태로 변형되는 것을 보여 준다(Eliade, 1975, p. 90). 이러한 경험들과 이것에 대한 의식들이 몇 세기를 지속하면서 인류의 후손에게 전수되었기 때문에 현대인도 어느 순간에 이러한 만남에 대한 존재론적 갈구를 가지고 있다. 이러한 의식의 흐름 속에 남아 있는 성스러움에 대한 기대는 환경에 의해서 변형되지 않는다. 그래서 칼 융은 인간이 근원과의 일치를 꿈꾸는 것을 애정이나 성욕보다 강한 욕구로 보고 있다. 그리고 이러한 성스러움에 대한 갈망은 현대인에게 동시성(synchronicity)에 대한 것으로 나타나기 때문에 고대에도 이것을 갈구한 것처럼 현대에도 성스러움과의 만남을 갈망하고 있다. 이 점에서 동시성은 현대인에게 존재론적 의식을 제공하는 중요한 요인이 된다(Eliade,

1973, pp. 104-105).

이와 유사하게, 칼 융은 원형(archetype)의 영향이 현대인에게 절대적이라고 본다. 이 원형의 의미는 '고대의 존재론'이나 '고대의 정신'과 비슷한 역할을 한다. 이 원형에 대한 증거는 원형에 의해 움직이는 인간 무의식은 고대부터 현재까지 인간의 역사를 통하여 어떤 신비한 생각 등을 끄집어내고 있다. 이렇게 고대부터 현대까지 인간에게 의식적으로 그리고 무의적으로 성스러움에 대한 노스탤지어가 있는 것은 인간 정신에 깊게 뿌리내린 '신의 형상'이 있기 때문이다(Lim, 2000, p. 23).

Ⅳ장에서 이미 살펴보았는데, 칼 융은 인생을 크게 두 개의 주기로 구분하였다. 즉, 인생의 초반과 후반이다. 인생 전반에는 생물적이고 사회적 능력하에 인간이 살아가고 인생 중반 이후에는 영성적 원칙(spirituality)에 의해 살아가는데, 그것은 인생 초반의 원칙들이 인생 중반 이후에는 더 이상 적합하지 않기 때문이다(Stevens, 1990, p. 62).

중년에 이르면 남녀를 불문하고 노화에 대항하기 위해 건강과 외모에 우울 증적인 관심을 가지게 된다. …… 인생의 진정한 즐거움이 결핍된 공허한 현상을 겪고, 종교적인 관심도 가지게 된다. 사실, 이러한 모든 증상은 중년에 흔히 발생하는데, 빠른 시간에 대항하여 움직이려는 시도이다. 외부 활동에서는 감성적 삶의 결핍이 생겨 인격의 퇴보도 이 시기에 언제나 발생할 수 있다. 그래서 도덕적 면과 용기의 결핍이 발생한다(Jaques, p. 502).

인생의 중반을 넘어서면서 인간은 불가항력적인 가치관을 세월의 속도와 같이 직면하게 된다. 곧 죽음에 대한 생각과 불안이다. 이 시기가 불안으로 차기 시작하는 것은 고대인은 40세 이전에 생물학적인 자손에 대한 준비와 부족에 대한 일을 완수했기 때문이다. 그러기에 이 시기가 죽음을 경험하는 시기이다.

성스러움과 일치되는 인생을 주된 목표로 가진 고대인들에게 죽음은 통과의례일 뿐 두려움의 대상은 아니다. 그러나 현대인에게 이 시기가 불안과 고통으로 더 가중될 수 있는 것은 기술문명의 발달로 이것이 관심 밖으로 나가 지연된 죽음은 시간만 지연되었을 뿐 필연적으로 나에게 올 것이라는 점이 망각되고 있다. 그래서 현대인은 고대인처럼 성스러움이라는 관계성을 가지고 삶과 죽음을 통과의례로 여기는 성스러운 대상과의 관계성이 많이 상실되었기 때문이다.

이러한 현상들은 확실히 인간이 본향에 대한 노스탤지어나 성스러움을 구하고 그것을 삶의 본질로 삼은 고대인에 비해 현대인들이 가진 정신세계의 빈약함에서 오는 것이다. 인생의 전반에 현대사회에서 공존하는 현대인은 정말로 자신의 정체성을 매우 좁은 구도에서만 볼 수밖에 없다. 그리고 이 정체성의 대부분은 이 경쟁적인 사회와 세상에서 생존해야 하는 방법을 학업, 기술 등과 같은 생존 논리로 주입받으면서 살아가고 있다. 그래서 이 인생의 오전에 가장 적합한 사람은, 그 방정식을 잘 풀고 수행하는 사람이다. 그러나 인생의 오후에 인간은 협소한 정체성을 벗어나 좀 더 넓은 의미에서, 존재론적 의미에서 인생에 대한 질문을 해 보도록 요청받는다. 그리고 인간이 이러한 질문을 요청받는 것은 죽음에 대한 직간접적인 인식과 경험이고, 이러한 질문은 우리 인생의 전반에 가졌던 방정식과 같은 협소한 삶으로부터 분리시키는 데 매우 중요하다. 이 관점에서 인간에게는 성스러움이라는 원형 또는 노스탤지어라는 점도 중요하지만, 한 개인이 살고 있는 사회문화적인 환경이 어떠한 영향을 주고 있는가를 알아야 할 필요가 있다(Jung, 1979, p. 123).

인생의 어느 순간마다 한 번쯤은 물어봐야 하는 질문들이, 어쩌면 많지는 않더라도 어떤 지적인 과정을 통해 답이 얻어지는 것은 아니다. 융은 지적인 과정이 가진 한계로 인해 사람들에게 만족을 줄 수 없는 이유를 다음과 같이 설명하고 있다.

> 사람들은 지적인 작업들이 만족을 줄 수 없기 때문에 여전히 굶주려 있다. 만일 사람들이 죽으면 철학도, 종교도, 어떤 과정의 종류도 없기 때문이다. 모든 존재하는 합리성을 넘어 움직이는 어떤 것이 있다(Jung, 1979, p. 124).

이러한 생각과 질문들은 여전히 우리에게 더 오래 살아갈 수록 인생의 전반에 가진 가치관과 성공관에 대하여, 그리고 오늘도 여전히 이것을 구조적으로 만들고 권장하는 사회와 개인에 대하여 땅의 관점에서만 아니라 '위'(above)의 관점에서 보도록 요청한다. 인간이 인생의 중반을 넘는 지점에서 또는 어느 특정한 지점에서 이렇듯 종교가 아니면서 종교성을 가진 질문과 삶의 길에 대하여 되돌아보는 과정을 가지는 이유는 이 기술문명 시대에도 인간의 무의식에 남아 있는 인간 존재의 뿌리칠 수 없는 존재론적 물음이기 때문이다.

정당하고 바른 삶의 목적이 보이는 것과 성취하는 것으로 대신하여 신경불안을 경험하는 내담자들에게 융은 신경불안을 위한 치료를 하는 것보다 누미너스(the numinous)에 접근하기를 권면하였다. 누미너스란 종교적 경험의 주체를 만나는 것이다. 왜냐하면 그는 현대인들이 수많은 신경불안을 경험하는 중요한 근거는 '영성적 중심'(spiritual center)을 상실했다고 보았기 때문이다(Moore & Mechkel, 1990, p. 6). 즉, 삶의 무의미는 아주 깊게 종교성과 연관되어 있다는 것이다. 이러한 관점에서 보면, 엘리아데가 밝힌 '성스러움의 대상'(the sacred)이라는 것이 고대인에게 있어 삶의 의미를 제공해 주는 중요한 근거라는 것과 같은 맥락의 주장이다. 그래서 현대인에게 성스러움에 대한 만남은 치료로 이어지고 이것은 현대인을 병리적 아픔으로부터 놓이게 하는 역할을 한다.

성스러움의 대상 또는 누미너스는 현대인에게 신경불안으로부터 어떻게 놓임을 받게 할 수 있을까? 이것은 신경불안이나 병리적인 것은 인간의 핵심구조의 상실, 즉 영혼의 상실이라는 점이다. 물론 이 영혼의 상실이라는 것은 인간 안에 머무르는 종교성의 상실을 의미한다. 그래서 이 종교성이라는 것은 종교인과 비종교인을 떠나서 모든 사람에게 수용될 수 있는 본질적 요소를 말한다. 이러한 점에서 영혼의 상실은 어린아이가 부모를 상실한 것과 같은 환경을 의미한다. 그리고 이 영혼의 상실이 발생하게 되면, 개인과 구조가 이 영혼상실을 부추기게 되고 더 많이 빠르게 병리적 분열(pathological disassociation)이 발생한다(Smith, 1995, p. 4).

성스러움의 대상과의 무관심 또는 분리로 인해 영혼상실을 경험하게 되는 현대인은 시간이 지나면서 신체적 · 심리적 · 영적 고통을 경험하게 되고, 이러한 경험들은 인생을 조각난 파편으로 흩어지게 할 것이다. 그 결과, 삶의 동력을 빼앗기거나 상실하게 되어 인생을 되풀이되는 무의미에 놓이게 할 것이다(Waya, 1992, p. 18).

사람은 잃어버린 낙원 혹은 노스탤지어의 본향을 어떻게 경험할 수 있을까? 그리고 그 경험을 통해서 현대인이 많이 겪는 신경불안과 우울증으로부터 놓임을 받을 수 있을까? 치료를 받는다는 것은 잃어버린 것을 회복하고, 성스러움의 대상에 의해서 균형을 유지하거나 힘과 영혼이 회복된다는 것이다. 의학적으로도 건강을 회복했다거나 건강하다는 것은 우리 몸이 균형을 가지고 내부 · 외부에 있는 병원체로부터 저항할 수 있는 힘을 가졌다는 것을 말한다. 이러한 점에서 치료의 근본적인 원칙은 균형, 조화와 전인성을 회복했다는 것이다. 그리고 이 치료의 근원은 인간 정신 안에 있는 신의 원형적 이미지 혹은 성스러움의 대상의 존재를 경험하게 될 때이다(Chapmann, 1988, p. 76).

# VI. 호모 렐리기오수스

# VI. 호모 렐리기오수스

　심리학자 에릭슨(E. Erikson)은 인간의 발달단계(8단계)에서 각 단계마다 겪어야 하는 위기가 있다고 본다. 특별히 청년기부터는 세 가지의 주제인 일, 사랑 그리고 우정에 대하여 본격적인 관심을 가지게 되고, 이 세 가지 주제에 대하여 친근감(intimacy)을 가지고 살아가는 사람이 비교적 정서적으로 온전한 사람이 됨을 언급한다.

　성인이 된 인간에게 일은 매우 중요한 주제이다. 인간은 일을 하지 않고 살아갈 수 없다. 혹자는 많은 재산이나 유산 등으로 일을 하지 않는 로망을 갖는 사람도 있겠지만, 이것은 쉽게 인간을 무너뜨릴 수 있다. 일은 때때로 인간에게 고통과 인간의 굴레라는 현실을 보게 하지만, 인간은 일을 통해 자기실현을 이루거나 현실에 적응한다. 동시에 사랑은 일로 인해 메마른 심성에 삶의 환희를 제공해 주고 존재의 이유를 문득 말해 줄 수 있는 근거가 되기도 한다. 또한 우정은 나의 지평선을 넓혀 또 다른 대인관계를 통해 살아가는 이유를 말해 줄 수 있는 통로가 되기도 한다. 이러한 점에서 일, 사랑 그리고 우정은 인간이 살아가면서 가장 중요시하는 과제를 제시해 주고 있다.

자기 마음대로 하고 싶은 대로 다 될 수 있는 환경과 자신감을 가진 것은 심리적 관점에서는 문제가 된다. 자신이 하고 싶어도 할 수 없는 것들이 있다는 사실을 아는 것은 가족에게나 대인관계에서 사람을 사람되게 할 수 있다. 그래서 일, 사랑과 우정의 관계에서 내가 하고 싶은 것과 할 수 없는 것도 있다는 것, 때론 내키지 않는 것을 타인과 일을 위해서 해야 한다는 것은 인간의 굴레 속에서 성숙한 인간이 되게 한다.

일, 사랑 그리고 우정이 청년기부터 시작하여 본격적으로 성인기에 잘 정착되기 위해서는 이 요소에게 본격적인 '자기헌신/희생'이 필요하다. 어린 시절에 정신적·물질적으로 제공을 받았던 것에서, 이제야 비로소 조금은 자기중심적인 생활에서 벗어나서 자신을 이러한 주제에 드림으로써 순진무구함을 떠나 현실에 놓인 인간이 된다. 일, 사랑 그리고 우정은 개인이 이런 것들에 어느 정도 희생하지 않으면 성립할 수 없는 요소들이다. 왜냐하면 이제부터는 나-너라는 관계성을 통하여 조금은 더 타인을 생각하고, 타인의 필요성에 자신의 희생을 통해 시너지 효과를 가지게 된다.

자기헌신을 할 수 없는 상태에 있다면, 사람은 이 세 가지로부터 소외(isolation)를 느끼고 이 세 분야에 대해 무관심한 시기를 거치게 된다. 사람은 동시에 거짓된 친밀감(pseudo-intimacy)을 가지고 있는데, 거짓된 친밀감은 유아의 자기중심적 사고와 행위에서 여전히 벗어나지 못하고, 일, 사랑과 우정에 관심을 가지지만 그 목적이 자기중심적인 상태에 머무르기 때문에 시간이 지나면서 그 관계들이 부정적인 실체를 보이는 것이다.

나를 벗어나 타인을 바라보고, 관계성이 형성되기 위해 이기성에서 자기헌신을 가진다는 것은 종교성의 관점들이 조금씩 발생하는 것을 의미한다. 예를 들면, 미국의 경우 이혼 전문 변호사들의 통계를 보면, 이들이 젊은 시절에는 이혼 의뢰를 받으면 이혼을 성공적으로 성사시켰지만, 중년의 변호사들은 이혼을 성사시키기보다는 상담을 통해 의뢰인이 재결합할 수 있도록 유도하는 특징을 보였다. 화가들의 경우에는 중년을 전후로 해서 그림의 주제들이 변화하는 특징을 가진다. 중년 전에는 대부분의 주제가 사랑이었던 반면, 중년 이후에는 자연, 가족, 영원, 신에 대한 주제로 변해서, 자기중심적 주제에서 외부적인 주제에 관심을 가지기 시작한다(Guttmann, 1994).

또한 310명의 서구 예술가의 생애를 조사한 연구에서도 인생의 중년기에 이들의 창의적 작업들은 무미건조하여 더 이상 작업이 되지 않았고, 이들은 죽음을 맞이하여 끝이 나고 말았다. 또는 이 시기에 창의적인 내용들이 처음 나타나기도 하고, 작품의 내용들이 이전 것과는 다른 주제들에 대한 관심의 변화가 나타났다(Jaques, p. 4).

이러한 연구결과들을 보면, '무엇이 이러한 심리적 변화를 발생하게 하는가?' '종교적으로 말해 인간 안에 내재하는 신의 형상에 의한 발현인가?' '아니면 어떠한 외부적 변화로 인해 이러한 현상들이 발생하게 되는가?'와 같은 질문을 하게 된다. 혹 '특별한 종교적 형식은 없지만, 인간이 살아가는 과정을 통해서 종교성이라는 것을 느낄 수 없는 것일까?'라는 질문은, 오늘날 형식과 틀을 가진 종교에서 발생하는 여러 가지 부작용으로 인해 대중이 종교를 혐오하는 시대에 던지는 질문일 수 있다.

학교라는 제도가 필요하지만, 반드시 학교 제도만이 인간을 인간답게 만드는 것은 아니라는 것을 오늘날 선진국가에서 다 알고 있다. 오히려 학교제도가 가진 폐해가 많이 있어, 홈스쿨링이나 그 밖의 제도를 이용하여 학업을 계속하는 경향이 현대에 많이 발생하고 있다. 즉, 제도권의 학교나 종교가 좋은 영향을 미치는 것도 있지만, 이 제도권에 있는 기관들이 인간성을 죽이는 경우도 있기 때문에 사람들은 제도권 외의 다른 것을 찾는다.

종교의 최종 목적 중의 하나는 일상생활의 정상화가 아닐까 생각해 본다. 일상에서 그리고 자연에서 초월성의 영역을 경험하는 것이다. 그것은 자연스러운 현실이라는 일상의 경험이며, 곧 일상의 초월이며 현실의 초월적 종교의 세계이다. 일상이 소풍이 될 수 있게 도와줄 수 있는 것이 종교의 역할 중 하나라면, 만일 현실생활의 경험에서 종교성을 경험하지 못한다면 우리가 어떻게 진정한 초월성을 경험할 수 있겠는가? 그리고 형식과 틀에 매인 것보다는 자연스러움에서 우러나올 수 있는 것이 종교성이라면 에릭슨이 언급하는 '종교적 인간'(Homo Religiosus)이 그 답이 될 수 있을 것이다.

## 1. 관대성 인간과 종교

유대인이 사용하는 경전 '토라(Torah)'는 인간이 죽기 전에 해야 할 세 가지를 말한다. 자녀를 낳아 양육하는 것, 나무를 심는 것, 그리고 책을 쓰는 것이다. 이 세 가지가 가진 공통점은 인간에게 죽음이 오기 전에 자신을 남길 수 있는 것, 자신을 기억해 줄 수 있는 것을 남기는 것이다. 이 세 가지를 통해서 자신이 죽은 후에도 자신의 이름이 후세에 기억되게 하려는 것은 한편에서는 인간의 애처로움과 존재의 모호함을 보여 주는 것이다. 이는 인간이 영원히 살고 싶다는 욕구를 보여 주는 것이다. 인간이 끝없이 살 수 있다면 자신의 이름, 작품과 사상을 남기려는 작업을 하지 않을 수도 있을 것이다.

인간에게는 자신의 이름이 잊힌다는 것에 대한 두려움이 있다. 나를 기억해 주는 사람이 없다는 것은 곧 영원한 죽음을 의미하고, 나의 이름을 기억해 줄 수 있는 사람이 있다는 것은 내가 영원히 기억되어 그 사람 속에 영원하게 살 수 있다는 인간이 가진 불사성에 대한 욕망을 볼 수 있다.

어린 나이에는 불사성이 마음에 닿지 않는 것은 무한대일 것 같은 공간과 시간에 살고 있다고 느끼기 때문일 것이다. 그러나 인생의 중반이 되면 인간은 불사성을 꿈꾸는 나이가 된다. 왜냐하면 영원할 것 같지 않은 시간과 공간을 느끼기 때문이다. 살기 위해 소유한 개인적 공간이 영원한 것이 될 수 없고, 한계성의 시계 초침은 불의를 꿈꾸는 듯 거침없이 전진하기에 이 흐름을 역하는 불사의 욕망을 갖는다.

프로이트의 말처럼, 인간은 무시간대에서 왔기 때문일 것이고, 어릴수록 무시간대에서 출발한 것이 가깝기 때문에 불사를 꿈꿀 필요가 없을 것이다. 그러나 무시간대는 아무것도 없는 것이며 무의 세계이고 죽음의 세계였고, 이것은 인간의 출발 근원이 되는 것이기에 인간은 그곳으로 되돌아가는 과정이 인생이고 죽음이다. 대부분의 중년은 자신들이 가진 건강, 경제, 가정, 자녀 그리고 개인적 꿈에 대한 실현 및 좌절을 통하여 중년의 전환기를 맞게 된다. 이러한 요인들을 생활 속에서 경험함으로써 중년은 '이 땅에서는 남은 시간' '지금까지 살아온 세월'을 생각해 보는 기간을 가진다. 이것은 자신들의 삶에 대한 재평가를 가지는 기간이며, 심리적으로 인생의 주된 시간들은 끝나가고 있다고 생각하게 된다. 그리고 이러한 심리적인 정황들이 중년으로 하여금 자신들의 과거와 미래를 생각하게 하면서 '나는 이제껏 얼마나 살았는가?' '앞으로 얼마나 살 것인가?'라는 구체적으로 남은 인생의 시간을 계수하게 한다.

왜 인간은 이러한 시간의 흐름을 구체적으로 생각하게 되는가? 『목회상담학 사전(Dictionary of Pastoral Care & Counseling)』에서 지적한 중년기 사람들이 겪게 되는 다섯 가지의 중요한 환경적인 요소 중 하나가 '죽음'(death)의 직간접적인 요인들이다. 죽음은 중년기에 속한 개인이 서서히 겪게 되는 신체적 노화와 질병의 발생으로 인한 심적인 부담과, 특히 부모세대의 죽음을 통해서 경험하는 인간의 한계성에 대한 분명한 인식을 가지게 한다.

중년이 심리적인 정황을 가지게 되는 이유는 그들이 생애의 중앙에 서 있다는 사실 때문이다. 인간 싱장과징의 연대기직 입징에서 보면 단순히 심리적인 이유만이 아니다. 중년은 신체적인 성장을 이미 멈추었고, 이미 늙어 가고 있다. 그리고 새로운 외부적인 환경들을 중년은 맞이하고 있는 것이다. ……

부모는 늙어 가고, 필요로 하는 것을 충족시켜 주지 못한다. …… 중년은 인생이 완성되는 때이지만 동시에 이러한 시간 뒤에는 죽음이 기다리고 있다는 역설이 있다(Jaques, 1965, p. 506).

죽음에 대하여 사람들이 수용하는 것은 개인에 따라 차이가 있을 수 있다. 예를 들어, 개인적으로 자신이 하고 있는 일들에 대해 극도하게 집착함으로써 일종의 광적인 방어기제로 이러한 상황을 회피할 수 있다. 그러나 언젠가는 필연적으로 임박하는 노화와 죽음에 대한 인식을 할 수밖에 없다.

관대성을 가진 중년은 지나가는 부모의 세대(passing generation)와 성장하는 자녀의 세대(coming generation) 속에서 비로소 인간이 가진 한계, 특별히 죽음이라는 사실을 인정하면서 동시에 영원히 살고 싶은 욕구, 즉 불사성(immortality)의 소망을 가지게 된다. 그리고 이러한 불사성의 본능적인 소망인 오래 살기 위한(outlive) 방법을 가진다.

더 오래 살고 싶은 불사성의 결과는 현실적으로 삶의 가치, 기술, 사상들을 후손에게 전수하는 것이고, 이러한 전수를 통해서 자신의 가치관과 생각이 끊임없이 후손 속에 있는 것을 기대한다. 이러한 경향은 생산성을 고려하고 있는 중년의 본질적인 불사성의 욕구를 대리 만족시킬 수 있다. 그러나 이내 시간이 흐르면서 이러한 욕망이 불가능하다는 것을 인지한다. 동시에 이 불사성을 대체할 수 있는 것을 구하고, 더불어서 자신 개인의 인생이 주변에 필요한 사람으로서 살아갔으면 하는 마음을 가진다. 이러한 생각은 우리의 주변에 어떤 사람이 살아가고 있는가, 주변에 어떠한 자기 정체성을 가진 사람이 살고 있는가에 의해 성장하는 세대에게 많은 영향을 미칠 수가 있다.

인생의 중반을 넘어간 사람은 인생을 비교적 종합적인 관점에서 볼 수 있기 때문에 가족에게나 사회에서 가장 큰 영향을 미칠 수 있게 된다. 에릭슨은 이 영향을 톱니바퀴가 돌아가는 원리에 비유한다. 기성세대가 후대에게, 부모가 자녀에게 미치는 영향은 큰 톱니바퀴가 돌아가고, 아직은 힘이 없는 후세 톱니바퀴가 거기에 끼어서 돌아가는 과정에서 기성세대에게서 유형·무형의 영향을 받는 것이다.

인간 발달단계에서 비교적 긍정적으로 발달을 하면 중년기에 관대성이라는 영역을 접하게 된다. 관대성이 가진 전반적인 특성은 돌봄(caring)이다. 이것은 개인의 눈에 비친 모든 대상이 성공을 위한 정복과 경쟁의 대상이 아니라, 관계성 안에서 돌봐야 하는 대상이 되는 것을 의미한다. 관대성이란 세 가지의 영역에서 관찰되는데, 필자는 이 세 가지 영역이 종교적인 영역에서의 생활 실천과 비슷한 것이라 생각이 된다. 그리고 이 세 가지 영역은 종교의 영역들이 추상적·피상적인 신앙의 틀에서 벗어나 사회생활 속의 종교로 뿌리내리는 데 필요한 것으로 생각한다.

세대순환은 젊은 세대들이 성숙하려는 준비와 함께 나이 든 세대의 관대성에 직면함에 의해 세대적 순환인 삶의 순환과 연결되어 있다고 말할 수 있다. 이것은 세 가지의 측면을 가지고 있다. 생식적(procreative)인 것은 출생을 말하는 것이고, 다음 세대의 필요에 대해 반응하는 것이다. 생산적

(productive)인 것은 정치와 기술적인 구조(사회) 안에서 가족의 생활(family life)과 함께 일하는 인생(work life)을 조화롭게 하는 것이다. 그리고 창의적 (creative)인 것은 떠오른 세계상(world image) 속에서 문화적 잠재성을 만들어 가는 것이다(Erikson & Erikson, 1981, p. 269).

생식성은 자손을 낳고 기르는 과정에서 자손에 대한 돌봄 제공을 의미한다. 자손을 낳고 기르는 과정은 인간에게 교리적 종교를 가르치지는 않지만, 생활과 인간 존재에 대한 종교성을 갖게 하는 구조를 가지고 있다. 가족이나 관계라는 구조 안에서 뿌리칠 수 없는 운명적 선택에 의해 해야만 하는 책임, 희생 그리고 전혀 다른 자기실현의 구조 안에서 버텨야 하는 삶의 굴레와 멍에를 통해 사라져야 하는 세대와 이제 살아가야 하는 세대를 바라보는 것이다.

필자는 집에서 강아지를 기르고 있다. 간혹 이 강아지와 함께 있는 시간에서 강아지가 나에게 보이는 반응과 내가 강아지에게 보이는 돌봄의 관계성에 대한 구조를 경험하다 보면 애완견이 나에게 주는 즐거움을 느끼곤 한다. 비록 이것은 인간과 동물과의 관계이지만 이 가운데 돌봄이 서로에게 제공이 된다면 이것 역시 충분한 종교성의 의미를 가지고 있다고 생각한다. 애완견과 함께 있는 것도 삶에 주는 기쁨이 이 정도라면 부모가 자녀를 자연스러운 가운데 양육을 한다는 것은 더 큰 종교성의 의미가 있다.

종교가 형식과 의례를 중요시하고 그 형식과 의례에 적합하게 행동이 되었을 때, 그것을 신앙이 '좋다' 혹은 '아직은 아니다.'라고 평가하는 것에 익숙하다면, 에릭슨이 생식성에서 말하는 돌봄은 종교의 형식이 없고, 생활의 전반에서 특별히 자녀들과 성장하는 세대들에게 바람직한 돌봄을 제공하는 것은 종교의 형식은 없지만 충분한 종교성이 있는 일상 속의 신앙이라는 점이다. 사회구조적인 영향이 많이 있고, 시대의 영향도 많이 있지만, 결혼과 자녀의 출산 및 양육에 대한 거부를 많이 한다는 것은 거시적 의미에서 생활 속의 종교성이 메말라 가는 시대에 살고 있다는 의미로 볼 수도 있다.

생산성의 의미는 '가족생활'(family life)과 '일터생활'(work life)의 조화를 만드는 것이다. 자신이 종사하는 일과 가정을 통해서 가장 바람직한 결과를 도출하는 것이다. 인간은 일 없이 생존할 수 없고, 일을 통해서 자기실현을 꿈꾼다. 여기서 생산성은 자신이 종사하는 분야의 일을 통해서 후대에게 무언가 유익할 수 있는 어떤 결과를 남기는 것이다. 그리고 후대는 이 일을 통해서 삶에 질적인 수혜를 경험하는 것이다. 그런데 에릭슨은 이 생산성이 가족생활과 일터생활의 조화를 통해서 나와야 할 것임을 주장한다. 왜냐하면 이 양자의 조화를 통해서 결실을 맺는 것이 인간에게 혼란을 초래하지 않기 때문이다.

종교의 일 경우에도 마찬가지이다. 즉, 가족생활과 직장생활 중 하나가 전문적인 균형을 가지지 않을 때는 이 관대성의 종교성이 실패하게 된다. 인간은 자기가 종사하는 직업을 통해서 어떤 업적을 나타낼 수 있길 원한다. 그러나 가정 일과 균형을 이루지 않는 경우도 있다. 소위 일중독에 빠져서 가정과의 균형 없이 자기의 불안으로 인한 일의 몰두는 혹 어떤 괄목할 만한 업적을 가져오더라도 이것은 진정한 의미에서의 생산성은 아니다.

간혹 TV에서 맛집으로 소문이 나 손님들이 많이 찾는 음식점을 소개하는 프로그램을 보면 느끼는 점이 많다. 이러한 맛집의 대부분은 주인이 가지고 있는 엄청난 노력과 철학이 있다는 것을 알게 된다. 그 예로 맛있는 빵을 하나 만들기 위해 온갖 좋은 재료를 수소문해 구하고, 이 재료들의 숙성을 위해 새벽부터 늦은 밤까지 정성을 들여 손님들에게 좋은 맛과 풍요를 주기 위해 다양한 실험의 노력을 한다는 것이다. 빵을 먹어 본 사람이 왜 이렇게 빵이 맛있을 수밖에 없는지를 알게 하는 과정이다. 그리고 대부분의 주인은 손님들이 자신들이 만든 빵을 먹어 보고 맛있다는 말을 할 때가 가장 일한 보람을 느낀다고 말한다. 필자는 이러한 과정들이 생활 속에 나타난 종교성이라고 생각한다. 여기에서는 종교적 형식과 틀은 전혀 없으나, 종교성의 내용들은 충분히 녹아 있다. 이러한 제조과정을 지켜본 사람들은 경의를 표할 수밖에 없는데 그것은 생활에 배어 있는 철학들이 종교성을 함유하고 있기 때문일 것이다.

이제껏 인생을 살아오면서 겪은 시행착오 속에서 얻은 지혜를 후손들에게 물려주는 것이다. 그리고 물려준 지혜를 바탕으로 인생을 더 유의미하게 살아줄 것을 바라는 마음이 있는 것이다.

관대성의 이 세부적인 세 가지 의미는 충분하게 종교적인 의미를 담고 있다. 그리고 종교는 형식이라는 틀도 중요하지만, 살아가는 삶의 현장들과 공감을 가질 수 없는 종교의 틀은 특히 현대인에게 거부감을 줄 수밖에 없다. 특별성의 종교가 보편성의 종교성과의 균형을 이루게 될 때 비로소 그 종교는 심리학에서 말하는 '관대성'에 관심을 가질 수 있다. 이것은 종교의 영역만이 아니라, 가족, 사회 그리고 정치 등 모든 분야에 적용된다.

이 세 가지의 의미는 교리적인 종교의 형식에서 가르칠 수 없는 영역들을 충분하게 가르치고 있다. 즉, 자손을 돌보는 것, 일터와 가정의 조화를 통한 자기 분야의 일을 창출하는 것, 그리고 바른 생각과 가치를 문화의 바른 변형을 위해서 생산해 내는 것이다. 이 세 가지는 충분히 종교성의 의미를 내포하고 있기 때문에, 실생활에서 이뤄지는 이러한 내용에 대한 종교성을 종교가 수용할 필요가 있다.

> 관대성은 자기의 사심을 넘어서 공적인 영역에서 제공하는 인간이 가진 본능적인 힘이다. 그래서 이 관대성은 인간의 고대적인 근원과 가장 궁극의 목적을 가지고 있기에 인간에게 존재로서의 진정한 의미를 제공해 주는 것이다. 동시에 관대성은 후손에 대한 돌봄과 양육, 그리고 인간에 대한 진정한 사랑이 중심이 되고 있기에 모든 문화와 사상을 초월하여 모든 인류에게 공감을 가져다줄 수 있는 인간의 본능적인 힘(instinctual power)이다 (Browning, 1973, p. 146).

관대성은 개인적인 사적인 영역을 넘어서 좀 더 광의적 범위에서 공적인 영역에 영향을 줄 수 있는 인간의 본능적인 힘이다. 이 본능적인 힘은 인간에게 있어 궁극의 목적이며, 이 힘의 근원은 고대적인 근원, 인간 근원적 뿌리 안에 놓여 있다는 점이다. 이러한 관대성을 가진 이야기들은 어느 특정한 한 국가나 특정한 사람들에게만 주는 것이 아니라, 문화를 초월해서 이것을 접하는 모든 사람에게 가슴 뭉클함을 주는데, 이 관대성이 인간 안에 고대로부터 내려오는 '인간의 참된 고대적 기초'(true archaic foundation)이기 때문이다 (Levinson, p. 193).

더 주목할 것은 이 관대성은 어느 특정한 개인이나 민족에게 있는 것이 아니라, 모든 민족과 문화를 포함하고 있으며, 이 현상은 모든 인류에게 공감이라는 공유를 가지고 있다는 점이다. 그래서 이 관대성은 어느 특정한 사람만이 경험하는 것이 아니라, 모든 사람이 자신의 분야에서 관대성을 가지고 경험할 수 있는 것이다(Hall, 1983, p. 26).

우리는 간혹 대중매체를 통해서, 자신의 일을 통해서 타인에게 감동을 주는 사람, 자녀 양육에 바람직한 헌신을 하는 사람, 경륜을 통해서 세상의 문화에 사람이 바르게 살아갈 수 있게 문화적 변형을 심어 주는 사람들을 접한다. 그리고 이들이 가진 노력과 가치관 그리고 삶의 이야기를 들을 때마다 마음속 깊은 곳이 움직이는 경험을 한다.

인간의 정신적 뿌리 안에 내리고 있는 관대성은 헤아릴 수 없는 세월 속에서 인간의 한계성 있는 삶의 경험에서 나온 것으로 인간으로서 걸어가야 하는 길을 우리에게 말해 주고 있다. 죽음의 위협과 삶의 한계성에서 오는, 그러나 이러한 삶의 제한성이 반드시 부정적이지는 않고 오히려 인간으로서 걸어가야 할 길을 생각하게 하고 도모하게 하는 길라잡이 역할을 하기에 인간은 이 관대성을 통해 자신이 영원히 살 수 없음에도 불구하고, 자신의 존재가 사람들에게 후세에게 기억됨을 통하여 '더 오랫동안 살고 싶은(outlive the self)' 욕망을 표현하는 것이다(Korte, 1984, p. 10).

인간에게 무한일 것 같은 시간과 공간이 협소해지고, 모두가 통과

해야 할 죽음이라는 관문을 지나야 하는 인간의 숙명이 인류 모두가 거쳐야만 하는 과정이라고 여길 인생의 시기에, 이 짧은 시간에 무엇을 어떻게 하며 살아가는 것이 가장 바람직한 삶인가를 '관대성'의 실현에서 찾는 것이다.

자녀에 대한 바른 관심, 일을 통하여 지역과 사람들에게 유익을 미치는 장인, 그리고 규범과 틀이 중요하지만 그것을 벗어나 문화와 교류하면서 바른 생각과 가치를 전수하는 일, 이 모든 일들은 관대성의 특성이지만, 동시에 관대성을 가진 사람은 바로 종교적인 인간이기에, 관대성과 종교성은 불가분의 관계이다(Browning, 1973, p. 205). 이런 관점에서 보면 관대성을 가진 사람이 종교성을 가진 것만이 아니며, 에릭슨에 따르면, 이들을 종교개혁가(religious reformer)라 한다. 이 종교개혁가는 자신의 이익을 쫓아가는 것이 아니라, 모든 사람이 자신의 부모와 형제가 되고, 아들과 딸이 되기에 집안의 가족을 관대성의 방향으로 변형시키는 사람이다(임경수, 2005, p. 166).

관대성의 종교개혁가는 기존의 질서에 안주하고 누리는 사람이 아니다. 그는 인간 실존의 문제에 민감하고, 관계성을 통하여 사람들에게 새로운 정체성을 통하여 의미를 제공하려는 사람이다. 그렇기 때문에 기존 질서로부터 새로운 창조를 통한 새 구조를 형성하려고 한다. 이렇게 할 수 있는 근거는 이 종교적인 인간이 인간세계의 근원과 이 근원을 초월하는 절대자에 대한 신뢰성을 가지고 있기 때문이다. 그는 세속적 관점의 가치관에 안주하지 않고, 그것을 초월하려고 하고 진정한 가치관을 가지려고 한다. 그래서 이러한 종교적 인간의 관대성 실현은 '궁극적 차원의 신호'(signal of the dimension of ultimacy)이다. 즉, 궁극적 차원이라는 절대자로부터의 신호이며, 인간이 가야 할 길이라는 의미이다(Wright, 1982, p. 173).

에릭슨은 그의 말년에 중요한 이야기를 한다. 심리사회적 관점에서 인간을 통찰한 그의 최종적인 세 가지의 부탁이 있다. 첫째는 인류에게 기근이 없게 하는 것이 우리의 책무라는 점이다. 심리학적 관점에서는 인간에게 먹을 것이 공급되지 않으면 인간에게 성장이라는 것이 없을 것이고, 이는 인간이 인간되게 하지 못하게 하는 가장 근원적인 요소이다. 이런 관점에서 우리의 주변과 인류공동체에 기근을 방지하기 위해 애쓰고 나누는 행위는 종교적인 행위이고, 종교인을 비롯한 모든 사람이 관심과 책임을 가져야 할 분야이다.

둘째는 정서적 유린이 없도록 하는 것이다. 인간에게는 가장 먼저 먹을 것이 필요하고 먹을 것의 제공이 신체적 성장을 낳게 하지만, 부모를 비롯한 주된 돌봄자로부터 정서적 안정을 제공받지 못하면 인간은 정상적으로 성장하기 어렵다. 왜냐하면 불안이 아이를 삼켜 버리기 때문이다. 과한 불안에 노출되면 인간이 가진 정서적 · 지적 · 의지적 영역들이 활동을 정지하기에 주변에 대한 탐구심이 없어지고 자기불안 속에 갇히게 된다. 결국 신체적 성장은 있지만 정신적 성장의 결핍이 있기에 사람의 역할을 할 수 없게 한다. 그래서 가족과 사회는 정서적 안정을 얻을 수 있도록 어린아이부터 이것을 필요로 하는 사람들에게 제공할 수 있도록 구조적 환경을 구축해야 한다.

종교인이 생각해야 할 것, 즉 초월적이면서 신비성을 추구하는 종교인이 명심해야 할 것은, 필요로 하는 음식과 정서적 도움을 제공해 주는 것은 종교성에 기반하여 일상생활에 녹아 있는 종교적 행동이라는 점이다. 특별히 초월적이거나 신비성을 가지지 않았지만, 이러한 행동은 인간의 보편적 생활 속에 있는 가장 핵심적인 종교성이라는 의미이다. 인간의 굶주림과 정서적 결핍을 막아 주고, 먹을 것을 주고 사랑과 돌봄을 제공하는 현실적 참여야 말로 가장 종교성을 가진 것이다.

셋째는 각자의 자라난 환경과 문화 속에서 신을 믿을 수 있도록 배려하는 것이다. 바른 먹거리의 제공과 정서적 안정을 통해 가족관계와 대인관계가 형성된다면, 인간은 큰 무리 없이 종교성을 가지는 인간으로서 성장하게 된다. 왜냐하면 나를 떠나 너를 인정하는 가족구조와 사회구조 속에서 성장한 사람은 또 다른 절대적 타자에 대한 관심을 가질 수밖에 없는 운명이 된다. 다만, 에릭슨의 말처럼, 우리는 다변화하는 사회 속에 살고 있고, 다양한 문화를 경험할 수밖에 없는 현대에 살고 있다. 동시에 각 개인은 권위주의에 예속되어 사는 유형을 지양하고, 개개인의 독창성을 중요시하는 시대에 각자가 선호하는 방식과 추구하고 싶은 영역 속에서 절대자에 대한 신앙을 배려하는 것이 필요한 시대다.

이러한 세 가지 내용을 종교에서 종교인이 미덕을 가지고 관심을 가져야 할 영역으로 얼마나 소개되고 있는지 궁금하다. 잘못된 종교는 인간이 살아가는 삶의 현장에서의 뚜렷한 사명을 이 세 가지와는 전혀 관계없는 내세적 사고와 초월적 체험을 강조하여 신도들을 파묻히게 하고, 이 세 가지를 터부시해 버리는 경우도 있다. 만일 그러한 경우가 있다면 그것은 모두가 잘못된 종교의 잘못된 가르침에서 오는 것이다.

앞서 언급한 먹을 것의 제공, 정서적 안정을 제공하는 것, 각자의 자라난 환경 속에서 절대자를 추구할 수 있도록 하는 배려는 종교성의 행위이며, 에릭슨이 말하는 관대성을 가진 인간에게서 발생하는 현상이다. 그는 이러한 사람들을 '누미너스' 모델이라고 한다. 누미너스는 초월적인 종교적 경험을 하는 순간을 의미하며, 이 경험을 통해서 개인이 변화를 이루는 것이다. 그리고 이 누미너스 모델, 즉 관대성을 가진 사람은 이 시대에서 선과 악에 대한 구별자로서 자신의 정체성을 가진다.

누미너스 모델은, 아직 성숙하지 않는 청소년의 경우는 선과 악에 대해 혼돈을 가지기 쉬우므로 이들에게 누미너스적 영향으로 구별해 줄 수 있는 성인(adult)으로 서 있는 것이고, 또는 선과 악이라는 개념은 개인과 집단의 이기주의와 힘을 가진 어떤 집단이나 개인에 의해 진실이 변형되어 왜곡될 수 있기 때문에 여기에 대한 판단 기준자가 되어 줘야 한다. 동시에 관대성을 가진 사람이 생각하는 바른 가치에 대한 전수자로 있어야 한다(Erikson, 1994, p. 70).

성인은 다음 세대의 눈에 누미너스 모델로 될 준비, 선과 악의 판단자로서 행동을 할 준비, 이상적 가치(ideal values)의 전수자가 될 준비를 해야 한다. 그래서 성인은 또한 의식자(ritualizers)가 될 의식을 반드시 해야 한다. 성인에게 이러한 역할을 의식적으로 강요하고, 신성하게 하는 의식에 참여하는 고대로부터의 필요성과 관습이 있다. 이러한 의식 속에 있는 성인을 우리는 관대성의 사람(generative one)이라고 부른다(Erikson, 1994, p. 70).

에릭슨은 관대성을 가진 성인이 되기 위해서, 좀 더 종교성을 가진 인간이 되기 위해서는 두 가지의 요소가 필요하다고 본다. 첫째는 사회가 성인이 되면 누미너스 모델로서 선과 악의 구별자가 되고, 이상적 가치를 전수해야 한다는 묵시적 · 사회적 합의하에 일종의 문화 의식과 같은 역할을 사회의 지침으로 가지고 있어야 한다고 본다. 이것은 사회가 문화속에서 개인이 이러한 역할에 대한 모종의 사회적 책임을 가지고 있어야 한다는 점이다. 그리고 둘째는 이런 것이 사회적 의식(rite)과 같은, 마치 종교에 의식이 있는 것과 같이 되어야 할 필요성이 있다고 본다.

관대성을 지니고 생활하는 평범한 한 사람은 생활 속에서 자신의 가족과 자신의 유형 · 무형의 도움을 필요로 하는 사람들에게, 기본적으로 의식주에 대한 해결, 정서적 결핍을 예방하거나 교육할 소명을 가지고 있으며, 개인이 자라난 문화 환경 속에서 다양하게 절대자에 대한 추구를 할 수 있는 길을 열어 주고 도모해 주는 사람이다.

인간이 추구하는 '신의 형상'은 신의 실체를 말하지는 않는다. 다만, 각 문화와 인류의 발달과정에서 적어도 신은 이것과 비슷한 어떠한 성향을 가지고 있을 것이라고 생각하는 공감대이다. 이 공감대가 바로 모든 사람이나 다양한 문화가 인정하고 수용하는 관대성에 대한 것이고, 이 관대성 성향이 바로 인간이 호모 렐리기오수스(Homo Religiosus)라는 종교적 인간이 될 수밖에 없는 필연성을 보여 준다.

인간의 관대성은 종교적 의미에서 종교성이 생활 속으로 묻어 나오는 생활 속의 신앙을 의미한다. 그런데 에릭슨이 보는 이 종교성을 가지는 관대성의 출현은 어느 날 돌발적으로 혹은 불현듯 갑자기 나타나는 성질의 것은 아니다. 이 관대성이 신의 뜻이고 인간이 걸어야 할 길이지만 이것은 감나무에서 감 떨어지는 것처럼 우연의 결과는 아니라는 점이다. 인간이 점차적으로 긍정적인 발달로 인한 결과라는 점이다. 그러나 이런 발달은 개인이 노력하는 것과 사회가 여기에 환경으로서 작용하는 심리사회적 구간(psycho-social)에서 발생하는 것이다. 개인과 사회의 상호적 노력의 역할이 있어야 한다는 점이다.

에릭슨은 이 관대성을 대하는 당시 미국 사회와 국민의 성향에 대하여 한탄을 한 적이 있다. 문자 그대로 관대성을 인간이 가진 가장 바람직한 것을 후세에 물려주는 작업을 통하여, 한 개인이 긍정적 돌봄, 일, 생각을 물려줌으로 후세에 잊히지 않고자 하는 열망을 가지고 있지만, 오히려 현대인은 이러한 것보다는 반대가 되는 '비관대성의 정신'에 익숙해졌다고 본다. 비관대성의 정신이란 사람들이 자신의 정력 감퇴에 대한 걱정에 놓여 있는 정신을 말한다(Lim, 2000, p. 51).

비관대성의 정신은 관대성과 반대의 결과가 되는 침체성(stagnation)을 의미하는데, 이 침체성의 성향을 가진 사람들의 대표적인 심리적 특성은 '냉담'이다. 이 냉담은 첫째로 자기 자신에 대한 냉담이며, 둘째로는 타인에 대한 냉담이다. 자신에 대한 냉담은 인간이 자기 자신의 문제에 대하여 집착하거나 자기애성에 들어가는 것이다. 자기 문제로 자신의 에너지를 소화시키기 때문에 자기에 대한 진정한 사랑이 되지 않는다. 결국 사람은 자기를 진정으로 사랑하는 만큼, 다른 말로 하면 자신에 대한 존중감을 가지고 있는 만큼 자기를 사랑하고, 이것을 바탕으로 타인에 대한 관심, 돌봄 그리고 사랑도 제공하는 것이다.

그럼 여기서 좀 더 생각해야 하는 것은, 관대성이 고대로부터 있는 인간 정신의 기초 혹은 신의 형상을 가진 특성이라고 하지만, 왜 우리는 이 관대성에 대하여 멀어져 가고 있으며, 오히려 개인과 사회는 침체성에 익숙해져 가는가라는 질문을 할 수 있다. 동시에 심리학에서 말하는 종교성의 특성을 가진 관대성은 도대체 어떻게 획득되거나 발생할 수 있는가라는 질문을 할 수 있다.

> 관대성을 만나는 것에 실패하면, 흔히 개인적으로 정신의 빈곤함과 함께 밀려오는 침체성과 거짓된 친밀감에 대한 강박적 필요로 퇴보한다. 이렇게 되면 사람은 흔히 자신들이 마치 외아들처럼, 그리고 자신이 자기 것인 것과 같이 혹은 서로의 것인 것처럼 그들 자신에 도취된다(Erikson, 1985, p. 267).

이 글에서 '거짓된 친밀감'이란 성장과정에서 무의식적으로 결핍 구조를 가진 과거의 관계를 자기의 이익을 위해 부정적으로 이용하려는 것이며, 이것은 자아이기(ego-interest)와 본능적 투입(libidinal investment)을 위해 영역을 점차 확대하는 마음(mind)과 몸(body)의 상태를 의미한다. 결국 자기의 문제로 인해 이기주의적 영역에서 벗어나지 못하는 것이다.

인간은 자신에게서 멀어져 상실되어 가는 유형·무형의 것들을 웃으면서 바라볼 수밖에 없는 존재이다. 자신이 관심의 대상이 되거나 중심이 되려는 경향을 가진 인간은 불사성이라는 환상이 상실하는 시기에 들어가면서 이 욕망을 연속적으로 유지하려는 강한 본능적인 우주적 충동을 가진다(Lifton, 1974, pp. 275-276).

연속적으로 유지하려는 충동은 일종의 젊은 날에 대한 향수이며 이것을 버리고자 하는 사람은 없다. 떠나보내기 싫은 젊음에 대항하기 위해 젊음에 대한 집착과 환상에 놓이게 된다. 결국 인간의 운명인 '죽음'이 이른 것을 거부하는 것이고, 레빈슨의 지적처럼, '죽음'과 '늙어 가고 있다는 사실'을 부정하는 이상, 이 문제는 지속된다. 다만, 관대성에 놓여 있는 사람은 자신의 유한함 속에 가족, 일 그리고 생각을 통해서 기여함으로써 자신이 후세에 기억되는 종교성 유형을 따르는 반면, 침체성에 빠진 사람은 자신에게 상실한 활력과 생동성을 회복하기 위한 자기애성에 놓이게 된다.

슬픈 것은 우리가 '어떻게 인생을 살 것인가?'라는 의미 있는 질문보다는 '어떻게 즐기는 삶을 만들 수 있을 것인가?'라는 즐기는 것에 더 관심이 있다는 사실이다. 현재 우리가 성숙해지려고 노력하고 있음에도 불구하고, 우리가 인생의 여러 단계를 거치면서 직면해야 할 다양한 문제에 어떻게 직면해야 하는지에 대하여서는 아직 직면하고 있지 않다. 대신 우리는 젊음의 마술인 젊음의 외모, 젊음의 스타일, 젊음의 감촉이라는 것에 치료받을 수 없게 매료되어 있고 사로잡혀 있다. 늙어 가길 원하는 사람은 아무도 없다(Mayer, 1978, p. 4).

에릭슨이 말하는 종교성의 관대성이나 그 반대가 되는 침체성은 성장발달 단계에서 가진 바른 결정과 책임에서 주어진 일종의 열매이다. 예를 들어, 인간은 무슨 일을 하든 '책임과 자유'라는 관계에 놓이게 되는데, 적어도 바른 인간관계나 좋은 결과를 얻기 위해서는 일단 자신의 일에 책임지는 사람이, 자유를 먼저 택하여 책임을 지지 않으려는 사람보다 정서적으로 건강한 발달을 할 수 있다. 왜냐하면 자유와 책임은 불가분의 관계인데, 자유는 책임의 열매라는 점이다. 현대의 정신적 문제의 대부분은 책임을 지지 않고 자유만을 누리려는 것에서 발생하는 것이다.

관대성과 반대되는 침체성의 특성을 가지게 된 첫째 이유는 성장과정에 축적된 거짓된 자기 형성의 과정이다. 예로는 모든 가족 구성원들과 환경들이 자녀에게 과다하게 제공되거나, 혹은 너무 결핍된 구조가 되는 경우이다. 과잉과 결핍 구조는 정서적으로 건강한 사람을 만들기 어렵다. 과잉은 자기중심적인 메시아적 환상 또는 공주나 왕자의 환상을 가지고 모든 사람이나 구조가 나를 위해 움직여야 한다는 생각을 성인이 되어서도 하는 것이다. 이 상황은 모든 조건들이 당연하게 자기를 중심으로 갖추어져야 한다는 원칙을 가지고 있는 것이다. 너무나 결핍된 구조는 성장 후 자신을 나타낼 수 없는 빈약한 자아상을 가진 사람도 될 수 있지만, 어느 한편으로는 타인과의 관계에 기생적으로 살아가거나, 헌신과 희생으로 위장한 자기중심의 사랑으로 가면을 쓰고 생활할 수 있다. 두 번째 이유는 성장과정에서 경험한 유형이 조금의 변형됨 없이 되풀이되면서 고착되어 성인이 되어서도 그러한 생활방식 대로 사는 것이다

(Erikson, 1985, p. 267).

결국 종교성을 핵심으로 하는 관대성의 발현이나 정반대로 자기의 이기적 구조에 함몰되어 거짓된 친밀감 속의 냉담으로 살아가는 반종교성 성향의 결과도 인간발달 단계의 구조와 문제에서 오는 것이다. 에릭슨이 언급했듯이, 종교성을 가진 인간의 정의가 오늘날 종교에서 던지는 의미는 종교의 내용이 초월성적인 영역들이 분명히 있는 것은 사실이지만, 인간이 살아가는 현실에서의 종교의 의미는 가족에 대한 돌봄과 배려, 일터에서의 바른 생산성을 통한 기여, 그리고 문화에 긍정적 영향을 줄 수 있는 생각과 사상에 대한 기여이다. 그리고 이것을 생활현장에서 실행하는 인간이 종교적 인간이며, 종교개혁가이다.

> "나는 독자들이 모든 성장과 발전에는 아날로그적인 유향이 있다는 사실을 이해하길 바란다. 후생적인(epigenetic) 발달의 연속에서 각 기관의 발달 시기가 있다. …… 만일 그 기관이 발달 시기를 놓치게 되었다면 그것은 그렇게 운명지어진 것일 뿐 아니라, 동시에 전체 기관이 성장하는 데 있어서 연차적인 질서를 위험하게 한다(Erikson, 1994, pp. 27-28)."

에릭슨이 이해하는 인간은 선천적으로 결정된 발달의 과정이 있다는 점이다. 이것은 대부분 절차적인 순서에 의해서 발달될 때, 다음 단계로 이어져 발달될 수 있는 가능성이 있다는 것이다. 이것을 후생적인 원칙(epigenetic principle)이라고 한다. 이 원칙 발달의 결과는 긍정이나 부정으로 나타나는데, 이것을 양극성(polarity)의 위기로 본다. 이 발달에 영향을 주는 사회심리적 요소가 있는데, 개인이 가진 후생적인 발달의 코드가 있지만 개인의 가정과 사회의 환경 속에서의 상호작용을 통해서 인간은 자신의 세계를 형성해 나가는 것으로 본다. 그래서 개인의 발달에서 사회문화적 환경의 요소들이 생물학적 잠재성의 발전에 긍정적 · 부정적 영향을 준다.

> 우리는 사회질서가 유아에게 생존을 보장해 주고, 특정한 방법으로 그들의 욕구를 조정해 줌으로써 우리 사회의 문화적 양식을 가르친다는 점을 명확히 하고 싶다. …… 우리는 사회적인 형식과 규범이 가족의 형태를 결정하는 요인이라는 점을 연구하여야 한다(Erikson, 1968, p. 47).

사회문화적 양식이 사람에게 어떤 대가를 제공해 주면서 동시에 사회가 구성원들에게 영향을 미치기 때문에 사람들은 그 사회적 양식을 따라간다. 즉, 사람은 선천적으로 자신에게 주어진 정체성을 어떻게 찾아가느냐 하는 질문을 가지는 동시에 사회가 요구하는 핵심에 부응하는 과정을 가진다. 인간은 사회의 요구에 반응하고, 또한 사회구조에 영향을 준다. 그러므로 에릭슨의 사회심리이론에서 핵심적인 개인의 발달적인 것과 그 개인을 둘러싸고 있는 역사적인 상황과의 상호작용을 인식할 때만이 사람에 대한 바른 이해를 할 수 있다. 이러한 관점에서 에릭슨은 인간 성장에 영향을 가장 많이 미치는 것이 가정과 사회의 환경을 망라하는 에토스(Ethos)라고 지적하고 있다. 즉, 에토스는 개인이 선천적으로 가지는 정체성을 찾으려는 것과 사회의 관계성에서 형성되는 과정이다. 관점에서 우리는 에릭슨이 지적한 세 가지의 요소를 고려하여 관대성의 인간에 대한 심리사회적 양식을 면밀히 이해할 필요가 있다.

인생의 각 단계가 양극성 원리에 의해서 '위기'를 가지게 되는 것은 에릭슨의 심리사회이론에서 볼 수 있는 특징이다. 그리고 이 위기는 각 발달단계에서 해결할 과제이며 이러한 위기를 극복하게 될 때 이것이 전환점(turning point)이 된다.

관대성의 기초가 되는 '불사성'과 '필요로 하는 인간'이 되고자 하는 기대는 이타성을 근거로 한 자기의 승화이다. 관대성은 인간의 본능이고 돌봄(caring)으로 표현되는 이것은 인간에게 있어서 가장 고대로부터 뿌리내리고 있는 인간의 기초가 된다. 이러한 관점에서 관대성의 두 가지의 의미를 조합한다면 중년기에 종교성을 가지는 것과 생활 속에서 이타성을 나타낼 수 있는 근본적인 바탕은 종교성과 긴밀한 관계가 있음을 알 수 있다.

고대로부터 인간의 무의식에 긴밀하게 연관되어 있는 이러한 관대성의 본능적인 힘은 인간의 근원적인 질문, 즉 인간의 기원 및 실존적인 질문과 밀접하게 연관되어 있다. 이 질문에 대하여 관대성은 근원적인 질문에 대하여 답을 주며, 동시에 방향성에 대한 원시적인 안목(teleological view)을 제공할 수 있다. 이러한 종교성과 개인의 정체성에 대한 연관성을 엘리아데(Eliade)는 특별히 고대인에게 있어서 성(聖)과 개인의 정체성(identity)을 규명하는 데 있어서 불가분의 관계가 있음을 지적했다. 즉, 성(聖)을 분리해서 개인의 정체성을 가지는 것은 불가하다는 것이다. 에릭슨의 생산성에 대하여 연구한 브라우닝(D. Browning)은 생산성의 인간이 어떻게 종교성과 연관이 있는지 다음과 같이 언급한다.

> 관대성의 인간이란 곧 종교적인 사람을 의미한다. 그 사람의 종교가 세상
> 을 명령할 수 있는 힘과 세상을 새롭게 하고 풍요롭게 하는 역동적인 의식
> (ritual)을 자신의 후손들과 자신에 하도록 제공한다. …… 이러한 사람은 분
> 명하게 누미너스 모델이다(Browning, 1973, p. 205).

관대성을 종교와 밀접하게 통찰한 것은 브라우닝만이 아니다. 유
진 라이트(Eugene Wright)는 에릭슨이 지적하는 관대성이 종교성과
밀접한 관계가 있다는 사실을 더 확실하게 공감하게 한다. 그녀는
관대성이란 인간을 신의 형상대로 창조한 신의 창조성의 한 차원이
며, 동시에 이 관대성을 소유한 사람이 신의 협력자로서 되는 것이
기에 관대성이란 평이한 차원을 떠나서 초월적 영역인 궁극적 차원
의 신호라고 보고 있다(Wright, 1982, p. 173).

중년의 발달과정에서 긍정적 결과인 관대성을 에릭슨은 종교적인
인간으로 표현한다. 종교적 인간은 자신들의 존재론적인 갈등에 대
하여 분투하여 사람들과 의미 있는 관계를 제공하려고 하며, 모든
세대에 새롭게 변화한 정체성을 가져다주는 사람이며, 동시에 이러
한 일들로 인해 자신들이 속한 가정과 공동체에 새로운 구조를 가져
옴으로써 격려, 동기부여, 변화와 성화된다. 이러한 변화를 가져올
수 있는 배경에는 이들이 자신의 세계를 넘어서 있는 초월적 · 내재
적인 신에 대한 신뢰를 가지고 있어서 이웃과 공동체에 긍정적인 영
향을 미치기 때문이다. 그러므로 중년의 관대성과 종교성은 상호

보완적으로 밀접되어 있고, 깊은 종교성은 더 포괄적인 관대성을 가지게 하며 관대성은 종교성으로 귀의하는 상관성을 가질 수밖에 없는 연관성을 포함하고 있다.

## 2. 지천명(知天命)과 종교적 인간[1]

인간발달에 대한 유교의 관점은 에릭슨의 발달이론과 인간발달이 사회심리 환경과의 상호작용을 통해 형성된다는 점과 동일시되는 점이 많이 있다. 유교의 인간관은 어려서부터 교육을 통한 인간의 성숙이다. 그래서 성숙한 성인과 사람이 된다는 것은 노력과 시간이라는 과정을 필요로 하는 것이기에 단기간에 완성될 수 없는 긴 여정이다. 이러한 점에서 유교에 있어 인간발달은 곡식을 심어 열매를 거두는 과정과 비유되며, 시간과 성숙의 과정을 필요로 하기 때문에 인간의 성숙은 성장과 어느 정도 관계성이 있으며, 그래서 유교는 인간에 대한 긍정적인 시각을 가지고 있으며, 인생의 각 단계를 통하여 인간은 성숙될 수 있다고 본다(Wei-ming, 1985, p. 113).

인간의 성숙에 대한 긍정적인 입장을 이해하기 위해서는 유교에서 '자기'(self)에 대한 개념 이해가 선행되어야 한다. 유교에서는 두 가지의 개념을 가지고 자기의 개념을 생각하는데, 첫째, 인간은 현자(sage)가 될 수 있는 능력을 인간 내부에 가지고 있기에 이 단계가 개인의 노력(교육)을 통해서 실현할 수 있다고 본다. 즉, 인간 내부

---

[1] 이 내용은 필자의 논문 「에릭슨의 생산성(generativity) 개념과 유교의 군자사상에 대한 목회 신학적 담론」(2004)을 참고하여 편집하였다.

에 실현 가능한 잠재성이 있다고 보는 것이다. 둘째, 이러한 현자에 이르는 과정은 단계의 연속적 과정을 통하여 성취되는 것이나, 결코 용이한 과정은 아니기에 사람은 태어나서부터 무덤에 이르기까지 이러한 노력을 계속 하여야 한다는 점이다. 이러한 입장에서 인간은 전인적으로 열려 있는 구조를 가진 무한적인 성장의 역동성을 가진 것으로 본다(Wei-ming, 1985, p. 178).

> 자기에 대한 유교의 이해는 자기라는 것이 관계성에 있어서 중심이 될 뿐 아니라 영적 발달의 역동적인 중심이다. 존재론으로 인간의 본래적인 성격(nature)인 자아성(selfhood)은 하늘에서부터 부여된 것이다. 그러므로 자아는 모든 것을 포괄하는 충족함 안에서 신성한 것이다. 이러한 의미에서 자아성은 내재적(immanent)인 동시에 초월적(transcendent)이다. 그것은 본질적으로 인간이 가지고 태어난 것이며 동시에 하늘(heaven)에 속하는 것이다(Bellah, 1976, p. 125).

이 설명과 같이, 유교에서 인간의 이해는 하늘의 개념과 분리해서 생각한다는 것은 불가능하다. 왜냐하면 하늘(heaven)과 인간은 하나의 일치(single oneness)이기 때문이다(Wei-ming, 1982, p. 62). 이 점에서 인간이 하늘의 실체를 가지고 있다는 의미는 두 가지로 해석된다. 첫째는 실체(reality)를 현현시킬 수 있는 것은 인간의 본성 외에는 아무것도 없다는 것이다. 둘째는 인간 안에 이러한 궁극적인 실체를 가지고 있기 때문에 그 실체는 인식될 수 있으며 실현될 수 있다는 것이다.

인간 안에 있는 하늘의 실체는 어떤 외부적 요소보다 확실한 것이다. 그래서 자기 발달에 있어서 자신 내부에 대해 강조하는 이유는 자기보다 외부적인 것에 의존할 경우 자기개발에 제한이 있다고 보기 때문이다. 자기 발전에 있어서 자기에 중심을 두는 것보다 더 확고한 것은 없다. 자기의 발견을 외부적 실체에 중심을 두면, 이 외부에 대한 너무나 많은 요인들과 환경들이 오히려 인간을 혼란에 빠뜨릴 우려가 있기 때문이다.

이러한 관점에서 공자는 자기개발에 있어서 마치 과녁에 화살이 빗나갔을 때와 실패했을 때 할 수 있는 것은 선천적으로 물려받은 자기에게로 돌아가 자기실현(self-actualization)을 구하는 방법임을 지적한다. 자기에게로 돌아가는 것은 인간의 본성이 진실된 실체의 현현(manifestation)을 가지고 있기 때문에 인간의 본성으로 귀의했을 때 자기 안에 있는 궁극적인 실체가 인식될 수 있고 발견될 수 있다고 보기 때문이다.

유교에는 인간의 자기실현 가능성과 그 실체가 인간 안에 존재한다고 보기에 신의 개념이 없다. 그러나 이것이 유교에 종교적인 관념이나 초월적 개념이 없다는 것은 아니다. 즉, 종교성과 초월성을 가지고 있지만 유교의 종교적 개념이란 '포괄적 인본주의'(inclusive humanism)의 바탕에서 초월성과 종교적 관념을 수용한다(Wei-ming, 1993, XVII). 포괄적 인본주의란 인간이 하늘과 같이 전능성을 가진다는 것이 아니라, 인간 안에 내재된 하늘의 잠재성이 이러한 초월성을 경험하도록 한다는 의미이다. 그러므로 유교에는 '초월성과 내재성'을 가지고 있다(Wei-ming, 1989, p. 97). 그리고 내재성을 통한 초월성의 체험은 바로 환경과 교육을 통한 자기개발을 통하여 실현된다.

인간의 내면에 가진 이러한 자기실현에 대한 궁극성은 도덕성과 계몽에 있어서 일종의 기초로 자리 잡고 있는 것으로서 인간이 현인(sages)이 될 수 있는 가능성을 명백히 밝히는 것이다. 이러한 것을 다른 한편에서는 도(道)로 생각하고 있다. 도는 내부에 있는 것이며, 자기실현을 통해서 가능한 것이다. 그러나 여기에서 중요한 점은 인간 내부에 있는 도가 스스로 이상적인 것을 인간에게 제공하지 않는다는 것이다. 도는 인간 안에 있으나 아직은 실현화된 것이 아니고 인간에게 내재된 잠재적인 가능성을 말한다. 즉, 내재된 도를 인식하는 것은 어렵다. 그러므로 이 도에 대한 인간의 자기실현에 있어서 가장 좋은 도구를 교육으로 보는 것이다.

교육은 한 인간을 인간되게 하고 깨달음을 주는 중요한 요소임에는 틀림없다. 그러나 이러한 도에 대한 실현은 실제 생활에서 어떠한 경우로 나타날 수 있을까? 에릭슨이 언급한 중년의 관대성의 주된 결과는 후손과 다음 세대에 대한 돌봄으로 파악 되었는데, 유교에서는 그것이 어떠한 형태로 표현되는 것일까?

공자는 자신 나이 쉰에 지천명(知天命)을 자각했다. 물론 성인(成人)이 되는 과정이 한 순간의 결과가 아니라 지속된 노력과 교육을 통한 수련이 병행되어야 하는 과정임을 생각할 때 나이 마흔을 불혹(不惑), 쉰을 지천명이라 칭한 것은 한순간의 결과가 아니라 이전 단계의 성공적 관리를 통한 결과이다.

불혹은 외부의 어떠한 상황으로부터 제재를 받지 않고 자유로워

져서 자신이 생각하는 일들을 할 수 있다는 의미이다. 이러한 결과
는 바른 행위가 축적되어 나타나는 결과이다. 투 웨이밍(Tu Wei-
ming)은 공자의 이 시기를 부귀나 명예나 연연하지 않고 자신에게
맡겨진 사회적인 책임을 다하는 기간으로 볼 수 있다고 말한다. 이
사회적인 책임이란 에릭슨이 관대성을 지닌 중년이 개인과 사회적
인 책임을 가지고 생식력, 생산력 그리고 창의력을 가진다는 개념과
밀접한 상관성이 있다고 볼 수 있다.

그러면 하늘의 뜻을 중년의 나이에 새삼 깨달은 것은 공자가 겪은
여러 가지 정황과 연관되어 있는 것일까? 나이 마흔을 지나 쉰을 지
천명이라고 한 사실은 공자 자신이 중년에 겪은 정신적인 번민과 고
뇌 그리고 위기의 상황들이 영향을 미쳤음을 의미한다. 그 위기 상
황 중의 하나는 공자가 총애했던 제자 안연(顔淵)이 사망하자 그는
슬픔에 빠져서 하늘이 자신을 파괴한다는 표현을 한다(Legge, 1971,
pp. 8-9).

제자의 죽음과 위기의 과정을 통해서 공자는 인간의 성장과정에
서 불가피한 죽음의 사실 앞에 있다는 것과 인간이 지니는 명백한
한계성을 인식하였으며, 안팎의 어려운 사건과 위기를 통하여 인간
의 제한성을 실감하게 되고 이러한 과정을 통하여 인간이 미치지 못
하는 초월적인 영역에 더 가까워졌음을 말했다.

공자의 삶을 보면, 공자에게 있어서 인간의 운명과 인간이 걸어가
야 하는 군자의 길은 축적된 공자의 학문적 수련과 나이 55세에 노
(魯)나라의 공직을 물러나면서 14년간의 정치적 망명 생활이라는
고난의 기간, 그리고 제자 안연(顔淵)의 사망과 밀접한 관련이 있음

을 생각할 수 있다. 어쩌면 일련의 이러한 비극적인 삶의 상황과 죽음이라는 영역이, 마치 서양세계에서 중년에 가까운 사람들이 죽음의 직간접적인 운명을 통해서 새로운 세계에 대한 자각을 하는 과정과도 비슷한 심리적 경험을 하고 있다고 본다.

그러나 죽음의 경험이 인간에게는 충격적인 경험이지만 공자는 인간 개발의 근거를 죽음을 통한 추상적이거나 초월적인 외적 근거를 가지고 그 위기를 헤쳐나가지 않았다. 오히려 인간 안의 가능성의 씨와, 죽음보다는 현실이라는 것에 더 집중한다. 이것이 포괄적 인본주의인데, 하늘의 내재성과 초월성을 지적하는 투 웨이밍의 '포괄적 인본주의'에 대한 공자의 언행의 근거는 그의 제자 자로(子路)가 던진 죽은 자의 영혼에 대한 질문과 죽음에 대한 질문에 대한 답변에서 숨겨진 의미를 찾아볼 수 있다. 자로가 죽은 자의 영혼을 섬기는 일에 대하여 물어보았을 때, 공자는 "살아 있는 사람도 잘 섬기지 못하면서 어떻게 죽은 자의 영혼을 섬기겠는가?"라고 했다. 그리고 자로가 죽음에 대하여 물어보자 다음과 같이 답했다. "살아 있는 것에 대하여 알지 못하면서 어떻게 죽음에 대하여 알 수 있겠는가?" (Analects, XI: X-XI).

공자의 이러한 대답은 형이상학적 영역에 속하는 죽음이나 영혼에 대한 문제보다는 실제적인 삶, 현실 문제의 해결이 더 중요성이 있다는 의미이다. 이러한 관점에서 투 웨이밍이 지적한 '포괄적 인본주의'란 현실적인 상황과 더불어 공자가 경험한 죽음과 삶에 대한 위기는 공자가 걸어온 과거의 삶의 단계와 함께 내재된(immanent) 하늘을 자극하고 그 자극은 다시 인간이 살아가는 현실에 대한 문제에 참여하는 것으로 나타났으며, 그러한 의미에서 나이 쉰을 지천명으로 보았다. 이러한 관점에서 천명(天命)에 대한 종교적 · 철학적인 물음들은 현존하는 인간의 '여기 이 자리'(here and now)의 문제에 대한 고찰에서 시작되어야 한다(Wei-ming, 1989, p. 9).

지천명의 과정에서 하늘은 개인의 잠재력을 발휘할 수 있도록 도와주며, 자기실현을 하여 개인과 사회에서의 실질적 가치 변화라는 긍정적인 변화를 주는 것은 마치 우주 공동의 창조자요 협력자가 되는 것이다. 이것이 자기실현을 의미한다. 이 관점에서 투 웨이밍은 지천명을 '영적 위기'(spiritual crisis)로 해석하고, 이 기간에 깊은 사명을 가지게 되고, 이웃과 공동체에 대한 관심을 자신 자신의 일보다 더 상세히 갖기 시작한다고 보았다. 그래서 자기실현과 지천명에 대한 투 웨이밍의 해석은 에릭슨이 지적한 종교적 인간(Homo Religious)의 사상과 아주 흡사한 내용을 가지고 있다.

유교의 종교성은 개인의 생활에 있어서 결정적인 순간과 영적 개발의 연속적인 과정을 의미하는 '궁극적 자기개발'(ultimate self-cultivation)과 함께 시작된다. 사람은 능동적으로 이 궁극적 자기개발에 속하기 위하여 의식적인 결정을 해야 한다. 종교적이라는 것이 온전한 인간이 된다는 것에 정점이 있기 때문에 인간은 선택에 의해 그렇게 되는 것이지 결코 태만해서는 될 수 없다. 이것은 인간 본질에 대한 존재론적인 노력을 의미하는 종교적 인간이라는 생각과 모순되지 않는다. 인간은 선천적으로 종교적이다. 그러나 궁극적 자기변형을 시작하기 위해 실존론적 결정을 반드시 해야 한다(Wei-ming, 1978, p. 116).

이 글에서 투 웨이밍은 궁극적 자기변형인 자기실현은 모든 사람에게 주어진 것이지만 이것은 선택과 노력에 의해서 가능한 것이며, 이러한 실현을 돕는 것은 개인적 노력과 함께 삶에 있어서 중요한 결정적 순간이 영향을 준다는 것을 지적하고 있다. 인간의 형성은 순간순간 조금은 중요한 어떤 상황에서 자신이 어떠한 결정을 하느냐에 의해 미래의 자기가 형성되는 것이다. 그리고 일련의 되풀이되는 시간 속의 결정이 축적되어 현재의 나를 만드는 것이다. 즉, 지천명의 인간이 되는 것은, 또는 종교적인 인간이 되는 것은 인간 자신의 그 길에 대한 선택을 해야 하며, 이것은 삶에 있어서 실존적 결정이고, 이 결정에 따른 부단한 노력이 동반되어야 지천명을 가진 종교적 인간의 자리를 경험할 수 있다는 점이다. 이 노력에 태만하거나 부주의하면 이것은 또다시 요원한 경험이 될 수밖에 없고, 때론 퇴보되면 에릭슨이 말하는 자기 이기주의의 침체성의 굴레에 들어가게 된다.

자기실현에 있어서 개인의 노력과 결정적인 사건들이 왜 종교적인 인간과 연관될 수 있을까? 실존주의 심리학자인 어빈 얄롬은 죽음의 직간접적인 위기경험은 사람으로 하여금 의미를 가지게 하고 동시에 삶을 가치 있게 살아갈 수 있게 한다고 지적한다. 이 점에서 공자가 경험한 자기실현을 위한 교육과 생애의 중요한 사건들은 자신의 내면 세계에 도전을 주었고 비로소 하늘의 뜻을 이해할 수 있는 시기가 된 것이다.

군자/현자는 유교의 가르침에 있어서 최종 목적이기 때문에 종교적 인간이란 군자나 현자의 단계에 이르는 것과 같은 것으로 볼 수 있다(Wei-ming, 1985, p. 31). 그리고 이러한 군자/현자가 가지는 질문은 늘 인생의 현실적인 의미와 깊게 관련되어 있다. 그들은 이러한 질문을 한다. '나는 누구인가?' '나는 무엇이 될 수 있는가?' 혹은 '인간이 된다는 것은 무슨 의미인가?' 이러한 질문은 물질, 권력, 명예 등의 성취성의 사사로움보다 도(道)를 알고 생활하는 것이 더 가치 있고 중요함을 지적한다.

군자나 종교적인 인간이 도달하는 도는 유교의 황금율과 비교된다(Legge, The Doctrine of the Mean XII I;3). "다른 사람이 너에게 하지 않았으면 하는 것을 너도 다른 사람에게 하지 말라." 이 관점에서 공자는 "양심과 이타성은 도에서 멀지 않다."라고 지적한다. 양심과 이타성은 개인 자신과 타인에게 긴밀하게 관련되어 있다. '양심'이란 자신에 대한 내적인 진실성의 문제이다. '이타성'은 이웃을 배려하는 과정에서 타인과 연관되어 있다. 그러므로 '도'(道)란 내적으로 자신에게 진실하며 외적으로 공익과 타인을 배려하는 차원으로 해석될 수 있으며, 자기 자신의 실현으로부터 시작하여 그 반경을 이웃에게까지 나타내는 것이다.

> 군자란 자기, 자아, 고집 그리고 개인적 자랑을 가장 완전하게 포기한 사람이다. 이들은 자신의 이익을 좇지 않고 도(the Way)를 따른다. 이러한 사람은 인간으로서의 결실을 가지고 있으며 그는 거룩한 용기(holy vessel)이다(Fingarette, 1972, p. 79).

군자는 그치지 않고 실존의 기초를 파악하고 자신의 변형적인 잠재성을 깨닫는다. 그리고 자신의 궁극적 진리가 공동체에 자연스럽게 나타나 개인, 가정, 사회 그리고 세상을 변화시키나 자신을 노출하지 않는 자이다. 그래서 이 군자의 영향력에 대한 근원은 파악하기 어려우나 그의 영향력은 사람들이 늘 느낄 수 있다.

이와 같이 군자가 가진 특성은 투 웨이밍이 지적한 지천명의 시기에 가지는 영적 위기이며, 그 결과가 사사로움에 있기보다는 이웃과 공동체에 긍정적인 영향을 줄 수 있다는 사실과 연관이 있다. 즉, 유교에 있어서 자기실현의 정점인 군자의 단계는 나이 쉰에 하늘의 뜻을 아는 지천명이라는 시기와 불가분의 관계이며, 이러한 자각은 개인의 성장발달 과정과 경험과 교육의 축적된 긍정적 결과이고, 특히 중년기에 공자가 겪은 결정적으로 중요한 사건과의 상호작용을 통한 결과라 볼 수 있다.

고대로부터 지금까지 인류에게 지속되는 질문은 인간 자체에 대한 근원과 삶에 대한 질문이다. 그리고 이 질문에 대한 답을 초월적 존재나 종교에서 찾으려는 인간의 노력은 현재에도 계속되고 있다. 이러한 질문은 현대인에게도 인생의 중반을 기점으로 하여 존재론적이면서 실존적인 질문을 하게 된다. 오랜 기간 중년을 연구한 다니엘 레빈슨(Daniel Levinson)은 조사 대상자의 80%인 중년이 가지는 공통적인 질문을 다음과 같이 서술하고 있다.

나는 지금까지 살면서 무엇을 하였는가? 나의 아내, 자녀, 친구, 일, 공동체 그리고 나 자신으로부터 무엇을 진정 얻었으며 또 주었는가? 나와 다른 사람을 위하여 내가 진정 바라는 것은 어떤 것인가? 나에게 있어 최대한의 가능성은 무엇이며, 나는 그것을 어떻게 사용하고 있는가? 내가 가진 꿈을 어떻게 실현했으며 그 현실에 만족하는가? 나의 현재 소망, 가치 그리고 재능이 잘 조화를 이루며 살 수 있는가?(Levinson, 1978, p. 192).

이러한 질문에 직면할 수밖에 없는 관대성을 가지는 중년의 긍정적인 결과가 바로 돌봄이며, 이것은 생산력, 생식력 및 창의력으로 발생하고, 이 돌봄에 대한 배경은 앞서 언급한 불사성과 이웃에게 필요한 사람(need to be needed)이 되고자 하는 근원에서 나타난다. 그리고 이러한 생산성의 내용을 에릭슨은 종교적 인간과 유사하다고 지적한다.

유교의 핵심 사상인 군자라는 인간상은 사람이 배움을 통하여 교육받고 성장하여 이웃과 공동체에 긍정적 변화를 줄 수 있는 사회를 만드는 인간을 의미한다. 이러한 군자 사상은 에릭슨이 주장하는 중년에 있어서 생산성을 가진 인간의 특성과 본질적으로 같은 의미인 것을 알 수 있다.

투웨이밍은 인간에게 내재된 하늘의 잠재성이 교육과 환경을 통해서 초월성을 경험한다는 의미에서 유교의 '포괄적 인본주의'를 주장한다. 즉, 인간 안에 있는 도에 대한 내재성과 초월성이라는 것은 생활에서의 교육과 훈련의 결과이면서 동시에 삶의 중요한 순간(a critical moment)에서 획득된다는 지적이다.

에릭슨은 관대성, 유교의 군자 사상이라는 것이 종교적으로 어떻게 연관이 될 수 있을까? 지천명을 인지할 수 있는 연령이나 종교적인 인간이 되는 기간은 중년의 기간과 밀접하게 연관되고, 이 기간에 유교에서 지적하는 지천명과 에릭슨의 종교적 인간은 핵심으로 여기고 있는 새로운 존재(new being)의 개념과 불가분의 관계이다.

> 만일 궁극적인 질문인 새로운 실체(new reality)에 대하여 질문을 가진다면 할례나 무할례나 중요하지 않다. 그러나 이 질문은 무한적으로 중요한 질문이다. 인간은 천지에 있는 그 어떤 것보다 이 질문에 대하여 더 걱정을 해야 한다. 새로운 존재가 된다는 것은 인간이 가진 궁극적인 관심이다. 모든 사람들은 무한적인 정열을 가지고 인간은 끊임없이 이것에 대하여 무한적으로 질문을 해야 한다(Tillich, 1957).

이 글에서 문화신학자 폴 틸리히(Paul Tillich)가 말하는 것은 궁극적인 실체, 즉 새로운 존재에 대한 질문은 과거로부터 현재까지 지속되었고 미래에도 지속될 질문이라는 점이다. 새로운 존재가 되고자 하는 질문은 에릭슨이 중년기에 물을 수밖에 없는 질문이며, 유교에서 공자가 지천명을 지적하며 의미한 군자 사상과도 같은 맥락에 있음을 알 수 있다. 이러한 관점에서 공자의 지천명 및 군자 사상이나 에릭슨의 생산성, 그리고 다음 장에서 신학자 폴 틸리히가 언급하는 새로운 존재에 대한 사상은 사회문화적 배경이 상이함에도 불구하고 모든 인간의 보편적인 질문이며, 동시에 이것은 모든 인간이 안고 있는 공통적인 인간의 희망이라는 사실을 알 수 있다. 그래서 새로운 존재에 대한 질문은 곧 우주적인 보편적 질문(universal question)이다(Tillich, 1957, p. 86).

# Ⅶ. 궁극적 관심과 새로운 존재

# VII. 궁극적 관심과 새로운 존재[1]

　인간의 궁극적 관심(ultimate concern)에 대하여 에릭슨은 관대성으로 표현하였는데, 이 관대성은 발달단계에서 자아와 사회적 환경과의 상호작용에 의해서 형성된 결과이며, 유교의 인간관에서 나타난 군자의 사상은 인간 내면에 있는 하늘에 대한 잠재성과 교육을 통한 결과로 본다. 관대성에서 나오는 종교적 인간이나, 유교에서 이상으로 삼는 군자 사상에 대한 종교적 관점은 곧 새로운 존재(new being)에 대한 인간의 관심이다. 이런 점에서 보면 새로운 존재가 되고자 하는 인간의 바람은 동서양을 막론하고 공통적인 관심이다. 그래서 "새로운 존재에 대한 관심은 일부적 관심이 아니며, 문화와 관습에 따라 형태는 달리할 수 있지만, 그 내용에 있어서는 중년기와 그 이후에 가지게 되는 우주적이고 보편적인 관심이다"(임경수, 2005, p. 257)라고 보는 것이 맞다.

---

1 이 장의 내용을 필자의 논문 「폴 틸리히의 상관관계방법론과 기독교상담방법론」(2019)을 참고하여 수정하였다.

범인류적으로 그리고 각 시대의 문화마다 인간은 왜 새로운 존재에 대한 자기 자신에 대한 기대와 타인에 대한 기대치를 가지고 살아갈까? 이것은 인간이 살아가는 삶에 대한 불완전에서 발생한다. 즉, 인간은 자신에 대한 모호성, 한계성 그리고 인생에 대한 사고에서 기존 가치에 대하여 허망함, 피안 세계의 모순에 대한 회의를 보기 때문이다. 인간은 어떠한 경험과 경로를 통해서든지 자신들이 바라는 가치와 생활에서의 이율배반적이고 야누스적인 모호성을 경험하기 때문이다. 만일 인간이 이것들에 대해서 회의적이면서 또는 염세적인 사고가 없다면 인간은 새로운 존재에 대한 요구가 각 시대와 문화에서 공통적인 현상으로 나타나지 않았을 것이다.

에릭슨이 지적한 후손에 대한 돌봄, 생산성을 통한 남김, 그리고 창의성을 통한 생각과 사상을 남기려는 관대성의 특성은 인간 자신이 죽을 존재라는 것에 대한 반대적 상황인 불사성을 꿈꾸고, 영원하게 후손의 기억을 통하여 남으려는 영원에 대한 인간의 본능적 몸부림이고, 이것을 종교적 인간이라고 일컬었다.

레빈슨(D. Levinson)이 인터뷰에서 "나는 지금까지 무엇을 했으며, 그것들이 어떠한 의미를 가지고 있으며, 나는 앞으로 무엇을 어떻게 해야 하는가?"라는 사람들의 공통적인 물음을 던졌는데, 이는 인간의 삶에 대한 보편적 질문이고, 또한 유형이나 무형의 정신적 유산을 자손에게 남기고 싶은 욕구도 이 종교적 인간이나 새로운 존재로 살고 싶다는 의욕과 같은 맥락이다. 유교의 지천명과 군자 사상에서 가장 이상적으로 말하는 인간은 '이타성'과 '공동체'를 위하고 사랑하는 마음을 가지는 것인데 이것 역시 새로운 존재가 되고자 하는 인간의 욕구와 큰 차이가 없다. 그러면 이제는 이러한 심리학 통찰에 대하여 신학이 바라보는 새로운 존재라는 것은 어떠한 관점이 있는지 살펴보려고 한다.

## 1. 타율성 문화와 궁극적 관심

1965년 20세기에 중요한 학문적 역할을 한 문화신학자 폴 틸리히(Paul Tillich)가 79세의 나이로 사망을 했을 때 『뉴욕 타임스(The New York Times)』는 금세기에 가장 영향력 있는 인도적 철학자이며 신학자 중의 한 명으로 평가 했는데, 그 이유는 그의 신학이 교리나 도그마에 고착되어 설명되는 것이 아니라, 인간이 살아가는 현실에서 만나는 모든 것이 신학의 주제가 될 수 있다고 생각을 했기에 인생의 모든 분야가 신학의 주제가 되는 폭넓은 신학적 대화의 방식이 되었기 때문이다.[2]

그가 이렇게 다양한 방법을 통해 기독교를 세상과 교류하려는 노력을 한 중요한 이유 중의 하나는 그의 신학방법론이 타학문과의 상호관계성을 통하여 진리를 규명하려는 상관관계방법론을 사용하였기 때문이다. 이것은 인간이 인간의 문제를 가지고 교회와 신학에 질문을 하고, 교회와 신학은 이 질문에 대해서 답을 해 주는 신학(answering theology)이다(Tillich, 1951, *Systematic Theology Vol. 1*, p. 22). 이러한 점에서 그의 학문방법론인 상관관계방법론의 시작은 신으로부터 시작되는 것이 아니라, 인간의 삶의 현장에서 던지는 질

2 http://www.ntimes.com/1965/10/23/archives/paul-tillich

문에서 시작해야 한다고 보았다(Tillich, *ST 1*, p. 22).

틸리히의 이러한 학문적인 방법론은 신학에 중심을 두기보다는 이 분야를 학문 영역에서 탈피시켜 현대인의 담론 속으로 가져옴으로써 '새로운 청중과 새로운 관련성'이라는 두 가지 영역 사이에 상관성을 중요시하였다(Tillich, 2006, p. 5). 그래서 신과 인간에 대한 틸리히의 상관관계방법론이 중요한 것은, 이 방법론이 적용되지 않으면 기독교는 역사과정에서 형성된 도그마에만 갇혀 헤어나오기 어렵기 때문이다. 왜냐하면 인간이 지닌 문화와 고뇌와 함께 교류할 수 없는 신앙은 자신 자신이 만든 도그마에 묻혀 버려 안주하려고 하고, 변화하지 않으려는 것으로 거룩한 용어를 이용하거나 여기에 집착함으로써 율법주의에 빠질 수 있기 때문이다(Tillich, 2006, p. 5). 이러한 상황에서 종교적인 거룩한 용어가 사람들을 질서와 생명으로 인도하기보다는 인간이 판단하고 정죄하는 도구로 전락하기 때문이다.

왜 인간은 율법/규범을 만들어 놓고, 거기에 함몰되는 것일까? 틸리히의 이러한 관점을 이해하기 위해 그가 제시하는 인류의 역사 흐름에 대한 의식의 전환과정을 살펴볼 필요가 있다. 인간에게 자기가 형성되는 과정은 문화와 환경, 그리고 인류의 역사적 흐름과 상당한 연관이 되어 있다. 그래서 틸리히는 인류 역사의 흐름과 인간 의식의 발전을 '타율성(heteronomy)−자율성(autonomy)−신율성(theonomy)'의 단계로 본다(Tillich, *ST 1*, pp. 83-86).

넓은 의미에서 타율성은 권력과 힘이 소수 특권층에만 국한된 시대와 환경에 권력자들이 가진 법과 의식세계가 평범한 사람들의 의식세계를 통제하는 시대였다. 그리고 대중은 이러한 구조에 살아야 하는 것을 당연한 운명으로 여기던 시간이었다. 이 시대는 권력과 종교의 힘에 의해서 지배되었기에 개인의 자기라는 것은 힘 있는 집단에 의해 규정되고 조정되었다. 이러한 점에 대부분의 도그마는 절대화를 당연시 하는 시기였던 타율성(heteronomy)의 시기에 형성된 것들이다.

틸리히는 타율성의 시대에 규범화된 것들로 인해, 그리고 그 규범들을 금기하여 접근하지 못하도록 하고 그것을 절대화하려는 노력들은 기독교가 문화 위에 군림하는 배타성을 가지게 함으로써 세상과 호흡하지 못한 중요한 요인이라고 생각하였다. 규범이 인간의 생명에 관심을 가지지 못하여 조화를 이루지 못하는 자신들의 규범이나 법을 절대화를 시키게 된다. 그래서 우리는 타율성과 그 구조에서 형성된 규범에 대한 집착으로 인해 규범에 얽매이는 율법주의에 안주하거나 빠지지 않기 위해 세상과 문화 속에서 인간으로서 던지는 질문과 그 질문에 대해 풀어 가는 과정을 준비하는 유기적 관계가 필요하다. 이러한 점에서 심리학과 인류의 역사에서 사람들이 던지는 관대성, 지천명의 물음 등은 종교가 규범과 타율을 벗어나 인간의 문화와 인류의 공통적 물음에 대하여 대화를 할 수 있는 좋은 터가 될 수 있다.

예를 들면, 제1차 세계대전 후(1919년) 독일은 전범 국가로 대외적인 신뢰도 추락 및 국가경제의 침체를 맞이하면서 오랫동안 게르만 민족의 자부심으로 가지고 있던 것들이 붕괴되기 시작하였다. 이 혼란기에 독일 사회에서는 극단적 사회주의의 운동이 전개되었고, 대학에서는 신학과에 대한 회의론과 폐지론이 대두되었다. 개신교의 종주국인 독일에서 각 대학에서 신학을 폐지하자는 이런 역설적인 현상이 왜 발생을 했을까? 틸리히는 당시 이러한 사회적 분위기와 대학에서 신학과를 폐지하려는 원인에 대하여 중요한 분석을 제시한다. 첫째, 오랜 기간 신학은 세계의 모든 학문과 겨뤄 이긴 하나님의 과학적 지식과 같은 학문으로 당연시 여겼고, 이러한 신학의 배타적 성향은 신학을 진정한 학문의 세계로부터 단절시킴으로써 문화와 기독교의 상관성을 읽지 못하고, 그 간격을 더 넓히는 노릇만 하였다고 보았다. 둘째, 신학은 단지 특정한 종교적 종파의 요구에 종속된 시녀의 학문이었기 때문이라고 보았다(Adams, 1965, p. 179; Bulman, 1981, p. 70).

자칫 잘못하면, 기독교에서 신앙이나 신학은 절대자 신에 대한 학문과 신앙이기 때문에 이것에 대한 절대성을 가지고 타 학문이나 타 종교에 대하여 우위성을 가지고 있다고 생각할 수 있다. 그러나 우리가 간과하지 말아야 할 것은, 신이 잘못되었다는 것이 아니라, 신을 신앙하고 있는 인간이라는 존재가 가진 모호성이 있다는 점이다. 그래서 독일 사회가 개신교의 종주국이라는 점에서 각 대학에서 신학과를 폐지하자는 운동은 당시 기독교 신앙과 신학이 일방성을 가지고 사회에 편파적으로 군림하려는 태도를 가진 것에 대한 분노였다.

종교가 문화 위에 군림하려는 경향은 역사에서 힘의 패권을 가지고 있는 개인이나 집단에서 항상 발생하였다. 프로이트가 지적한 바와 같이, 인간은 자신의 근원과 추구하는 것에 대한 합리적이고 수용될 수 있는 근거를 항상 신의 섭리 또는 신의 세계와 연결시키려는 과오를 역사를 통해서 반복하고 있다. 이러한 행위나 믿음은 매우 열정적인 것이 될 수 있지만, 결국은 자기 개인과 집단의 특수성을 보장받기 위한 수단으로 종교나 신이 이용당하고 있는 것이다. 인간 개인과 사회가 자기중심으로 가려는 쾌락주의에 대해서 경계하지 않아 이러한 경향을 반복하게 되고, 종교는 부패하기 시작한 것이다.

틸리히는 옛 소련의 해체를 예견한 적이 있다. 옛 소련이 해체하는 당연한 이유는 자신의 국가이념이나 통수권자의 의견을 '수직적 차원'(vertical dimension)보다 위에 두기 때문이었다. 그는 절대자 또는 신의 개념을 기독교 밖에 있는 사람들과 교류하기 위해 수직적 차원이라는 용어를 사용하였는데, 개인이나 집단이 자신들이 가진 이념이나 신념을 수직적 차원 아래 두어서 자신들을 살펴보는 것이 바람직하다는 의미이다. 만일 그렇게 되지 않을 때, 개인 독재나 집단 독재가 지속될 수밖에 없다.

신학은 절대자에 대한 학문일 수 있으나, 이 역시 한계적 인간의 경험에서 나오는 것이기 때문에, 신학이 교파를 떠받드는 역할을 한다면 그것이야말로 전제국가의 이념과 같은 역할을 하는 것이다. 창의성은 기존의 것을 다른 면에서 관찰하고 실험함으로써 나오는 것이지만, 이러한 것이 막히게 되면 신학이 역시 일종의 전제국가의 이념과 같은 것이 될 수 있다. 이러한 두 가지 요인들이 독일 사회와 국민과 함께 호흡을 같이하지 않은 이질적인 기독교로 여겨진 것이다. 인간의 문화에서 절규하고 욕망하는 것들을 살펴보지 못하고,

특수함에 기초하거나 문화 속에서의 변형을 꿈꾸지 않는 종교는 스스로의 자만 속에서 문화와 대중과는 멀어진다. 그리고 인간이 없는 종교는 어떤 소용이 있을까?

이 상황에서 1919년 틸리히는 베를린 대학에서 문화와 종교에 대한 강연을 하였다. 그의 중요한 목적은 신학이 마치 모든 학문을 지배하고 다스리는 영역으로 잘못된 생각을 하고 있는 신학자들의 세계와 특정 종파에 예속되어 도그마만을 양산해 나가는 신학, 그리고 이러한 경향들로 인해 사회로부터 단절되어 있는 신학과 신앙의 세계를 재조명하고 구하기 위해서였다. 이 강연에서 그는 문화와 종교의 관계를 "문화의 내용은 종교이고, 종교의 형식은 문화이다." 라고 정의함으로써 종교와 문화 간의 불가분의 관계성을 강조하였다. 이런 정의를 하면서 그는 대학에서 신학을 배제하려는 사회주의자들의 운동과, 신학이 세상과 문화와 소통을 하지 않고 독단적 권위 자리에서 서려는 것을 경고하면서, 종교와 문화는 상호 보완적인 것이라는 새로운 구조를 제시하였다(Bulman, 1981, p. 70). 즉, 종교(기독교)는 끝없이 진화하는 인간의 문명과 문화 속에서도 그 안에 인간이 종교를 통해 찾으려고 하는 인간의 근원적 문제가 문화 속에 남아 있기 때문에, 이 요소들을 가지고 문화와 함께 호흡하면서 있어야 한다는 점이다.

어떤 규범이나 이념 또는 교리에 대한 절대화는 타인과 그 문화에 대한 배타성을 반드시 가지게 되고, 자신들의 규범과 이념을 어떤 것도 침해할 수 없는 금기의 영역으로 만들게 되는 데, 이것은 자기 자신에 대한 과신과 집착에서 나오는 자기중심성을 의미하며,

더 나아가 이러한 추세는 전체주의(totalism)이며, 전체주의는 우상 숭배로 가는 부분적 퇴행이다(Capps, 1983, p. 90). 이것은 실존주의 심리학적 관점에서는 "나는 어떤 누구도 침해할 수 없다는 특수성(specialness)을 가진 심리적 방어기제이다."(Yalom, 2017, p. 156) 즉, 심리학적 관점에서 규범의 절대화와 같은 특수성은 자기결핍의 증거이고, 자기불안을 방어하기 위한 수단이며, 종교적 관점에서는 '자기의 신'을 만들어 섬기는 우상숭배인 것이다. 즉, 자기의 중심성이 강하고, 자신이 하고 싶고 욕구하는 것이 많기 때문에 이러한 것을 가지고, 자신의 뜻임에도 불구하고 마치 신의 뜻이라고 미화시키는 것이다.

인간은 타율에서 자율로 가는 것이 바람직하지만, 타율성의 규범이든 혹은 자율성이 가진 규범이든 그것들을 절대화하려는 경향은 자기의 결핍 구조와 불안에서 발생하는 자기중심성이다. 그래서 인간이 가진 타율성과 규범은 그 어떤 능력을 가짐과 동시에 모호성에 노출되어 있었기 때문에 이 양면성에서 오는 긴장과 원인들을 탐색과 통찰할 때 금기와 경계선을 넘어 서려는 인간의 갈구함에 근접할 수 있다. 그러나 이 자율성도 스스로의 제한성을 가지지 못하면, 사람을 결국은 공허로 이끌게 되고, 마성적인 힘의 형태를 가질 수 있다.

타율성에 의해 구조화되어 굳어진 사실이 전통 속에 남아 있기에 자율성의 관계성에서 재조명되어야 하는데, 이것은 마치 경계선 상에서 인간 운명과 투쟁을 하는 것 같기에 이 경험을 '심연의 경험'(the experience of the abyss) 또는 '거룩한 무효'(holy void) 과정으로 보았다. 이 경험은 기존 가치를 초월하는 경험이며, 이 과정을 가지는 것은 그에게는 소명과 같은 것이었다(Tillich, 1936, p. 36). 이 관점에서 틸리히 스스로가 자신은 자율성과 타율성에 위치한 사람이며, 인간의 역사가 타율성 지배하에 있더라도 자신은 이 타율성과 자율성의 경계선상에 있을 것이라고 하였고, 틸리히의 이러한 방법론은 그로 하여금 인간이 가진 문제를 조금 더 객관적으로 보려는 것이었다. 그리고 이 경험들이 그에게 혼란을 가져다주지만 틸리히는 불확실성을 사랑했고, 해결되지 않는 것을 사랑했다(May, 1973, p. 69). 그가 불확실성을 사랑했다는 것은 혼돈 가운데 있었던 것을 의미하는 것이 아니라, 타율성과 자율성의 경계선에 서서 신학을 했다는 것을 의미한다(Tillich, 1936, p. 30). 신학과 종교를 경계선상에서 한다는 것은 모호성을 가진 것이 아니라, 인간과 종교 그리고 신학이 가진 타율성의 규범적인 것들이 인간이 가진 모호성에 의해 은닉되어 버리기 때문에 이러한 것들의 진정성을 찾기 위해서는 경계선상 위에 서야 객관성을 가지고 관찰할 수 있다는 말이다.

> 인류 태고의 경험인 새로운 지식은 금기(taboo)를 깨뜨림으로써 획득되는데, 이 모든 자율적 사고는 죄의식을 동반하고, 이것은 내 인생의 근본적인 경험이 되고 있다(Tillich, 1936, p. 23).

타율적 인간보다는 자율성을 가진 인간의 모습이 훨씬 바람직하다. 그러나 이 자율성도 자신이 가지고 있는 규범이라는 것이 있지만, 이 규범을 기초로 해서 인간의 생명, 인간의 질서와 조화에 대한 것이 목표가 되지 않으면 이 자율성의 규범도 문제를 만들어 낼 수 있다. 흔히 현직에 있는 법조인들이 공통적으로 지적하는 것은, 현재 국가들이 가지고 있는 법은 온전한 것이 아니라 더 변해야 하고, 그 변화는 사람들에게 이롭게 되는 방향으로 가야 한다는 것이다. 그런데 법의 취지를 모르고 법이 인간을 규제하는 것에만 몰두하고, 법을 집행하는 사람들이 법과 규범에만 몰두한다면 법은 현실과는 동떨어진 것이 되고 만다. 모든 법과 규범은 인간의 생명과 질서를 이롭고 공정하게 하는 방향으로 지속될 때 그 의미가 있다.

인간의 개인적 성장과 인류의 정신적 발달단계에서 타율성이라는 것은 불가피한 조건이었고, 이 타율적 환경에서 형성된 규범도 불가피한 인간의 선택이었다. 그것은 규범이 있는 것은 개인과 집단이 살아가고 생존하는 현실에서도 훨씬 용이하기 때문이다. 그러나 개인과 집단이 가진 불안은 규범과 법이라는 것을 자신들에게 유리하게 확대 해석하게 하고, 조금은 더 절대자와 특별한 관계성을 가지고 있다는 비약적 상상을 가지고 불안을 해소하였다.

타율성에 형성된 규범이 개인의 자율성과 시대적 자율성을 향해 끊임없이 변형되는 과정에서 우리는 과거에 형성된 타율성과 규범들이 인간이 자연스러운 종교적 인간으로서 생활하는 데 어떻게 거침돌이 되었는가 하는 것을 보아야 한다. 그리고 이 규범과 법들이 자율에서 조화와 생명 그리고 질서로 가는 종교성의 성향을 보아야 한다.

틸리히는 신이라는 궁극적 관심에 대한 고찰은 인간의 심리적 투사에서 오는 근원적인 것으로 보고 있다. 즉, 신에 대한 투사는 고대부터 현재까지 지속되고 있는데, 중요한 것은 어떤 투사가 정답이라는 것에 중심을 두어서 보는 것이 아니다. 신에 대한 인간의 투사는 개인과 집단의 환경과 경험에 의해서 다양성을 가질 수밖에 없다. 이 다양성에 대하여 어느 특정한 한 가지를 가지고 정답을 확정하려는 것은 인간이 가진 쾌락원칙이나 특별성을 선호하는 인간의 자기 방어 기제에서 발생하는 심리적 현상이다. 마치 1919년의 독일 기독교가 이러한 성향을 가지고 대중에게 접근함으로써 문화에 대한 몰이해와 기독교에 대한 배척이 발생한 현상과 같다.

문제는 이 다양성을 문제로 삼는 것이 아니라, 모든 인간의 문화에서 신에 대한 투사가 발생했고, 이러한 것들이 세월을 거듭하면서 종교로 인간사회에 자리 매김을 했다는 점이다. 그래서 다양한 문화와 경험에서 발생한 종교적 투사의 최고의 관심은 투사를 하게끔, 인간에게 종교적 관심을 가지게 한 '스크린'(screen)에 대한 관심을 가져야 한다. 즉, 스크린이라는 절대적 대상인 신이 있었기에 인간은 문화와 문명을 통하여, 예전에도 현재도 신에 대한 투사를 한다는 것이다.

그 스크린은 궁극적 관심이다. 투사 행위에 선행하는 어떤 것이 있다. ……
만일 우리의 궁극적 관심을 상징화하기 위해 아버지 상을 사용한다면 궁극적 관심은 아버지의 상이 아니다. 오히려 궁극적 관심은 아버지가 놓이게 되는 스크린이다(Tillich, 1958, pp.16-17).

이 스크린은 인간에게는 궁극적 관심(ultimate concern)이다. 인간이 가진 타율성의 문화로부터 시작하여 오늘날의 자율성의 문화까지, 때로는 표면적으로 때로는 인간의 의식이나 무의식 속에 존재하여 투사할 수밖에 없는 존재 그 자체이다. 인간이 이렇게 신에 대한 투사를 스크린에 할 수밖에 없는 것은 인간이 가진 '존재론적 뿌리'(ontological root)가 '영적인 중심'(the divine center)과 연결되어 있기 때문이다(Lim, 2000, p. 114). 그래서 인간이 심리학적 관점에서 인간의 몸과 정신 탄생의 근원에 대한 모호함으로 자기를 보호하기 위해 쾌락원칙 그리고 관계성의 성에 대한 관심과 영웅주의로 빠지는 것, 관대성의 실현, 개성화의 과정, 지천명에 대한 물음을 제기하는 것, 그리고 그 외에 인간의 실존과 존재에 대한 질문을 살아가면서 물어볼 수밖에 없는 것은, 인간의 현실과 상황에 가장 근본적 답이 되는 궁극적 관심에 대한 긍정 · 부정의 표현이기도 하다.

궁극적 관심과의 일치를 통하여 실현을 구하는 인간의 경향으로 인해 인간은 '존재의 근원'(ground of being)과 '영원한 현재'(eternal now)를 구한다(Tillich, ST 1, p. 209). 존재의 근원은 모든 인류가 구하고 있는 스크린이고, 인류는 여기에 각자의 문화에서 투사한다. 영원한 현재는 시간에 대한 개념인데, 인간에게 있는 모든 시간에는 과거로 묻혀 버리는 운명이기 때문에, 시간과 공간 속에 살아가는 인간이 구할 수밖에 없는 대상이다. 인간이 이 두 가지, 즉 궁극적 관심을 찾는 것은 인간에게는 '존재론적 용기'(ontological courage)가 있어 이 두 가지의 결핍과 물음에서 오는 유한성의 불안을 극복할 수 있기 때문이다.

인간이 어떻게 이러한 존재의 용기를 가지고 있어서 자신에 대한 물음과 궁극적 관심에 대한 질문을 할 수 있을까? 이것을 설명하기 위해 틸리히는 그리스어의 비존재(non-being)에 대한 두 가지 해설을 한다. 그리스어에는 비존재에 '메온'(me on)과 '오크온'(ouk on)이 있는데, 메온은 인간 존재와 전혀 관계가 없는 비존재이다. 그러나 오크온은 인간이 죽음이라는 비존재로 간다는 것을 설명하지만, 이것은 만일 이상적 원형(ideas)이나 실체(essence)와 연결이 될 수 있으면 비존재로 가는 인간은 의미 있는 존재가 될 수 있다고 본다(Tillich, 1952, *ST 2*, pp. 49-50). 즉, 인간은 세월의 시간이라는 과정을 통해 노화와 죽음이라는 비존재로 가는 것이 확실하지만, 인간은 오크온을 가지고 있기에 궁극적 관심과 연결될 수 있다면 의미 있는 존재가 될 수 있다는 것이다.

인간이 이렇게 오크온을 가지고 궁극적 관심과 자신을 연결시킴으로써 정체성을 가지려는 것은, 현실에서 인간은 본질로부터 분리된 존재이지만, 동시에 인간의 근원은 궁극적 관심과 연결되어 있기 때문이다. 즉, 실존에서 있는 인간은 궁극적 관심과 분리된 상태이지만, 본질에 있어서는 연결되어 있다는 것이다. 그래서 인간과 궁극적 관심은 분리할 수 없는 관계성에 놓여 있다.

예를 들면, 부모가 자녀 다섯 명을 낳아 양육했고, 이들이 성장하면서 그리고 성장한 후에 각각의 사회적 환경에서 활동을 하는데, 이들 중에는 부모의 마음에 맞는 자녀도 있고, 그 마음을 벗어나 속을 썩이는 자녀도 있을 것이다. 부모의 뜻과 맞지 않거나, 혹은 불효를 한다고 해도 그 자녀가 부모의 자녀가 아니라고 확정하거나 단언하는 것은 우리 문화와 개인이 형성한 '타율성'에 의한 정죄이지 않을까? 그리고 이 타율성에 의한 규범을 더 견고히 함으로써, 자신들만의 틀에 적합한 인간만을 수용하지만, 그리고 이렇게 함으로써 사람들은 스스로 어느 정도 양적으로 성장할 수 있지만, 광의적인 의미에서는 자기들의 폐쇄적인 공간에서 갇혀 사는 '자신들만의 천국'에 있는 외딴섬의 사람들일 가능성이 많다. 인간과 종교의 딜레마는 이렇게 실존에서는 본질에서 벗어나 살아가는 사람들이지만, 본질에서는 끊을 수 없는 부모와의 관계성을 가지고 있다는 것을 알고 살아가는 것이 필요할 것이다.

> 인간은 자신이 속하였지만 분리되어 버린 궁극적 관심(the infinite)에 대하여 물어보아야 한다. 또 인간은 자신에게 있는 불안을 수용하도록 용기를 주는 궁극적 관심에 대하여 질문을 해야 한다(Tillich, ST 1, p. 206).

인간은 '존재가 되려는 용기'(courage to be)에 의해 인간이 가진 실존의 무의미와 불안을 극복해 나갈 수 있다. 존재론적 용기는 인간이 궁극적 관심과는 끊으려야 끊을 수 없는 숙명적 연결에 의한 것이며, 이것이 연결될 때 인간은 창의적인 의도성의 실행으로서 문화적 창작, 형식 그리고 제도를 통하여 자신의 것들을 나타낸다. 그래서 틸리히는 "존재의 용기는 의심의 불안 속에서 하나님이 사라져 버린 때에 나타나신 하나님 안에 뿌리내리고 있다."(Tillich, 2006, p. 226)고 정의한다. 이러한 점에서 존재의 용기가 바로 너무나 인간적인 인간의 본능을 관계성의 성과 영웅주의로 살리는 모습을 살핀 프로이트의 인간정의와, 즉 이것은 왜곡된 성과 영웅주의는 역으로 더 근원된 자신과 뿌리에 대한 상실에서 발생하는 표면적 현상이기에 오히려 내면적으로는 인간 존재와 실존에 대한 몸부림이며, 에릭슨의 관대성의 출현, 융의 개성화의 시작 그리고 지천명의 시도에 근원적 바탕이 된다고 생각한다.

인간의 근원적 뿌리와 연관되어서 인간의 바른 길에 대한 질문을 던지는 '존재가 되려는 용기'가 중요한 이유는, 인간은 자신의 근원과 뿌리에 대한 근원적 질문을 가지고 있는데, 이 근원적 질문을 하지 않으면 자기 자신의 뿌리를 상실해 버릴 수 있다는 콤플렉스를 가질 수 있고, 이것은 다시 인간을 방황케 하는 콤플렉스를 낳게 한다(Tourier, 2011, p. 52).

존재가 되려는 용기를 가지고 인간에 대한 합리적인 질문을 시작하는 것은 실존주의(existentialism)에 심오하게 표현되고 있다고 본다. 이 실존주의는 인간이고자 하는 것에 대한 가장 근본적인 질문을 던지는 근본적 유형으로 본다. 틸리히는 이 실존주의가 인간 이해에 주는 가장 큰 영향으로 다음의 두 가지를 말한다. 첫째로 실존주의는 인간의 무의미에 대한 고뇌를 말하기 때문이다. 인간이 무의미를 가지는 가장 큰 이유는 인간의 내면이 대상에 의해 정복당함으로써 주객이 전도된 채 살아가기 때문인데, 이러한 모순으로 인한 무의미로부터 인간이 벗어나거나 극복할 방법을 가지고 있지 않다. 다만, 인간은 이러한 모순에 대하여 탈출하기 위하여 시도하는데, 이러한 시도가 실존주의 실존 예술, 철학과 실존 문학을 통해서 표현이 되고 있다. 둘째는 실존주의는 인간이 가진 불안을 존재가 되려는 용기 쪽으로 인간을 가게 하는 시도를 한다(Lim, 2000, p. 117).

인간이 존재가 되려는 용기를 가지고 실존주의를 통해서 표현하는 인간의 무의미와 불안 등을 지적하면서 시도하는 것은 인간의 존재론적 뿌리(ontological root)에서 완전하게 분리되어 있지 않기 때문이다. 인간의 실존을 안다는 것은 인간 안에 있는 하나님의 형상을 회복하고자 여전히 고군분투하는 뿌리가 있다는 것을 말한다.

> 실존주의는 무의미함으로 인한 불안의 표현이며, 이러한 불안을 자기 자신으로서 존재하려는 용기 속으로 포섭하려는 시도의 표현이다. …… 인간은 자신이 만든 생산품에게 자신을 희생했다. 그러나 여전히 인간은 자신이 상실했고 또한 상실하고 있는 것이 무엇인지 알고 있다. 그는 변함없이 자신의 비인간화를 절망으로 경험하기에 충분한 인간이다. …… 오늘날의 실존주의 철학, 예술, 문학을 분석하는 이들은 그런 영역들이 지닌 불명료한 구조를 드러내 보일 수 있다(Tillich, 2006, pp. 175-176).

사실, 관대성을 실현하고 싶은 인간의 욕구와 필요성, 개성화 과정을 통해 이타성을 실현하고자 하는 마음, 지천명으로서의 양심과 이타성의 실천에 대한 관심은 권력, 성공 그리고 부가 최고의 가치를 표면적으로 주는 이 세상에서 존재가 되고자 하는 용기를 가지는 실존주의적인 인간의 몸부림이며 요청이다. 물론 이러한 성향이 완전하게 실현되는 데는 많은 장애와 어려움이 있으며, 이 성향들은 인간이 존재 용기의 근원이 되는 궁극적 관심과 인간이 부분적으로나마 연관되어 있다는 것이다. 즉, 부분적으로 성향을 가지고 있으면서, 동시에 부분적으로 근원과 분리가 되어 있다는 점이다(Tillich,

1952, p. 144).

인간이 궁극적 관심에 대한 소리를 경청하기 위해서는 일시적인 관심으로부터 거리를 두어야 할 필요성이 있다. 이러한 일시적 관심에 대한 성취의 연속을 통해서 자기 자신에 대한 집중에서 이제는 다른 이웃에게 탈집중함으로써 또 다른 차원 속의 관계성을 경험함으로써 자신과 이웃과의 관계성을 알아 가는 것이고, 이웃에게 탈집중함으로써 자신보다 더 위대한 것에 초집중을 해야 한다(Tourier, 2013, p. 158).

모든 문화에서 볼 수 있는 궁극적 관심에 대한 다양한 접근과 생각은 인류가 가진 보편적 관심사이다. 왜냐하면 이것은 인간이 뿌리칠 수 없고, 외면할 수 없는 인간의 운명이기 때문이다. 이러한 숙명적인 관계에서 각 개인이나 문화는 국지성을 가지고 자의적 중심으로 해석하기 쉽다. 이유는 뿌리 없는 인간의 불안을 확정시키고자 하는 인간의 불안이 자기중심적 해석을 할 가능성이 많기 때문이다. 그러나 이러한 국지성적 해석은 궁극적 관심의 편재성을 통해서 외연의 확대와 화해가 필요하다. 왜냐하면 국지성적 해석은 자기중심적 해석으로 인한 편협함으로 인해 분쟁과 비타협의 오만을 만들어 내기 때문이다.

인간의 문명 속에 관심이 된 궁극적 관심은 인류문화의 발달과 발전에 따라 특별히 지리학과 천문학의 발전에 의해 그 시대의 국지성의 종교를 가진 사람들에게 심리적 불안과 고뇌를 안겨 왔다. 왜냐하면 이런 요소가 개인과 집단이 가진 국지적인 정체성을 흔들어 버리는, 즉 자기중심성을 벗어나 또 다른 세계의 중심성을 제시하는 진실과 마주쳤고 이것이 그 시대의 사람들의 마음을 불편하게 하는 진실이었기 때문이다. 그러나 이러한 조우는 광의적 의미에서 결국 인류 공동체에게 더 많은 진실과 마주치게 하는 결과를 가져다주었다. 앞으로도 인간이 가진 종교는 천문학의 외연적 확대를 통한 발견을 통해 끊임없이 자신들의 경계가 흔들리는 경험을 할 것이고, 심리학의 노력으로 발견된 인간 내면의 미시적 발견은 유전공학 등의 학문을 통해서 다른 세계를 경험할 것이다.

우주의 고아와 같이 살다가 마치 뿌리가 없는 것과 같은 인생의 허망함과 이 허무함이 되풀이되는 인간의 역사 속에서 인간이 생존하기 위해 선택하기 쉬운 결정은 국지성을 가지는 것이 그 방법이었을 것이다. 너무나 광범위한 공간은 인간에게 공포를 불러일으키기에 인간은 특정한 장소를 만들고 그곳에 거주할 집과 터전을 만들어 안정감을 획득한다. 시위를 떠나는 활과 같은 속성을 가진 인생의 시간은 죽음으로 달려가기에 시간과 세월의 공포 속에서 인간은 이 시간과 싸우고 정지시키려는 기술문명을 발전시키고, 심리적으로는 적어도 나와 내 집단만은 피해 갈 것이라는 '특수성'의 가설인 종교를 가지고 비켜가려고 시도하고 있다. 그래서 이러한 위협으로부터 공간과 시간에서 자신의 자리를 갖는 것은 피할 수 없는 인간의 운명이었고, 이 운명 속에서 만들어지고, 그것을 고정화하고 절대화하려는 인간 신념에 대한 타율성 문화도 불가피한 과정이었다.

인류가 그동안 가진 타율성의 규범들은, 즉 기독교 사회가 구축해 온 인간이 거주하는 이 지구가 모든 우주의 중심이라는 규범은 코페르니쿠스의 지동설과 이후 이를 발전시킨 갈릴레오의 지구 자전설에 의해 이 막막한 우주 공간에서 인간이라는 특수성의 자리와 의미에 흔들림을 당하게 되었다. 또한 프로이트가 인간은 쾌락원칙에 입각하여 살아가고, 그중에 성이라는 것도 매우 중요한 역할을 하며, 인간은 억눌린 무의식의 본능에 의해 의식의 세계가 조정당하며 살아가는 모호한 존재라는 정의 역시 그동안 구축한 신의 형상으로 창조되었다는 인간의 정의를 뒤흔드는 인류정신사의 중요한 사건이었다. 그러나 이러한 사건들이 거시적으로는 인간에 대해 지협성을 넘어 광의적 의미를 생각하게 하는 계기가 된 것은 분명하다.

타율성은 혼돈 가운데 인간의 정체성에 혼돈과 혼란을 초래하는 것을 방지하는 효과는 분명히 있다. 그래서 잘 훈련되고 절제된 타율성은 묘하게 인간을 움직이는 신비한 마력을 가지고 있다. 그리고 이러한 것을 이용한 자기중심적인 해석은 오랫동안 인류 역사에 자리 매김을 한 것이 사실이다.

코페르니쿠스나 갈릴레오의 주장은 타율성에서 굳어진 인간이 모든 것의 중심이라는 국지성에 대한 위협이었지만, 이러한 인간 문화의 해석과 시도는 오히려 좀 더 진지하고 객관적인 인간에 대한 위치와 해석을 바라보려는 인간의 몸부림이다. 다만, 이 몸부림은 좀 더 광의적 · 거시적인 안목에서 인간은 마치 우주의 버려진 존재와 같고 한 인간과 인간의 문화를 궁극적 관심과 또 다른 차원에서 연결시키고자 하는 시도이다.

쾌락원칙이라는 리비도 중심의 이론으로 인간이 욕동과 무의식세계에 의해 조정당한다는 것 역시 타율성으로 형성된 인간 존재의 고상함이 깨지는 근거를 제공했지만, 이것은 인간에게 '악'이 외부에서 오는 실체가 아니라, 인간 안에 있는 균형을 잡지 못한 과다한 결핍과 과잉의 구조에서 온 심리적 불균형의 결과라는 사실을 제시한 것이다. 기독교적 시각에서 인류는 그동안 '악'의 출처를 외부에서 인간에게 다가오는 실체와 현상으로 이해하였다. 그래서 어떤 개인이나 집단이 힘을 가지고 있는 기독교적 관점과 상이하다고 생각하면 개인과 집단을 악으로 규정하고 추방하여야 할 악마의 세력으로 여겨서 징벌이나 전쟁을 통해서 파괴하고 정복해야 하는 역사를 되풀이해 왔다. 그러나 기독교 역사에서 위인으로 꼽는 어거스틴(Augutine)은 악은 밖에 있는 것이 아니라 인간 자유의지의 왜곡에서 찾으려 했다. 그래서 그는 진리를 밖에서 찾는 것이 아니라 인간내면에서 찾으려 했는데, 인간 마음이야말로 영원한 진리를 접촉할 수 있는 연결점이라고 생각했기 때문이다(선한용, 2002, p. 29).

특수성을 강조하는 인간 문명은 '희생양'이 필요했다. 왜냐하면 인간 자체가 가지고 있는 동물적 본능에 대한 윤리적 죄책감과 동시에 자신이 면죄부를 받을 수 있는 근거를 마련해야 했기 때문이다. 그래서 실제로 희생양의 의식을 가지게 되었고, 개인과 집단은 어떤 특정한 희생양을 지목하여 그들을 벌하거나 정복하는 역사를 되풀이하고 있다. 결국 이러한 시도는 자기 자신이나 특정 집단이 특별성의 방어기제를 가지고 자신에게 면죄부를 주어 빠져나가는 통로이다. 이러한 인류의 되풀이되는 사고방식에 프로이트의 인간 본능에 대한 해석은 인간이 가지고 있는 뿌리 뽑을 수 없는 인간의 죄성이 있다고 틸리히는 보고 있다. 프로이트는 인간이 가진 소외와 한계성을 지적하면서, 동시에 리비도(libido)가 가진 무의식적 파괴성을 말해 주기 때문이다(Tillich, 1984, pp. 85-86).

죄의 경향은 인간 밖에 있는 것이 아니라 인간 안에 있으며, 이러한 것들이 외부 세계인 환경과의 적응과정에서 불균형으로 인해 발생하는 것이기 때문에, 이렇게 밝혀진 인간에 대한 고민은 인간 내부의 정신적 구조에 대한 고민을 합리적 관점에서 더 해야 하고, 사회구조가 어떻게 인간 내부의 구조에 영향을 미치는가도 같은 입장에서 보아야 한다. 그래서 틸리히의 신학적 통찰은 이러한 지적과 같이 편협성 속에서 만들어진 타율성의 규범을 넘고, 이 과정에서 겪을 수밖에 없는 혼란을 감수하는 것이고, 이러한 것을 경계선상의 신학이라고 말하고 있다. 이러한 신학과 신앙의 과정은 매우 어려운 과정이지만, 이 과정을 밟지 않으면 종교는 타율성의 지배하에서 창의성을 가지고 인간과 문화 속에서 상호관계성을 밟을 수 없다.

## 2. 인간의 모호성과 새로운 존재

새로운 존재(new being)가 되고 싶다는 인류의 보편적 관심은, 인간의 현재 자기 자신에 대한 실망과 동시에 도약을 꿈꾸는 욕구가 있지만, 새로운 존재가 되는 것이 우주적 관심과 욕망임에도 불구하고 이것은 인간 잠재성의 실현으로는 경험될 수가 없다(Tillich, 1956, *ST 3*, pp. 86-87). 새로운 존재로 완성되기 전에 있어야 할 것이 바로 인간의 변화(transformation)라는 점이다. 왜냐하면 인간은 전인적인 변형의 동기가 부여되지 않는 이상 새로운 인간은 기대할 수 없기 때문이다. 그리고 이러한 인간의 궁극적인 내면 변화에 따른 새로운 존재에 대한 관심은 인간에게 궁극적 관심인 신의 관계성이 형성되지 않고는 불가능한 것으로 본다.

> 인간의 가능성과 잠재력을 강조하는 심리학은 오직 그 결과만을 강조한다. 틸리히는 인간의 실존론적인 분리(existential estrangement)를 극복하려는 사람들의 노력은 수고와 실패만이 거듭된 것을 인류의 역사를 통해서 알수 있다고 보았다. 그래서 틸리히는 인간은 악한 의지의 노예라고 정의한다 (Lim, 2000, p. 95).

틸리히가 인간을 악한 의지의 노예라고 보는 관점은 프로이트가 강조하는 인간의 본능인 리비도(libido) 이론에서 인간의 무의식 세계가 가지는 리비도를 부정적 요소로 보고 있기 때문이다. 자기중심적이고 동물적 본능을 가지고 인류의 시작부터 인류가 이 땅에 존속하는 한 리비도가 지속될 것이라는 프로이트의 가설을 틸리히는 인간이 가진 자기중심성에서 오는 죄악의 구조로 보고 있다. 그래서 프로이트 이론은 인간 존재 자체가 가진 이중성이라는 모호성을 보게 하는 데 도움이 되었다(Rogers, 1985, p. 103).

인간의 모호성과 함께 틸리히의 인간 자율성에 대한 불신은 1914년 발발한 제1차 세계대전 당시 4년간 종군목사로서 이 실전에서 전쟁의 참혹상과 인간의 잔학성을 경험하며 생겨난 것인데, 인간 문명에 대한 불신과 인간 개인과 사회가 그토록 추구했던 자율성(autonomy)의 결과는 두 차례의 세계대전이라는 인류 역사상 가장 비참한 전쟁을 발생케 함으로써 그 종말을 맞이했다고 본다. 그래서 그는 이러한 인간의 실존이 가진 인간의 모호성을 간과하여 평탄하게 넘어가려는 기독교의 이상주의에 대해 경고 하고 있으며, 오히려 이러한 인간의 모호성을 노출시키기 위해 필요한 도구가 사용되어야 한다고 보고 있다(Tillich, 1966, p. 88). 여기서 틸리히가 지적하는 인간의 모호성의 핵심은 프로이트가 언급하는 인간 리비도의 무의식적 파괴 본능이다. 동시에 이것을 통해서 인간이 가진 한계성과 소외를 봐야 하기 때문에 실존주의적 관찰도 필요하다(Tillich, 1984, pp. 85-86).

인간이 처한 현실과 실체를 정확히 보도록 하는 프로이트의 인간 분석은, 한편에서는 새로운 존재를 갈구하는 인간의 모습을, 다른 한편에서는 본질로부터 소외되어 있는 인간의 모습을 보게 한다. 그가 실존주의와 프로이트의 정신분석학을 통해 정의하려는 것은 인간이 본질로부터 소외되어 분리되었다는 '죄'(sin)에 대한 것과 이 죄에서 파생된 '죄들'(sins)에 대한 것이고, 이 두 가지의 학문은 인간의 무의식과 행동의 결정에 마성적 구조가 있다는 것을 발견하는 데 도움을 주었다(Tillich, 1984, pp. 92-93). 이 마성적 구조란 인간의 자기가 모든 것의 중심이 되려는 성향에서 시작된다.

이 자기중심적 구조를 심리신학적 관점에서 그가 어떻게 설명하고 있는지 살펴보자. 틸리히는 인간 '자아'의 성장은 대상(thou)을 만남으로써 '자기'(self)가 되는 구조로 생각한다. 이 대상이란 포괄적으로 말해 세계(world)를 의미하는데, 이러한 관점에서 그는 "세계가 없는 자기는 빈 것이고, 자기가 없는 세계는 죽은 것이다." (Tillich, ST 2, p. 34)라고 한다. 좀 더 구체적으로 언급하면, 그는 인간이 의식할 수 있는 자기에 대한 표현을 '자아-자기'(ego-self)의 구조로 말했는데, 이것은 이성을 가진 성숙한 인간으로 성장한 사람을 의미하며, 이러한 사람은 자신의 생각과 규범을 가지고 있기에 세계라는 환경에 의해 지배당하지 않는 힘을 가지고 있다고 본다 (Martin, 1966, p. 85).

그러나 인간은 어떤 환경에서도 가지고 있는 중심된 자기(the centered self)가 있는데, 이것은 다른 피조물과 구별되는 변하지 않는 고유한 자기이다. 인간이 이것을 가지고 있기 때문에 다른 피조물과 차이를 보이며, 신성한 자기에 대한 개념을 가지고 있다. 결국 이러한 중심된 자기를 가지고 있기에, 인간만이 자신의 구조를 알고 있는 유일한 피조물이라고 본다. 인간이 이러한 자기 구조를 가지고 있기 때문에, 모든 피조물 중에서 인간만이 자기의 구조에 대해서 궁금증을 가지고 탐색하려는 존재이다(임경수, 2019, pp. 96-97). 틸리히는 이 중심된 자기를 신학적인 관점에서 '하나님의 형상' (the image of God)으로 보았으며, 심리학적 관점에서는 '진실된 존재'(true being)로 언급했다(Tillich, *ST 2*, p. 49).

이러한 '자기'의 구조를 가진 인간에게 자기실현은 불가피하다. 이것은 인간의 운명이며 인간과 세계와의 구조에서 자기실현을 할 수 밖에 없는 구조를 가지고 태어났다(Tillich, *ST 3*, p. 30). 그러나 하나님의 형상 혹은 진실된 자기를 가지고 있는 인간에게 자기실현이라는 과업은 필수적이지만, 틸리히가 보는 하나님의 형상은 완전 (perfect)과 유혹(tenptation)의 구도를 가지고 있다.

이 완전이라는 구도에서 인간은 자기실현을 향한 구도자이다. 자기실현을 위해 인간은 자기가 중심이 되는 위험을 감수하며 나아가며, 이것을 통해서 자신의 한계성을 뛰어넘어 자유로이 성취하게 된다(Tillich, ST 3, p. 30). 이렇게 자신의 한계성을 뛰어넘는 것을 틸리히는 인간에게 있는 '유혹'이라고 했다. 즉, 하나님의 형상을 가진 인간은 그 형상이 가진 피조물 중에 있는 완전함으로 인해 자기실현을 추구하지만, 그와 동시에 자기가 중심이 되려는 유혹을 가지고 있는 모호성이 있다. 그래서 인간이 가진 모호성을 보는 것은 인간의 자기가 중심이 되려는 본능적 움직임이며, 이는 인간을 규정하는 정의도 될 수 있다.

하나님의 형상인 중심된 자기를 가진 인간은 다른 피조물이 할 수 없는 가장 독특한 영역인 종교, 문화 그리고 도덕을 창조하여 자신들의 제한성을 여러 가지로 승화하거나 초월하려고 관심을 가지고 있다. 그러나 인간 자신의 실존적 문제를 승화시키기 위해 창안해 낸 도덕, 문화 그리고 종교는 인간 개인과 인류 공동체에 유익을 제공하기도 하지만, 인간 자신이 이것들의 중심이 되려는 성향으로 마성을 나타내 악을 초래하기도 한다.

도덕은 개인을 위한 것이지만, 이 개인이 집단에 참여함으로써 본래 취지와는 다르게 왜곡되고 변질되는 것이 인간이 가지는 모호성이다(Tillich, ST 3, p. 32). 하나님의 형상을 가진 인간의 중심된 자기는 자기통합에 대한 관심을 가지고 '도덕'을 만들어 내어 개인의 성찰에 중심을 두지만, 인간 개인은 개인들이 모이는 사회적 집단에 속할 수밖에 없는 운명을 가지고 있다. 개인의 도덕적 관심과 노력은 사회적 환경과 격리되면서 가장 외로운 사람으로 살아가도록 하지만, 사회적 동물인 인간은 사회적 집단에 참여함으로써 자신이 가진 도덕의 붕괴에 대한 위험성을 가진다(Tillich, ST 3, pp. 33-34). 동시에 이러한 사회 속에서의 참여는 역사 안의 모든 악을 발생시키고, 도덕과 법이 자기를 위하는 전제적인 지배자를 만들게 된다.

자기 자신이 중심이 되려는 것이 종교와 도덕에서 나타나는데, 이 성향을 도덕적 사디즘(moralistic sadism) 또는 종교적 사디즘 (religious sadism)이라고 본다(Capps, 1985, pp. 77-80). 즉, 이것은 인간의 자기수양을 위한 도덕, 혹은 실존의 문제를 해결하기 위한 종교가 사람의 도덕성이나 종교성을 판단하기 위한 수단과 도구가 되어 자기보다 도덕의식이나 종교의식이 낮은 자들에게 도덕과 종교의 규범으로 판단함으로써 사람들이 죄의식 속에 고통받는 것을 보면서 느끼는 쾌감을 의미한다. 이렇게 되면 종교가 내용을 잃고 형식에 얽매여서, 영혼 없는 가르침이 되는 교리와 규범만을 답으로 추구하게 된다.

인간의 문화는 역동성과 형식(form)이라는 두 가지의 구조 속에 있다. 인간은 자신에게 있는 중심된 자기를 통해 역동성을 발휘하고 그 결과인 창의성이 문화 속에 나타난다. 그래서 문화는 역동성의 결과를 가지고 있다. 인간은 창의성을 가지고 굴레와 틀을 벗어나려는 유혹을 항상 가지고 있다. 그리고 이러한 것을 통해서 문화의 새로운 영역들이 열리게 되는 것은 사실이다. 그러나 새로운 영역을 만들려고 하는 의도는 반드시 형식을 잃지 말아야 한다. 왜냐하면 "형식을 잃어 가는 것은 존재를 잃어 가는 것이기 때문이다." (Tillich, ST 1, p. 118) 동시에 형식에 얽매이는 것이 인간을 무미건조하게 하고 창의성을 상실하게 하지만 형식을 초월하려는 인간의 노력은 살아가는 생동성을 갖도록 한다(p. 78). 새로운 영역을 가지려는 인간의 창의성은 살아가려는 삶의 본능으로 생각되었지만, 이 창의성은 자기파괴성이라는 '죽음의 본능'이라는 모호성을 가지고 있다(Tillich, *ST 3*, p. 56).

인간이 가진 종교의 영역은 인간 자신의 영역을 넘어 초월적 세계를 향해 기술적으로 영적인 영역을 만들어 내는 것이다(Tillich, *ST 1*, p. 78). 자신의 운명을 뛰어넘어 초월적 영역을 향하는 인간의 관심은 종교를 만들어 내지만, 인간이 가진 운명을 거부하려는 인간의 자유는 운명을 거부하는 것이어서, 제한된 자유로 수용하지 않으면 자기광기를 나타내게 된다.

자신이 중심이 되려는 것은 자기확신과는 차이가 있다. 자기중심이 되려는 것은 유한적 인간이 가지는 불안, 불안정, 빈약성과 같은 것을 수용하지 않고, 혹은 수용하더라고 오만한 구조를 가지게 되고, 결국 이것은 자기고양(self-elevation)으로 치닫는 악마적 구조를 가지게 된다(Tillich, *ST 1*, pp. 277-278). 자기가 중심이 되려는 자기고양은 관능적인 죄를 포함하여 전적인 죄의 형태의 원천이 되고, 이것은 또한 부분적인 사실을 궁극적 사실로 동일시하기도 한다(Tillich, *ST 2*, p. 51). 이와 같은 사실은 인간이 본질로부터 소외되었기 때문에 인간 자신을 포함한 관계된 모든 문제에 대해서 질문을 해야 한다.

인식론적 측면에서도 역시 하나님(the divine)과 인간의 관계성은 상호 의존적이다. 상징적으로 말하면 하나님이 인간의 질문에 답을 하고, 하나님 답의 영향 아래서 인간은 그 답을 물어본다. 신학은 인간의 실존 안에 함유된 질문을 형성하고 인간의 실존 안에 함축된 질문들의 안내하에 신성한 자기현현 안에서 함축된 답을 형성한다. 이것이 질문과 답이 소외(estrangement)될 수 없는 지점에 인간을 몰아가는 순환이다. …… 인간이 가지려는 본질에 대한 일치와 인간의 무한성으로부터 유한성 인간의 실존적 소외의 현상은 인간이 자신에게 속한 하나님에 관하여 반드시 물어보는 능력이다(Tillich, *ST 1*, p. 61).

인간이 가진 규범과 타율성에 대하여, 그리고 인간이 가지는 실존에 대한 모호성에 대한 의문을 가지고 물음을 해야 하는 이유는 인간과 하나님의 관계는 상호 의존적이기 때문에 인간은 이러한 모호성에 대한 끊임없는 질문과 답의 과정을 통해서 소외되지 않는 어떤 지점까지, 진실에 가장 가깝게 근접할 수 있는 기회가 되기 때문이다. 그리고 우리가 끊임없이 인간의 모호성과 실존에 대하여 질문을 하는 이유는 하나님은 질문하지 않는 것에 대해 답하지 않기 때문이다(May, 1973, pp. 81-82).

틸리히에 따르면, 인간의 운명 및 모호성을 간과하거나 거부하고 자기가 중심이 되려고 자유만을 추구하는 현상을 통해서 인간에게는 공허와 무의미가 발생하는데, 이러한 결과들의 표현은 인간의 실존 문제를 다루는 실존주의와 심층심리학에서 그 현상들을 볼 수 있다(Tillich, *ST 2*, p. 63). 이러한 점에서 틸리히는 인간이 가진 실존의 모호성을 직면하여 통찰하고, 그것들을 인간 이해의 도구로 사용할 것을 역설한다.

어떻게 신학이 심층심리학을 다룰 수 있는가? 확실히 실존주의와 심층심리학 두 학문의 성장은 신학에 무한한 가치를 가지게 한다. 이 양자는 신학에서 알았어야 했음에도 잊어버리고 덮어 버린 매우 중요한 것을 가지고 왔다. 또한 과거 2천 년 그리고 그 이상 동안 종교적 문헌에서 발견된 방대한 심층심리학적 자료를 재발견하도록 도와주었다(Tillich, 1984, p. 93).

틸리히는 인간이 가진 모호성에 대하여, 그리고 그 내면의 갈등 구조에 대하여 가장 잘 드러낼 수 있는 것을 심층심리학과 실존주의로 보았다. 과거 대부분의 기독교나 신학자들은 인간이 가진 하나님의 형상이라는 우월성을 생각하여 신학을 세상 학문과 겨뤄 이긴 가장 합리적 학문이라고 여긴 것처럼 이상주의에 빠져 있어서 신학이 심리학과 실존주의적 관점에서 탐색했어야 하는 인간의 실존과 그 모호성을 신앙의 이름으로 무시하거나 간과했다. 이러한 점에서 인간이 가진 중요한 내면세계를 노출하기 위해서는 두 학문의 도움이 절대 필요한 것으로 보았다(Tillich, 1966, p. 88).

타율성이 강조되어 이것에 근거하여 개인의 정체성을 규정하는 시대에는 (심층)심리학을 통한 인간 자기의 해석은 불가능했다. 집단에 근거하여 개인을 규정하던 시대에는 구원의 개념도 집단적 개념이었다. 그러나 자기실현과 개인의 가치가 중요한 시대에는 이제 또 다른 구조를 가지고 인간을 관찰할 필요가 있는데, 이것이 바로 자율성 시대에 개인의 정체성과 혼란을 보기 위한 (심층)심리학과 실존주의 두 구조이다. 그리고 이 두 구조는 기독교적 시각에서 인간의 문제를 가장 잘 볼 수 있게 하는 상관관계론적 영역이 된다.

현대사회는 실존주의 관점과 심층심리학이 더 필요한 시기가 되었다. 그 이유는 현대사회에서 '소외'(alienation)의 현상으로 여기는 '무의미'에 대한 문제가 보편화되어 있으며, 상담치료를 받는 대부분의 사람들이 정신적인 문제가 있기보다는 인생을 살아가는 데 대한 의미를 가지고 있지 않기 때문이다(Edinger, 1992, p. 107).

의식주의 편리함과 환경의 풍요로움은 기술문명이 가져다준 혜택이며, 이것으로 인해 현대인이 관심을 가질 수밖에 없는 것은 수평적 차원(horizontal dimension)의 것이다. 그러나 현실적으로 수평적 차원의 것에만 집중적으로 관심을 가진다는 것은 수직적 차원(vertical dimension)에 대한 무관심이기도 하지만, 동시에 인간이 가진 한계성에 대한 무관심을 의미하기도 한다(Tillich, 1988, p. 41). 그리고 이러한 수직적 차원에 대한 무관심이 현대인의 정신적 문제의 핵심인 '무의미'를 양산해 내는 것이다(Edinger, 1992, p. 107).

종교는 인간에게 있어서, 특별히 인생의 실존적인 질문을 본격적으로 할 수 있는 시기에 매우 중요한 역할을 하며, 마치 이러한 역할은 인간에게 주어진 운명이며 소명과 같은 것으로 여겨진다(Lim, 2000, p. 9). 그러나 앞서 칼 융의 이론에서 이미 살펴보았듯이, 인생의 무의미로 신경불안에 놓여 있는 사람이 종교지도자나 특정한 교리를 통해서 자신의 문제를 해결받은 것을 그다지 원하지 않았다는 것은 무엇을 의미하는가? 이것은 당시 기독교가 인생의 모호성에 대한 바른 의미를 제공하는 데 있어 종교의 기능을 실패했다는 점과, 시대의 문화변화에서 오는 사람들의 정신적인 문제를 간과하거나 심리적인 문제에 대하여 편협한 생각을 가지고 있었기 때문이다(Jung, *CW 11*, p. 335).

융은 인간이 가진 무의미에 가장 적합한 답을 할 수 있는 것은 종교성이며, 이것이 인간의 무의미를 해결해 줄 수 있다고 보았다. 그러나 인간이 가진 실존적인 문제에 대하여 함께 고민하지 않는 신앙은 자신들이 만든 교리에 집착함으로써 교조주의에 침몰할 수 있다(Adams, 1965, p. 3). 즉, 여기에는 종교는 있지만 종교성이 없는 것이고, 살려고만 하는 것이 있고 죽음이 인생의 또 다른 이면이라는 것이 없으며, 자유는 있지만 한계성을 가지지 않으며, 수평적 차원의 관심만이 있고 수직적 차원의 관심은 없는 것이다. 인생을 균형 있게 보지 못한 일방성이 만든 폐해이다. 이러한 관점에서 틸리히의 신학사조에서 중요한 점은 하나님 중심의 신학이라는 것은 곧 진정한 휴머니즘과 차이가 없다고 본다(Bulmann, 1981, pp. 48-49). 즉, 인간과 삶의 현장을 좀 더 객관적으로 보고, 생각하고 행동하고 노력하는 신학은 좀 더 하나님의 뜻에 근접할 수 있다는 의미이다.

인간에게는 또 다른 한계성이 있다. 시간과 공간의 제약에서 오는 인간의 불안이다. 인간은 태생적으로 죽음불안을 가지고 태어난다. 모든 사람이 질병의 잠재성을 지니고 있는 것과 같이, 모든 사람은 죽음의 불안을 가지고 있다. 그러나 죽음의 불안이 가진 절대성으로 인해 인간은 죽음 불안(anxiety)을 직면하지 않고 두려움(fear)에 직면하고 있다. 가장 큰 이유는 죽음 불안이라는 보이지 않는 최고의 불안을 만나지 않고, 현실세계에서 만질 수 있는 것과 볼 수 있는 것들을 대상으로 삼고, 그것의 유무로 불안 대신 두려움이라는 조금 더 쉬운 선택을 하는 것이다(Tillich, 2006, pp. 71-74).

인간이 죽음 불안에 대한 불안을 가지는 가장 중요한 요인은 시간 (time)과 공간(space)이 갖는 한계성 때문이다. 시간과 공간은 생명 이 역동할 수 있는 근원이 되고 우주의 시작이 될 수 있는 요소가 된 다. 그러나 시간은 늘 유한적이다. 영원한 현재는 없는 것이고 모든 시간이 과거로 회귀가 되기 때문에 인간의 삶은 일시적이다.

제한된 환경과 시간의 불안으로 인해 인간은 자신들의 공간을 만 든다. 틸리히는 이 공간의 종류를 사회적 공간과 지리적 공간으로 구분한다. 먼저, 사회적 공간은 사회에서 역할을 함으로써 개인을 시간과 환경의 불안으로부터 안정감을 갖도록 해 준다. 다음으로, 지리적 공간은 토지와 건물이라는 개념을 가지고 있다. 이러한 관 점에서 보면 인간 삶의 많은 중요한 부분으로 생각하는 것은 사회적 공간과 지리적 공간이다. 이 공간은 다른 관점에서 보면 인간이 어 떤 특정 '자리'(places)를 삶을 위해서 마련하는 것이고, 상상으로는 이 공간에서 오는 자리들이 영원하게 자신을 불안으로부터 보호해 주리라는 가정을 가지고 살아간다. 그러나 그럼에도 불구하고 이러 한 자리에서 순간마다 파괴적 분열(destructive disintegration)이 따 라온다는 점이다. 그렇게 됨으로써 인간의 존재라는 생명이 비존재 (non-being)라는 죽음을 맞이하게 된다는 우울한 인식은 인간의 내 부에 뿌리 박혀 있는 변치 않는 사실이며, 이것은 인간 존재가 왜곡 되어서 나타나는 현상이 아니라 운명이기에 세계 모든 문학의 핵심 적 주제가 되어 있다(Tillich, 2006, p. 194).

비존재라는 불안을 피하기 위해 사람들이 더 관심을 가지는 것은 시간에 대한 경주와 공간에 대한 소유욕과 집착이다. 그래서 인간이 살아가는 현실에서는 시간에 대한 경주와 공간에 대한 소유의 욕구와 이것들의 유무로 불안을 대신한 두려움을 맞이하고 있는 것이다. 이렇게 함으로써 인간은 자신에게 주어진 시간에 대한 연장을 도모하고, 시간의 유한성을 넘기 위해 가능한 한 세상에서 일시적인 것들로 자신을 채우려고 하며, 자신의 것이 되지 않는 미래의 시간에 대해서도 상상으로 기억을 만들어 내고, 삶이 끝이 난 후에도 영원성을 가지지 않는 끝없음을 상상한다.

> 모든 존재는 자신을 위한 공간을 확보하고, 또한 확보한 공간을 유지하기 위해 투쟁한다. 이 말의 의미는 무엇보다도 육신적인 위치―몸, 집, 도시, 나라, 세계―를 말한다. …… 공간을 소유하지 않는 것은 존재하지 않는다. 그러므로 모든 생존세계에서 공간을 소유하기 위한 투쟁은 바로 존재론적 필연성이다. 이것은 유한한 존재의 공간적 특성에 의한 결과이며, 창조된 선함의 질적인 특성이다. 이것은 죄를 범하는 것이 아니라 바로 존재의 유한성이다 (Tillich, *ST 1*, pp. 194-195).

공간을 가지지 않는 것, 자리를 가지지 않는 인간은 생존할 수 있는 확률성이 적기 때문에 공간의 투쟁을 가지는 것은 존재론적 필연성이며, 이 존재의 유한성은 모든 인간이 이러한 상황을 벗어날 수 없는 범주에 있다는 점이다. 형식이 없는 인간은 죽은 존재와 같기 때문이다. 즉, 모든 인간이 존재론적 필연성이고 창조된 선함의 질서 가운데 시간에 대한 경주와 공간의 소유를 위해 투쟁하지만, 우리에게 절대적 시간과 절대적 공간이 없는 '이 땅 위의 나그네'(the pilgrim on earth)라는 사실은 소유했던 시간과 공간의 모든 것을 자신과 함께 상실하게 된다. 동시에 모든 공간의 소유가 영원한 소유가 없다는 사실에 직면하면서 뿌리가 뽑히는 것과 같이 절망 속으로 빠지게 된다(Tillich, 2006, p. 182).

틸리히가 말한 시간과 공간 안에 있는 소유의 상실에서 오는 절망은 마치 융(Jung)을 찾아와 자신이 가진 삶의 무의미를 호소한 내담자들의 경험과 같은 맥락에 있다. 존재론적 필연성에서 오는 시간에 대한 경주와 공간을 위한 삶의 투쟁이 인간이 지닌 최고의 가치와 의미성을 생의 어느 순간부터는 더해 주지 못하는 것이다. 그래서 융은 사람들이 인생의 전반에 성공을 목표로 하여 열정을 가지고 살아가지만 인생의 후반에는 그 성공의 가치가 반전되고, 인생 오전에 가진 가치관들이 인생 오후에는 보잘 것 없는 것이 되고, 진실이라고 생각했던 것이 거짓이라는 것을 알 수 있다고 보았다(Jung, *CW 8*, p. 399).

공간과 시간 속에 자리의 형식을 구하는 인간에게는 집착으로 인한 불안이 항상 발생하는데, 틸리히는 실존적 불안과 신경증적 불안을 구분한다. 정서적으로 건강한 인간은 실존적 불안, 즉 인생이 죽음과 삶으로 구성되었다는 사실을 수용하면서 살아간다. 신경증적 불안은 인간 개인이 가진 여러 가지의 문제로 인해 실존적 불안을 수용하지 않고, 신경증적 불안에 빠지는 경우이다. 그리고 이 신경증적 불안은 보이는 것으로 인지되는 시간과 공간의 상실 여부에 의해, 즉 외부적 환경에 의해 만들어지는 불안이다. 그래서 틸리히는 신경증적 불안의 정의를 존재를 피함으로써 비존재를 피하는 방식으로 정의한다(Tillich, 2006, p. 101). 즉, 인간이 가진 궁극적인 죽음 불안을 껴안지 못하고 신경증 속으로 피함으로써 죽음이라는 비존재를 피하는 것이다. 존재를 회피함으로써 비존재라는 죽음을 회피하는 신경증적 불안은 비현실적으로 변화하지 않는 고정된 자기긍정이라는 방어막을 가지고 있어 자기를 현실로부터 방어하고 있어, 이러한 상황은 인간 내면에 은닉되어 있는 새로운 사실들을 열어 보여 주었다(Tillich, 2006, p. 106).

실존주의 심리학에서 보는 삶과 죽음은 동전의 양면과 같다. 그래서 실존심리치료의 가장 큰 목적은 신경불안에 있는 사람들로 하여금 죽음을 직면하게 하여 이 양면에 대한 균형을 가질 수 있도록 하고 정신적으로 가장 건강하게 살 수 있게 도와주는 것이다(Yalom, 2017, p. 50). 의식주의 편리성과 생활의 여유는 현대를 살아가는 사람에게 죽음 불안이라는 것을 직접적으로 느끼게 하지는 않는다. 다만, 틸리히의 통찰과 같이 죽음 불안은 신경증적 불안으로 변형되어 사회의 곳곳에서 발생하고 있다. 동시에 이 무의미함을 극복하기 위한 문명의 혜택으로 무의미함을 극복하려는 시도에서도 인간의 비인간화와 자신의 상실을 경험한다. 그래서 틸리히는 현시대의 실존주의 영역들이 인간이 가진 실존의 불명료한 구조를 보여 주고 있다고 생각한다(Tillich, 2006, pp. 175-176). 그래서 틸리히는 우리에게 "왜 '중요한 어떤 것'(something)은 되려고 하면서 인생의 다른 면이 되는 '무'(nothing)는 생각하지 않는가?"(May, 1973, p. 18)라는 질문을 던진다. 그래서 실존주의를 수용해야 하는 이유는 실존주의가 인간의 무의미와 불안에 대한 표현이고, 인간이 가진 한계성에서 오는 불안을 자신이 존재하려는 용기 속에서 표현하는 시도이기 때문이다. 이 몸부림 속에 인간 자신의 근원에 대한 질문이 담겨 있는 것이다.

이러한 점에서 틸리히가 보인 심층심리학과 실존주의를 통한 인간 이해의 상관관계론적 방법은 종교의 정체성을 형성하는 데 중요한 역할을 한다. 틸리히가 상관관계방법론 관점의 하나로 제시하는 심층심리학(정신분석학)에서는 인간 무의식에 놓여 있는 파괴 본능이 있음을 지적하고, 이것은 인간 정신구조에 마성적 구조가 있다는 것을 발견하도록 하였다. 자기에게 제한을 두지 않으려는 인간 자유의 무모함은 자기고양을 통해 자기가 중심이 되는 마성적 구조가 인간 안에 있다. 그것은 인간이 실존적으로 가질 수밖에 없는 자기중심성 때문이다. 그렇기 때문에 틸리히는 인간의 구조와 현상을 이해하는 데 있어서 심층심리학과 실존주의는 인류에게 위대한 선물을 제공하고 있다고 본다. 그래서 이제는 인간의 본질적 모습과 실존적인 상황은 인간이 실존주의적 통찰과 심리적 고찰을 만날 때마다 근원적으로 질문해야 할 내용이다.

심층심리학과 실존주의는 인간이 가진 내적인 갈등 그리고 이것을 은닉하려는 인간의 모호성을 밝혀 주고 있으며, 유한성을 가진 인간이 시간과 공간 안에서 벌이는 삶의 현장 속에서의 문제들을 보여 준다. 인간이 이러한 갈등과 불안의 문제들에 관심을 가져야 하는 이유는 물음이 없는 곳에 하나님의 답이 주어지지 않기 때문이다. 타율성에 구조화되어 정형화된 답이 인간의 마음을 점점 종교와 멀게 만들었다면, 이제는 인간과 삶에 대한 물음을 던지고 답을 모색하는 과정을 통해 좀 더 진실한 인간의 모습에 접근해야 할 필요가 있다.

인간의 실존과 모호성을 보지 못하고, 종교의 이름으로 이상화시키거나 합리화시키는 실수를 줄여 나가야 한다. 그리고 심층심리학과 실존주의의 통찰을 통해서 인간의 실체를 보았지만, 인간이 가진 모호성과 갈등이 자신의 실존적 운명에 의해 도전받지 않으면 중심을 상실하게 된다. 왜냐하면 자율성의 이름으로 스스로 버려진 것은 공허로 이끌고 또다시 자기가 중심이 되려는 마성적 형태를 가지기 때문이다. 동시에 이 시대의 종교는 인간의 모호성과 실존에서 오는 갈등의 분출에 대하여 상호 관계적으로 물음과 답을 통해 순환의 과정을 거쳐야 한다. 이것은 진리를 찾으려는 것이 아니라, 진리를 찾아가려는 모습이기 때문이다.

그러나 새로운 존재가 된다는 것은 인간 모호성과 실존불안에 대한 탐색, 통찰 그리고 자정을 통하여 완성된다는 것은 아니다. 왜냐하면 인간과 실존에 대한 물음과 답의 과정이라는 상관관계성을 통하여 인간에게 본질로부터 소외로 인해 인간 스스로가 답을 줄 수 없다는 것을 알기 때문이다(Cooper, 2006, p. 98). 답은 인간의 모호성을 초월하고 있는 더 건강한 정신적 실체를 통하여 될 수 있기 때문이다. 왜냐하면 인간이 가진 자율성에는 필요성이 있지만, 한계성도 있기 때문이며, 이 자율성이 자신의 탈자율성을 고대함으로써 좀 더 위대한 실체의 영향에 초집중할 필요가 있다. 이것이 신율성

(theonomy)이다(Tillich, *ST 1*, 249). 그리고 새로운 존재가 된다는 것이 인간의 모호성이 없어지는 것이 아니라, 모호성을 이해하는 과정을 통하여 인간보다 더 큰 실체에 의해서 수용되는 것임을 잊지 말아야 한다.

지금까지 심리학의 인간 리비도 이해, 관대성 의미, 유교의 군자 사상 그리고 새로운 피조물에 대한 신학적 시각을 살펴보았다. 이러한 네 가지 관점은 다음의 두 가지의 의미를 부여한다. 첫째, 궁극적인 실체와의 만남을 통해 내적인 변화를 받아 새로운 존재로서 살아가는 것은 특히 중년에 있어서 가족, 사회 그리고 공동체에 대한 관심을 제공하는 중요한 요소이다. 이러한 관심은 앞서 살펴본 프로이트의 쾌락을 추구하는 인간, 에릭슨의 관대성, 유교의 군자 사상, 그리고 신학의 새로운 존재 네 가지 관점에서 상관적으로 제공하는 중요한 의미가 있다. 즉, 인간이 새롭게 되고, 새로운 삶을 시작하여 의미 있게 살고자 하는 내면의 소리는 모든 이념, 학문, 종교를 뛰어넘는 삶의 공통점이라는 점이다. 이러한 시각에서 기독교상담학자 도널드 캡스(Donald Capps)는 인간이 가지는 신의 형상을 책임 있는 사람, 믿을 수 있는 사람, 그리고 사람들이 의논할 수 있는 사람이라는 매우 실제적인 정의를 제시했다(Capps, 1993, p. 241). 이 세 가지는 이념이라는 편견을 넘어 진실에 가깝게 살 수 있는 실천적 인간을 강조하고 있다. 그러므로 종교라는 것은 사람에 대한 실직적인 관심과 돌봄을 제공하고, 아집과 편견의 벽을 확장할 수 있는 종교적 이념으로부터 실질적인 인간의 공통적인 관심과 현장에 주된 관심을 가짐으로써 편견의 벽을 허물고 인간의 본질적인 내면의 소리에 접근할 수 있는 현실적인 종교여야 한다. 그럼으로써 우리는 새로운 존재(new being)로서의 종교적인 인간(Homo Religiosus)이며 군자적 인간상을 고대하는 공동체가 될 것이다.

# 참고문헌

선한용(2002). 시간과 영원: 성어거스틴에 있어서. 서울: 대한기독교서회.

이부영(2012). 분석심리학. 서울: 일조각.

임경수(2004). 에릭슨의 생산성(generativity) 개념과 유교의 군자사상에 대한 목회신학적 담론. 기독교신학논총.

임경수(2005). 인생의 봄과 가을: 중년의 심리이해와 분석. 서울: 학지사.

임경수(2007). 칼 융의 개성화과정과 중생에 대한 상담신학적 담론. 한국기독교 상담학회지 14호, 171-194.

임경수(2009). The Concept of the Sacred and the Mid-life Crisis, 기독교신학 논총.

임경수(2013). 인간발달 이해와 기독교상담. 서울: 학지사.

임경수(2014). 애착이론과 역기능 발달상담(2판). 서울: 학지사.

임경수(2018). 폴 틸리히의 인간이해와 기독교상담신학. 서울: 학지사.

임경수(2019). 폴 틸리히의 상관관계방법론과 기독교상담방법론. 신학논단, vol 95, 163-189.


Adams, J. (1965). *Paul Tillich's Philosophy of Culture, Science and Religion*. New York: Harper & Row Publishers.

Adams, J. (Ed.). (1985). *The Thought of Paul Tillich*. New York: Harper & Row, Publihsers.

Adler, A. (1979). *Superiority and Social Interest*. Ansbacher, E., &

Ansbacher, R. (Ed.). New York: W. W. Norton & Company.

Ashbrook, J. (Ed.). (1988). *Paul Tillich in Conversation: Psychotherapy, Religion, Culture, History, Psychology*. Wyndham Hall Press.

Becker, E. (1973). *The Denial of Death*. New York & London: The Free Press.

Bellah, R. (1976). *Beyond Belief: Essays of Religion in a Post-Traditional World*. New York: Harper & Row.

Berezoff, I. et al. (1996). *Inside Out and Outside In: Psychodynamic Clinical Theory and Practice in Contemporary Muticultural Context*. London: Jason Aronson Inc.

Berger, P. (1970). *A Rumor of Angel*. New York: Double Day Anchor Books.

Berger, P. (1973). *The Homeless Mind: Modernization and Consciousness*. New York: Vintge Books.

Brenner, C. (1987). 정신분석학[*An Elementary Textbook of Psychoanalysis*]. 이근후 역. 서울: 하나의학사.

Browning, D. (1973). *Generative Man: Psychoanalysis Perspectives*. Philadelphia, PA: Westminster Press.

Bulmann, O. (1981). *A Blueprint of Humanity: Paul Tillich's Theology of Culture*. Bucknell University Press.

Capps, D. (1983). *Life Cycle Theory and Pastoral Care*. Philadelphia, PA: Westminster Press.

Capps, D. (1987). *Deadly Sins and Saving Virtues*. Philadelphia, PA: Fortress Press.

Capps, D. (1993). "Pastoral Counseling for Middle Adults" in Clinical Handbook of Pastoral Counseling, Vol. 1. Eds. Robert J. Wicks et. al. New York: Paulist Press.

Chapmann, J. (1988). *Jung's Three Theories of Religious Experience*. Lewinston/Queenston: The Edwin Mellen Press.

Clift, W. (1994). *Jung and Christianity: The Challenge of Reconciliation*. New York: Crossroad.

Colarusso, C., & Nemiroff, R. (1981). *Adult Development: A New Dimension in Psychodynamic: Theory and Practice*. New York & London: Plenum Press.

Cooper, T. (1981). *The Psyche as Sacrament: A Comparative Study C. G. Jung and Paul Tillich*. Inner City Book.

Cooper, T. (2006). *Paul Tillich and Psychology*. Macon, MA: Mercer University Press.

Cytrnbaum, S., et al. (1980). "Midlife Development: A Personality and Social Systems Perspectives" in Aging in the 1980s. Washington: American Psychological Association.

Dourley, J. (1981). *The Psyche as Sacrament: A Comparative Study of C. G. Jung and Paul Tillich*. Toronto: Inner City Book.

Dourley, J. (2008). *Paul Tillich, Carl Jung and the Recovery of Religion*. London/New York: Routledge.

Edinger, E. (1992). *Ego and Archetype*. New York & Boston: Shambala.

Eliade, M. (1973). "The Sacred in the Secular World" in Cultural Hermeutics Vol. 1. Dordrecht & Boston: Reidel Publishing Company.

Eliade, M. (1975). *Myths Dreams and Mysteries*. New York: Harper & Row Publishers.

Eliade, M. (1977). *No Souvenirs Journal 1957-1969*. New York: Harper & Row Publishers.

Eliade, M. (1987). *The Sacred and the Profane*. New York & London: Harcourt Brace.

Eliade, M. (1991). *The Myth of the Eternal Return/Cosmos and History*. New Jersey: Princeton University Press.

Eliade, M. (1991). *Waiting for the Dawn*. London: Westview Press.

Emmons, R. (2003). *The Psychology of Ultimate Concerns: Motivation and Spirituality in Personality*. New York & London: The Guildford Press.

Erikson, E., & Erikson, J. (1981). On Generativity and Identity: From a Conversation with Erik and Joan Erikson. *Harvard Educational Review*, 51: 2.

Erikson, E. (1968). *Identity: Youth and Crisis*. New York: Norton.

Erikson, E. (1977). *Toys and Reasons: Stages in the Ritualization of Experience*. New York: Norton.

Erikson, E. (1978). *Adulthood*. New York: Norton.

Erikson, E. (1985). *Adulthood*. New York London: Norton & Company.

Erikson, E. (1985). *Childhood and Society*. New York & London: Norton.

Erikson, E. (1986). *Vital Involvement in Old Age.* New York & London: Norton.

Erikson, E. (1986). *Vital Involvement in Old Age: The Experience of Old Age in Our Time.* New York: W. W. Norton & Company.

Erikson, E. (1994). *The Life Cycle Completed.* New York & London: Norton.

Feist, J. (1985). *Theories of Personality.* New York: Holt, Rinehart and Winston.

Fingarette, H. (1972). *Confucius: The Secular as Sacred.* New York: Harper & Row Publisher.

Freud, S. (1959). *Beyond the Pleasure Principle.* New York: Bantam Books.

Freud, S. (1959). *'Thought on War and Death' in Collected Papers Vol. 4.* New York: Basic Books.

Freud, S. (1961). *Civilization and its discontents.* New York: Norton and Company.

Freud, S. (1973). *Introductory Lectures on Psycho-Analysis. SE. 16.* London: Hogarth Press.

Gay, P. (1988). *Freud: A Life for Our Time.* New York: Norton & Company.

Gleitman, H.(1987). *Basic Psychology.* New York & London: University of Pennsylvania.

Gutmann, D. (1994). *Reclaimed Power: Men and Women in Later Life.* Evanston, IL: Northwestern University.

Hall, C. (1954). *A Primmer in Freudian Psychology.* New York: Merdian Book.

Hall, E. (1983). *"A Conversation with Erik Erikson" in Psychology Today.*

Harner, M. (1990). *The Way of Shaman.* New York: Harper Collins.

Homans, P. (1995). *Jung in Context: Modernity and the Making of a Psychology.* Chicago, IL: University of Chicago.

Jacobi, J. (1973). *The Psychology of C. G. Jung.* New Haven & London: Yale University Press.

Jacobi, J. (1976). *Masks of the Soul.* Grand Rapids, MI: Eerdmans.

Jaffe, A. (1985). *Was C. G. Jung a Mystic?* Einsiedeln: Switzerland.

Jaques, E. (1965). Death and the Mid-life Crisis. *International Journal of Psychoanalysis, 46.*

Jaqeus, E. (1985). "The Midlife Crisis" in *the Course of Life. Vol. 3*. Eds. Greespan, S. & Pollock, G.

Jaqeus, E. (1985). "*The Mid-life Crisis*" in Forty. (ed.). Brandes, S. Knoxville: The University of Tennessee Press.

Jones, J. (1991). *Contemporary Psychoanalysis and Religion*. New Haven & London: Yale University Press.

Jung, C. (1933). *Modern Man in Search of a Soul*. New York: Harvest/HBJ Book.

Jung, C. (1954). *Collected Works 16* . NJ: Princeton University Press.

Jung, C. (1970). *Collected Works 10*. NJ: Princeton University Press.

Jung, C. (1970). *Psychological Reflections*. NJ: Princeton University Press.

Jung, C. (1977). *Collected Works Vol. 9*. NJ: Princeton University Press.

Jung, C. (1977). *Collected Works Vol. 7*. NJ: Princeton University Press.

Jung, C. (1977). *Collected Works Vol. 9-2*. NJ: Princeton University Press.

Jung, C. (1979). *Word and Image*. Bollingen Series XCVII: 2. NJ: Princeton University Press.

Jung, C. (1981). *Collected Works Vol. 17*. NJ: Princeton University Press.

Jung, C. (1981). *Collected Work Vol. 8*. NJ: Princeton University Press.

Jung, C. (1981). *The Structure and Dynamics of the Psyche. Vol. 8*. NJ: Princeton University Press.

Jung, C. (1989). *Memories Dreams Reflections*. New York: Vintage Books.

Korte, J. (1984). *Outliving the Self: Generativity and the Interpretation of Lives*. Baltimore & London: The John Hopkins University Press.

Küng, H. (1987). 프로이트와 신의 문제[*Freud and the Problems of God*]. 손진욱 역. 서울: 하나의학사.

Leech, K. (1992). *Spirituality and Pastoral Care*. London: Shelton Press.

Legge, J. (1971). *Confucius: Confucian Analects, The Great Learning & The Doctrine of the Mean*. New York: Dover Publication.

Levinson, D. (1978). *The Seasons of a Man's Life*. New York: Ballantine Books.

Lifton, R. (1974). *Exploration in Psychiatry*. New York: Simon and Schuster.

Lim, J. (2000). *Male Midlife Crisis: Psychological Dynamics Theological Issues & Pastoral Interventions*. New York & London: University Press of America.

Martin, B. (1966). *Paul Tillich's Doctrine of Man*. Welwyn, Herts: James Nisbet & Co. Ltd.

Matton, M. (1981). *Jungian Psychology in Perspective*. New York: The Free Press.

May, R. (1973). *Paulus: Reminiscences of Friendship*. New York/London: Harper & Row, Publishers.

May, R. (1988). *Paulus: Tillich as Spiritual Teacher*. Saybrook Pub.

Mayer, N. (1978). *The Male Mid-life Crisis: Fresh Starts After 40*. New York: Double Day & Company.

McAdams, D. (1993). *The Stories We Live By: Personal Myth and the Making of the Self*. New York: William Morrow and Company.

McAdams, D. (1994). *The Person: An Introduction to Personality Psychology*. New York: Harcourt Brace College Publishers.

McKelway, A. (1964). *The Systematic Theology of Paul Tillich*. New York: A Delta Book.

Moore, L., & Mechkel, D. (1990). *Jung and Christianity*. New York: Paulist Press.

Moore, R., & Gillette, D. (1992). *The King Within: Accessing the King in the Male Psyche*. New York: William Morrow and Company Inc.

Moore, R., & Meckel, D. (1990). *Jung and Christianity*. New York: Paulist Press.

Peck, S. (1993). Road Less Traveled: *A New Psyhology of Love, Traditional Valuses and Spiritual Values*. New York: TouchBooks.

Rank, D. (1975). *The Idea of the Holy*. New York: Oxford University.

Rennie, B. (1996). *Reconstructing Eliade: Making Sense of Religion*. New York: State University of New York Press.

Rogers, W. (1985). "Tillich and Depth Psychology" in *The Thought of Paul Tillich*. Eds. Adams, J. et al. San Francisco: Harper & Row.

Smith, M. (1995). *Psychotherapy and the Sacred*. Chicago: Center for the Scientific Study of Religion.

Stein, M. (1983). *In Midlife*: A *Jungian Perspective*. Dallas: Spring Publication.

Stevens, A. (1990). *On Jung*. New York & London: Penguin Books.

Tillich, P. (1936). *The Interpretation of History*. New York: Charles Scribner's

Sons.

Tillich, P. (1951). *Systematic Theology Vol. 1.* Chicago: The University of Chicago Press.

Tillich, P. (1952). *Courage to Be.* New York: Harper & Row.

Tillich, P. (1952). *Systematic Theology Vol. 2.* Chicago: The University of Chicago Press.

Tillich, P. (1953). *The Protestant Era.* trans., Adams, L. Chicago: University of Chicago.

Tillich, P. (1955). *The New Being.* New York: Charles Scribner's Sons.

Tillich, P. (1956). *The Religious Situation.* New York: Living Age Books.

Tillich, P. (1957). *Dynamics of Faith.* New York: Harper & Row.

Tillich, P. (1958). Psychoanalysis Existentialism and Theology. *Pastoral Psychology,* 87, 1958.

Tillich, P. (1959). *Theology of Culture.* ed. Kimball, R. London & New York: Oxford University.

Tillich, P. (1962). *The Eternal Now.* New York: Charles Scribners' Sons.

Tillich, P. (1963). *Christianity and the Encounter of World Religions.* New York: Columbia University Press.

Tillich, P. (1963). *Morality and Beyond.* Kentucky: Westerminster John Know Press.

Tillich, P. (1963). *Systematic Theology Vol. 3.* Chicago: University of Chicago Press.

Tillich, P. (1965). *The Future of Religion.* New York: Harper & Row, Publishers.

Tillich, P. (1966). *On the Boundary.* New York: Charles Scribner's Sons.

Tillich, P. (1968). *A History of Christian Thought.* ed. Braaten, C. New York: A Touchstone Book.

Tillich, P. (1969). *What is Religion.* trans., Adams, L. New York/London: Harper & Row Publishers.

Tillich, P. (1971). *Political Expectation.* Macon, GA: Mercer University Press.

Tillich, P. (1976). *The Shaking of the Foundations.* New York: Charles Scribner's Sons.

Tillich, P. (1984). *The Meaning of Health.* Chicago: The Exploration Press.

Tillich, P. (1987). *The Essential Tillich: An Anthology of the Writings of Paul*

*Tillich*. Chicago: University of Chicago.

Tillich, P. (1988). *The Spiritual Situation in Our Technological Society*. Georgia: Mercer University Press.

Tillich, P. (2006). 존재의 용기[*The Courage to be*]. 차성구 역. 서울: 예영커뮤니케이션.

Tolstoy, L. (1967). *My Confession My Religion The Gospel in Belief*. New York: Charles Scribner.

Tolstoy, L. *Great Short Works of Leo Tolstoy*. New York: Harper & Low.

Tournier, P. (2012). 인간의 자리[*A Place of Man*]. 김석도 역. 서울: 눈.

Waya, G. (1992). *Soul Recovery and Extraction*

Wehr, A. (1987). *Jung and Feminism*. Boston: Beacon Press.

Wei-ming, T. (1978). "The Confucian Perception of Adulthood" in *Adulthood*. ed. E. Erikson New York: London: Norton & company.

Wei-ming, T. X. (1979). *Humanity and Self-Cultivation: Essays in Confucian Thought*. Berkely: Asian Humanities Press.

Wei-ming, T. X. (1985). *Confucian Thought: Selfhood as Creative Transformation*. Albany, NY: State University of New York Press.

Wei-ming, T. X. (1989). *Centrality and Commonality: An Essay on Confucian Religiousness*. Albany, NY: State University of New York Press.

Wei-ming, T. X. (1993). *Way Learning and Politics: Essays on the Confucian Intellectual*. Albany, NY: State of New York Press.

Wright, E. (1982). *Erikson Identity and Religion*. New York: Westminster Press/Seabury Press.

Yalom, I. (2007). 실존주의 심리치료[*Existential Psychotherapy*] 임경수 역. 서울: 학지사.

Young-Eisendrath, P., & Hall, J. (1991). *Jung's Self Psychology: A Constructive Perspective*. New York & London: The Guilford Press.

# 찾아보기

| 내용

## 저자 소개

**임경수(Lim Kyungsoo)**

계명대학교 인문국제대학 교수. 시카고 신학대학에서 박사학위(Ph. D.)를 받았다. 수학 기간 중 노스웨스턴 대학교, 시카고 대학교, 시카고 칼 융 연구소에서 심리학을 공부하고, 노스웨스턴 대학병원에서 임상실습을 하였다. 한국기독교상담심리학회 회장(2018. 6.~2020. 5.), 한국목회상담협회 감독회원, 아동/놀이치료 수련감독, 한국가족문화상담협회 수련감독, 한국임상목회 감독 등 다양한 활동을 하고 있다.

**[대표 저서]**

폴 틸리히의 인간이해와 기독교상담신학(학지사, 2018)
오후수업: 중년 리모델링(시그마프레스, 2016)
죽음불안과 발달심리학(계명대학교출판사, 2015)
애착이론과 역기능 발달 상담(학지사, 2014)
심리학이 모르는 기독교(학지사, 2013)
인간발달 이해와 기독교 상담(2판, 학지사, 2013)
심리학과 신학에서 본 인간 이해(학지사, 2009)
인생의 봄과 가을: 중년의 심리이해와 분석(학지사, 2005)
Male Mid-life Crisis: Psychological Dynamics, Theological Issues, and Pastoral Interventions(New York · Oxford: University Press of America, 2000)

**[대표 역서]**

실존주의 심리치료(학지사, 2007)

# 호모 렐리기오수스
## 인간의 자리
### Homo Religiosus

2020년 1월 2일 1판 1쇄 인쇄
2020년 1월 10일 1판 1쇄 발행

지은이 • 임경수
펴낸이 • 김진환
펴낸곳 • (주) **학지사**
　　　　04031 서울특별시 마포구 양화로 15길 20 마인드월드빌딩
대표전화 • 02)330-5114　　　팩스 • 02)324-2345
등록번호 • 제313-2006-000265호

홈페이지 • http://www.hakjisa.co.kr
페이스북 • https://www.facebook.com/hakjisabook

ISBN 978-89-997-1965-3　93180

정가 14,000원

이 도서의 국립중앙도서관 출판시도서목록(CIP)은 서지정보유통지
원시스템 홈페이지(http://seoji.nl.go.kr)와 국가자료공동목록시스템
(http://www.nl.go.kr/kolisnet)에서 이용하실 수 있습니다.
(CIP 제어번호: CIP2019048401)

출판 · 교육 · 미디어기업 **학지사**

간호보건의학출판 **학지사메디컬** www.hakjisamd.co.kr
심리검사연구소 **인싸이트** www.inpsyt.co.kr
학술논문서비스 **뉴논문** www.newnonmun.com
원격교육연수원 **카운피아** www.counpia.com